Émile Faguet

Le Libéralisme

essai

ISBN : 978-1537331089

10   9   8   7   6   5   4   3   2   1

Émile Faguet

Le
Libéralisme

essai

Table de Matières

La République a ses origines dans les conceptions les plus hautes de la conscience et elle ne peut pas démentir ses origines. Tolérante, respectueuse de toutes les croyances, amie de la libre discussion et de la libre pensée, passionnée pour la justice et la liberté, gardienne infaillible de la loi et de l'ordre public, elle est le gouvernement du pays par tous et pour tous.

ÉMILE LOUBET, 12 octobre 1902.

Chapitre i. — Les droits de l'homme

« L'homme est né libre, et partout il est dans les fers. » Cet axiome, qui est à peu près aussi juste que le serait celui-ci : « Le mouton est né Carnivore et partout il mange de l'herbe », est, comme on sait, la première ligne du *Contrat social*, ouvrage destiné à prouver que l'homme est né libre, à montrer qu'il ne l'est nulle part, à assurer qu'il doit le redevenir et à organiser une société où il serait plus opprimé qu'en Turquie.

Je ne partirai point du tout du même principe. Pour moi l'homme est né en société, puisqu'on ne l'a jamais vu autrement qu'en société, pareillement aux fourmis et aux abeilles, et, comme né en société, il est né esclave, ou, tout au moins, très obéissant.

Si haut qu'on remonte, on trouve des sociétés où un homme commande et où tous les autres obéissent, ce qui est, du reste, absolument nécessaire pour les besoins du défrichement, de la guerre contre les fauves et de la guerre contre les autres hommes.

A remonter plus haut, on ne doit rien dire, parce qu'on ne sait rien. Ce serait faire de la métaphysique historique, jeu agréable et inutile.

Donc l'homme est né esclave, et le despotisme est la forme naturelle des sociétés humaines.

Ce n'est pas à dire que c'en soit la forme nécessaire. Sans croire au progrès, puisqu'il est indémontré et indémontrable, je crois au changement et à l'amour du changement parmi les hommes, comme précisément à leur trait distinctif parmi les autres animaux ; et je crois particulièrement à leur goût éternel de sortir de l'état despotique pour conquérir la somme de liberté individuelle la plus grande possible. En tout temps, à l'exception, naturellement, de ceux qui gouvernent, les hommes voudraient que les hommes n'obéissent point ; et les uns, dans ce désir, vont jusqu'à souhaiter l'abolition de la société elle-même, considérée comme nécessitant le despotisme sous une forme ou sous une autre, les autres cherchent une forme de société où la liberté ait une part et la part la plus grande possible.

Ils y arrivent de temps en temps. Le despotisme est la forme naturelle des sociétés ; mais on y échappe quelquefois, pour un temps, quitte à y retomber plus tard. C'est affaire de race, de milieu et de moment. Une race énergique, qui n'est ni conquise, ni trop conquérante, ni trop menacée, au moment du plein développement de son énergie, de sa raison et de ses lumières — il y faut, je crois, toutes ces conditions — peut se demander si l'Etat, si *ce qui la gouverne*, homme, groupe, classe ou majorité, a besoin qu'on lui obéisse en tout, intégralement et servilement, comme soldat à son général, pour que la société subsiste ; et elle s'aperçoit que cela n'est pas du tout nécessaire ; et elle établit dans la société qu'elle constitue une certaine somme de libertés, garanties par la Constitution même et par les lois. — Il y a un autre cas, qui, du reste, est le plus fréquent ; c'est celui où, au contraire, la race est faible et par conséquent le gouvernement aussi, et où, sans garanties précises de la Constitution et des lois, des libertés s'établissent, par les mœurs, par les habitudes et par la faiblesse du pouvoir central ; mais ces libertés ne sont que des relâchements, symptômes de décadence et prodromes de mort prochaine, et nous ne nous occuperons aucunement de cet état de société dans le cours de ce volume.

Nous envisagerons seulement les libertés qui sont des *forces*, individuelles ou collectives, voulant vivre et être fécondes dans le sein même de la société.

Ces forces, qui prétendent ne pas se donner tout entières à l'Etat, se réserver à elles-mêmes pour une activité personnelle ou collective, sont-elles *légitimes*, ont-elles le droit d'être, peuvent-elles se réclamer d'un titre éternel, sont-elles une propriété inaliénable et imprescriptible ? Beaucoup l'ont cru, non point Rousseau, bien entendu, non point Voltaire ; mais Montesquieu et les auteurs des deux *Déclarations des Droits de l'homme*. Pour eux ces libertés

Chapitre i. — Les droits de l'homme

étaient des *Droits*. L'homme a le « droit » d'aller et de venir sans être inquiété, surveillé, interrogé ; il a le « droit » de ne pas être arrêté, qu'il n'ait commis un délit très nettement spécifié par la loi : il a le « droit » d'exprimer sa pensée par la parole et par la plume sans être entravé ou molesté ; il a le « droit » d'avoir de la religion et de pratiquer la religion qui lui plaît ; il a le « droit » d'enseigner ; il a le « droit » de s'associer à d'autres hommes pour une œuvre non immorale ou non criminelle ; il a le « droit » de posséder quelque chose ; et tous ces droits, non seulement l'Etat doit les respecter, mais il doit en protéger l'exercice et protéger et défendre les citoyens dans l'exercice qu'ils en font.

Au fond, l'on verra que je suis, en pratique, parfaitement de cet avis. Seulement je ne crois pas que les libertés et les activités, individuelles et collectives, soient des « droits » ; et je trouve que la question ainsi posée est mal posée, et qu'à la poser ainsi on risque d'arriver à des conséquences qui seraient très fausses et très dangereuses.

Pour moi l'homme n'a pas de droits. Il n'en a aucun, absolument aucun. Je ne sais pas même ce que veut dire un droit de l'homme. Droit fondé sur quoi ? L'enfant qui naît apporte-t-il un droit avec lui ? Il apporte des besoins, qu'on satisfait. Il entre dans une société qui commence par le sauver de la mort, et qui continue, envers laquelle il est obligé, et que je ne vois pas qu'on puisse, par quelque argument que ce soit, montrer comme obligée envers lui.

Un droit ! Qu'est-ce qu'un droit ? C'est, ce ne peut être que le résultat d'un contrat. Je me suis engagé à piocher ce champ et vous vous êtes engagé à me donner soixante livres. Le champ pioché, j'ai droit sur soixante livres de votre bourse. Elles sont exactement ma propriété. Voilà un droit ; il y a droit parce qu'il y a eu contrat.

En dehors de cela, il n'y a pas de droit du tout. Les partisans des droits de l'homme disent : « Les droits que nous avons en tant qu'hommes, par cela seul que nous sommes hommes. » Qu'est-ce que cela signifie ? En quoi être homme donne t-il un droit ? Quel droit l'homme naissant apporte t-il inscrit sur le front ?

— Au moins le droit à la vie ?

— Pourquoi ? En quoi ? A-t-il rendu un service, et, en conséquence, lui doit-on quelque chose ?

Émile Faguet

— L'humanité exige…

— Oh ! pour cela, oui ; veuillez croire que dans cet ordre d'idées je suis avec vous. Mais de ce que j'ai des devoirs envers l'homme qui naît, il ne s'ensuit pas qu'il ait des droits. Les droits ne sont pas rigoureusement corrélatifs des devoirs. La charité, la considération, aussi, des services qu'il rendra plus tard me poussent (et non m'obligent) à secourir cet homme qui naît, à l'élever, à lui faire une place dans la société où il arrive. Mais il n'a à se prévaloir d'aucune espèce de droit, étant impossible qu'il soit créancier de personne. Tout droit qui ne résulte pas d'un contrat est une prétention, ou plutôt est un non-sens.

C'est précisément pour cela que quelques esprits logiques ou amoureux de logique, comme Rousseau, considérant ces prétendus droits de l'homme et voulant, pour un moment, les affirmer, ont été, pour les fonder, imaginer un prétendu « contrat initial » entre les humains, contrat d'où résulteraient en effet des droits, s'il existait. Seulement, je n'ai pas besoin de dire qu'il n'existe pas. C'est l'inanité même des droits de l'homme qui a conduit, pour qu'on les puisse proclamer, à leur chercher un fondement, mais plus vain encore, dans un contrat aussi imaginaire que possible, puisqu'il est impossible.

La vérité est que l'homme, être engagé dans la société par sa nature même et ne vivant que par elle, n'a aucun droit personnel antérieur au premier service qu'il rend et au premier contrat qu'il signe. On ne lui doit rien tant qu'il n'est pas créancier ; quand il le devient on lui doit ce qui est spécifié par son titre de créance. C'est tout. Il ne faut pas parler des droits de l'homme.

Cela n'empêche pas la *Déclaration des Droits* d'être ma charte. Mais on verra plus tard en quel sens et pourquoi.

Si j'insiste sur l'inanité absolue des droits de l'homme en tant qu'homme, c'est qu'à poser ainsi la question, et c'est-à-dire à la mal poser, on arrive à des conséquences fausses et dangereuses, et même absurdes. Quand les auteurs, parfaitement vénérables, de nos deux *Déclarations des Droits* de l'homme, *ont rédigé ces très belles chartes de* liberté, d'abord ils ont tout brouillé et confondu, ensuite ils ont ici multiplié les droits, et là ils les ont limités et en ont oublié. Leur œuvre est un peu confuse en même temps qu'elle est incomplète.

D'abord ils ont confondu les droits de l'homme et le droit du peuple ; les droits de l'homme, de l'individu ; et le droit du peuple, de la nation, de la communauté des citoyens libres. Les droits de l'homme — j'accepte pour un instant leur façon de parler — sont « la liberté, l'égalité, la sûreté, la propriété ». Soit. Le droit d'un peuple libre, c'est de se gouverner lui-même, soit par lui-même directement, soit par ses représentants. D'accord. Mais les droits de l'homme et le droit du peuple ne sont point la même chose, à tel point même que le droit du peuple peut être en conflit avec les droits de l'homme. Si le droit du peuple, c'est la souveraineté, ce que précisément ont dit les rédacteurs des *Déclarations*, le peuple a le droit, en sa souveraineté, de supprimer tous les droits de l'individu. Et voilà le conflit. Mettre dans une même déclaration le droit du peuple et les droits de l'homme, la souveraineté du peuple et la liberté par exemple, à égal titre, c'est y mettre l'eau et le feu et les prier ensuite de vouloir bien s'arranger ensemble.

Il fallait choisir. Il fallait être démocrates, et, Rousseau en main, rédiger une Déclaration des droits du peuple qui aurait été courte : « Le peuple est souverain. Par lui-même ou par ses représentants, il peut tout ce qu'il veut. Il est irresponsable. Par conséquent il n'y a pas de droits de l'homme. »

Ou, il fallait être libéraux, et, Montesquieu en main, rédiger une Déclaration des droits de l'homme qui eût commencé ainsi : « L'homme a des droits sacrés, imprescriptibles et inaliénables, de cela seul qu'il est homme. Ces droits, aucun gouvernement, ni monarchique, ni aristocratique, ni démocratique, et non pas plus le gouvernement de tous par tous que le gouvernement de tous par un ou par plusieurs, n'a le droit d'y toucher. Donc il n'y a pas de souveraineté. Il n'y a qu'un gouvernement agissant dans sa sphère, limitée précisément par ces droits intangibles. Ces droits sont… »

Mais les auteurs des *Déclarations*, même de la première, quoique moins, étaient à la fois démocrates et libéraux, et ils croyaient à la fois à la liberté individuelle et à la souveraineté du peuple. Ils devaient mettre dans leur œuvre une antinomie fondamentale.

J'ai ajouté que là où ils ne brouillent et ne confondent pas tout, ils sont incertains et incomplets ; et ici je visais la partie de leur

Émile Faguet

œuvre où ils ne songent pas à la souveraineté nationale, mais bien seulement à ce qu'ils appellent les droits de l'homme et du citoyen. Comme les droits de l'homme et du citoyen n'existent aucunement, quand on veut en parler on les invente, et, quand on les invente, on est naturellement amené à en mettre trop ou à n'en pas mettre assez. L'énumération en est arbitraire. Elle n'est que celle des désirs que l'on a et des vœux que l'on fait. C'est ainsi que, pour les auteurs des *Déclarations*, les droits de l'homme sont la liberté, l'égalité, la sûreté, la propriété, et les *Déclarations*, quand elles parlent des droits de l'homme et non des droits du peuple, ne sont que l'analyse de ces quatre droits. Mais la liberté d'enseigner est-elle un droit ? Les *Déclarations* parlent du droit de penser, de parler et d'écrire ; mais non du droit d'enseigner. Faut-il considérer ce droit comme la conséquence naturelle et nécessaire du droit de penser, de parler et d'écrire ? Ne le faut-il point ? On ne le sait pas. Faut-il penser que les rédacteurs des *Déclarations* ont surtout songé, comme il était naturel, aux droits qui étaient contestés ou refusés ou violés sous l'ancien régime, et que, la liberté d'enseignement existant sous l'ancien régime, ils n'ont pas songé à la réclamer ou à l'affirmer ? Il est probable ; mais on ne sait pas.

La liberté d'association est-elle un droit de l'homme ?

Les *Déclarations* n'en parlent pas. Elles parlent du droit de « s'assembler paisiblement » et du droit de « libre exercice des cultes « ; mais non pas du droit d'association, qui est autre chose. Ecartent-elles volontairement ce droit, n'en voulant point ? Je le croirais assez facilement ; parce que les rédacteurs des *Déclarations* sont très « antiaristocrates » et doivent voir dans les associations des germes possibles, des semences et des menaces d'aristocraties, de corps aristocratiques. Mais je n'en sais rien. Je sais seulement que les *Déclarations* n'inscrivent pas le droit d'association dans leur énumération des droits.

Le droit de coalition ouvrière est-il un droit de l'homme ? Même silence.

En sens inverse, les auteurs des *Déclarations* inscrivent comme droit de l'homme l'égalité et la propriété. Par ces mots : « La propriété est un droit de l'homme », faut-il entendre que tout homme a le droit d'être propriétaire, comme il a le droit d'être libre d'aller et de venir et d'être en sécurité ? La conséquence serait ou le *partagisme* ou le *collectivisme*. Il n'est pas probable que les auteurs des *Déclarations* aient pris les choses en ce sens. Ils ont voulu dire sans doute que celui qui possède a droit de garder, et qu'on ne peut pas ôter son bien à celui qui en a un. Mais alors, voilà un « droit de l'homme » qui est un privilège de quelques hommes ! II aurait peut-être fallu s'expliquer.

Par ces mots « l'égalité est un droit de l'homme », faut-il entendre que tous les hommes sont égaux et que qui est au-dessus de moi viole mon droit ? La conséquence serait le partagisme, le collectivisme et le « socialisme d'Etat » absolu. Ici, à la vérité, les rédacteurs se sont expliqués. Ils ont limité le droit qu'ils proclamaient. Ils ont ajouté : « Tous les hommes sont égaux par la nature et devant la loi. — La loi est la même pour tous, soit qu'elle protège, soit qu'elle punisse. — Tous les citoyens sont également admissibles aux emplois publics. » Voilà à quoi se réduit le droit de l'homme à l'égalité. Je n'ai pas besoin de dire que les rédacteurs n'ont pu ainsi faire passer l'égalité comme un droit de l'homme qu'en le réduisant à quasi rien. « Egaux par la nature » n'est qu'une phrase, d'une fausseté ridicule du reste. « Devant la loi » est le fond de la pensée des rédacteurs ; mais ils n'ont pas pensé que les hommes ne seront vraiment égaux devant la loi que s'ils le sont devant le gouvernement, devant la police et devant la justice, et que pour l'être devant le gouvernement, devant la police et devant la justice, il faudrait qu'ils le fussent réellement, en force, en intelligence, en relations, en fortune, et que sans cette égalité réelle, l'égalité devant la loi, d'abord est peu de chose, et ensuite, même en ce peu de chose, n'est qu'un leurre. — On en dirait autant de l'admissibilité aux emplois publics, qui dépendra toujours de la naissance, de l'éducation et par conséquent de la fortune, des faveurs du gouvernement, et qui, par conséquent, ne sera sous le régime de l'égalité que quand l'égalité réelle sera établie ; et non pas même encore ; car encore le gouvernement restera, qui donnera les emplois publics à ses amis.

De tout cela il faut conclure que l'égalité n'est pas un droit, étant irréalisable, étant quelque chose dont on peut se rapprocher, mais non point qu'on peut atteindre, et un droit devant être quelque chose qu'on puisse donner tout entier et maintenir tout entier à

Émile Faguet

celui qui le possède. La sûreté peut être considérée comme un droit ; j'ai le droit d'être en sécurité. L'égalité n'est pas un droit. J'ai le droit d'être égal à tout le monde ? Je l'ai, si je peux. C'est comme si l'on me disait : « Vous avez le droit d'être aussi intelligent que Renan. » Je l'ai si je le suis. On ne met pas de pareilles niaiseries dans un texte destiné à être immortel.

Ainsi, pour avoir mal posé la question, pour l'avoir posée sur cette conception des droits de l'homme antérieurs à tout contrat, sur cette conception des droits divins de l'homme, les rédacteurs des *Déclarations* allaient au hasard et traçaient une liste des droits de l'homme parfaitement arbitraire, parce qu'elle ne pouvait pas être autre. Plus tard on le vit bien, quand aux droits de 1789-1793 s'ajoutèrent d'autres droits, au gré des désirs et des vœux du moment. On eut en 1848 le « droit au travail » et le « droit à l'assistance ». C'étaient des droits inventés pour les besoins de la cause, comme les précédents. L'homme a droit au travail, s'il y a du travail ; et il n'a pas droit à l'assistance. L'assistance est un devoir de charité, par conséquent qui n'est pas corrélatif d'un droit. Vous avez un quasi-droit à l'assistance et je suis prêt à vous le reconnaître, si vous avez rendu des services à la société. Il y a là le « quasi-contrat » dont a parlé très ingénieusement M. Léon Bourgeois dans son livre sur la *Solidarité*. Mais si vous n'avez que gagné votre vie, comme moi, et si vous êtes dans le besoin, quel *droit* avez-vous acquis ? Moi, ou la société, même, *devons* vous venir en aide, par *devoir* de charité ; par devoir correspondant à un *droit*, non. A quel titre êtes-vous créancier ? C'était donc encore là un de ces droits inventés et imaginaires, comme du reste ils le sont tous.

Les droits de l'homme sont des désirs que l'homme a, qu'il prend pour des droits comme on fait de tous ses désirs, et que de temps en temps il inscrit solennellement dans quelque charte pour leur donner apparence et prestige. Mais agir ainsi et prendre la question de ce biais est dangereux, parce qu'on arrive à des conséquences très graves. Inscrire par exemple, en vérité au hasard, la propriété et l'égalité comme droits de l'homme, amène les esprits logiques à s'appuyer sur un texte vénéré et à se réclamer de lui pour demander le communisme à titre de conséquence directe, prochaine et nécessaire des « principes de la Révolution française ». Puisque l'homme a droit d'être propriétaire comme il a droit de se coucher à l'heure qu'il lui plaît, partagez tous les biens ou mettez-les en commun, pour que tout le monde soit propriétaire. Puisque l'égalité est un droit de l'homme et que « tous les hommes sont égaux par la nature », détruisez cette société qui a détruit la loi de nature, et où ne règne que l'inégalité ; ne vous contentez point de l'égalité devant la loi qui est peu en soi et qui du reste, sans égalité réelle, est une froide plaisanterie, et établissez l'égalité réelle, autant que la nature vous le permettra, en commençant par l'égalité des biens. — Ainsi de suite.

Quoiqu'il n'y ait entre les rédacteurs des *Déclarations* et moi qu'une différence relativement à la position de la question, quoique je sois au fond parfaitement avec eux, quoique les *Déclarations* en leurs lignes générales soient la charte même du libéralisme, je tenais à prendre l'affaire autrement qu'eux, et maintenant on voit assez pourquoi.

Non ; il n'y a pas de droits de l'homme. Il faut peut-être faire comme s'il y en avait ; mais il n'y en a pas. Je pourrai, au cours de ce volume et précisément couvert par ces premières réserves que je viens de faire, me servir du mot et ne pas me donner la peine de le biffer ; mais il n'y en a pas. Il y a une société. Cette société dont nous vivons et sans laquelle nous ne pourrions pas vivre a tous les droits. Elle serait stupide, comme je crois que je le démontrerai, d'user de tous ; mais elle les a tous. Son droit est indéfini, parce qu'il est illimitable. Il est illimitable en principe et en pratique. De quel droit et avec quoi l'individu le limiterait-il ? De quel droit ? Il naît. Qui lui a mis dans la main un titre de créance sur l'Etat ? — Avec quoi ? Il est tout seul. Que peut-il contre la société violant le prétendu droit qu'il a ? Protester ? C'est tout. La société s'en moque. La société a tous les droits, d'abord parce qu'elle les a, puisque personne n'en est pourvu ; ensuite parce que, ne les eût-elle pas, ce sera, dans la pratique, absolument comme si elle les avait. Ne les lui chicanons donc pas niaisement ou ingénieusement. Accordons-les-lui tous. — Maintenant voyons ceux dont elle doit user, ceux dont elle ne doit pas user, dans quelle mesure elle doit user de ceux qui lui sont utiles.

Émile Faguet

CHAPITRE II. — Les droits de l'Etat

La société a donc tous les droits. Mais pourquoi les a-t-elle ? Quel est son but ? A nous rendre compte du but de la société, nous pourrons peut-être déterminer dans quelle mesure il est bon qu'elle use de ses droits, dans quelle mesure il est inutile qu'elle les exerce, dans quelle mesure il est même utile qu'elle ne les exerce pas.

La société est une ligue de défense contre les ennemis, présents, menaçants ou possibles, de l'extérieur. Elle n'est pas autre chose. Elle n'est vraiment pas autre chose ; car, sans cette nécessité de la défense, il n'y aurait aucune raison pour qu'elle existât, et très probablement elle n'existerait pas. Voyez-vous des gens s'associant, se hiérarchisant, nommant ou acceptant des chefs, assez sévères le plus souvent, ou toujours enclins à le devenir, s'imposant toutes sortes de gênes, de contraintes, de tributs, de corvées, sans y être absolument forcés par la crainte d'être plus molestés par des gens puissants qu'on signale au delà de l'horizon ? Ils seraient fous ! J'admets très bien qu'ils s'associent par petits troupeaux, par bourgade, par peuplade, par clan. Ce n'est qu'un agrandissement, qu'une extension de la famille. Ils s'associent pour bâtir un pont, pour défricher une forêt, pour dessécher un marais, pour contenir dans le devoir quelques mauvais drôles qui sont dans la contrée ; ils nomment un ou plusieurs magistrats pour régler leurs différends selon la justice, ou plutôt pour que les différends cessent, ce qui est le vrai rôle de la magistrature ; ils se trouvent bien ainsi et ils y restent. Ils n'ont pas tort ; même s'ils ne sont menacés par rien. La paix intérieure est plus grande, et quelques plaisirs qui naissent d'une communauté plus étendue que celle de la famille sont inventés.

Mais cela, ce n'est pas la société, c'est le voisinage organisé. La société réelle, la société proprement dite, c'est-à-dire l'association entre eux d'hommes qui ne se connaissent pas et qui ne se connaîtront jamais et qui n'ont aucune raison d'obéir aux mêmes lois et aux mêmes chefs, celle-là elle ne naît que de la nécessité de se défendre contre un ennemi présent, menaçant, soupçonné ou possible ; ou plutôt elle naît comme elle peut, par conquête, par agglutination fortuite, mais elle *ne se maintient*, et par conséquent c'est là, sinon son origine, du moins son principe, que par la crainte de l'ennemi extérieur.

Si les hommes étaient pacifiques, il n'existerait pas de sociétés, il n'existerait pas de patrie. Quand certains socialistes, quand les anarchistes, quand les Tolstoïsants crient à la fois : « A bas la guerre ! A bas la Patrie ! » Ils ont parfaitement raison. C'est le souvenir des guerres passées et la certitude des guerres futures qui maintient la patrie, qui maintient les patries. C'est la combativité humaine qui fait qu'il y a des patries. Si l'homme n'était pas un animal ambitieux et belliqueux, il n'y aurait pas de patrie à proprement parler. Il y aurait des pays, de petits pays, des *fratries*, bornées à une cité, à une montagne, à une vallée, à une plaine, à un groupe d'humains ayant non seulement la même langue, mais le même accent, ayant les mêmes habitudes de vie, le même caractère et se connaissant à peu près tous. La nation plus grande, la grande patrie ne se comprend absolument que par la nécessité toujours sentie de lutter contre un voisin ambitieux et naturellement conquérant et par l'impossibilité pour un petit peuple de lutter contre un grand et, attaqué par lui, de garder son indépendance.

En conséquence, quel est le but de l'Etat, du grand Etat ? Il en a deux, superposés. Il a celui qu'aurait un petit Etat, une fratrie ; il a, de plus, celui d'un Etat considérable, constitué pour la défense.

Je fais remarquer tout de suite qu'une antinomie assez forte naît précisément, naît tout de suite, de cette superposition. Ces deux buts ne sont pas, et il s'en faut, tout à fait opposés l'un à l'autre ; mais il faut reconnaître que, malheureusement, ils ne sont pas tout à fait d'accord. Ce qui est le but d'un petit Etat ne peut pas tout à fait être réalisé par le grand, précisément parce qu'il est grand. Il n'y a pas un très grand inconvénient dans un petit Etat à ce que tout, ou presque tout, soit fait par l'Etat lui-même. Ces gens qui forment une fratrie sur un territoire de dix ou vingt ou trente kilomètres carrés, ils ont, je l'ai dit, même caractère, mêmes habitudes de vie, même religion, le plus souvent, même langue et même façon de la prononcer. Quel inconvénient à ce qu'ils prennent en commun, touchant religion, enseignement, mœurs même et conduite privée, des mesures qui, étant donné que tout le monde pense de même, ne blesseront absolument personne ? Il n'y a quasi aucun inconvénient à cela. Dans les très petits Etats

Émile Faguet

le despotisme est légitime, parce qu'il est insensible. Je ne dis pas qu'il soit bon, qu'il soit beau, ni qu'il soit fécond. Il n'est jamais rien de tout cela ; mais il est légitime ; parce que presque personne n'en souffre et qu'il peut dire : « Qui est-ce que je blesse ? »

Dans un grand Etat, au contraire, établirez— vous, par exemple, des lois somptuaires, qui seront très conformes aux habitudes des paysans et qui seront insupportables aux habitants des villes ? Etablirez-vous des lois religieuses qui seront la codification des habitudes des deux tiers de la population et qui feront horreur à l'autre tiers ? Il est impossible. Du moins, il est moralement impossible.

Il ne faut donc pas dire précisément ; Le grand Etat a deux buts superposés, celui du petit et celui du grand. Il faut dire, le grand Etat a deux buts, celui du petit, *mais celui-ci réduit à son minimum*, et puis celui du grand.

Or, quel est le but d'un petit Etat non menacé par aucun voisin ? subsister, rien de plus, être tranquille. Il ne lui faut donc, comme chose d'Etat, qu'une justice et une police, pour que l'ordre règne dans la rue et pour que les différends entre les citoyens ne s'éternisent pas et ne s'enveniment pas. C'est là, dans un petit Etat, *le but minimum* de l'Etat. Il pourrait se proposer, sans danger et même avec quelques avantages, cinq ou six autres desseins. Il pourrait vouloir « faire fleurir les arts » ; il pourrait vouloir enseigner ; il pourrait vouloir régler les choses de religion ; il pourrait vouloir veiller aux bonnes mœurs domestiques, se faire rendre compte par le père et par la mère de famille de la façon dont ils vivent ensemble et dont ils élèvent leurs enfants, régler l'hygiène domestique. Mon Dieu, oui ; dans une fratrie ces choses ne seraient pas de très offensantes ni pénibles indiscrétions. Mais comme dans un grand Etat elles léseraient peut-être, réduisons le but du petit Etat à son minimum pour savoir ce que le grand Etat en doit conserver. Le but minimum de l'Etat dans un petit pays non menacé par des voisins, c'est d'assurer l'ordre et la paix par une bonne justice et une bonne police. Police et justice, voilà les « choses d'Etat » dans un petit pays.

Dans un grand ? Dans un grand, restent d'abord celles-là ; s'y ajoutent celles qui sont nécessitées par les causes qui ont fait qu'il y a un grand Etat au lieu d'un petit. Pourquoi existe-t-il, ce grand Etat ? Parce qu'il a des voisins qui sont grands aussi et qui le menacent sans cesse. Il a donc pour buts : d'abord la paix et l'ordre, comme un Etat quelconque ; ensuite la défense, parce qu'il est un Etat grand. Doivent donc être choses d'Etat dans ce grand Etat, de par une addition bien faite : la police, la justice, la force militaire.

Et puis ensuite ? Et puis ensuite, rien du tout, sauf l'argent nécessaire à tout cela. Donc budget d'Etat, police d'Etat, justice d'Etat, armée d'Etat. Et ensuite ? Et ensuite, rien. Tout le reste dépasse le but de l'Etat, et par conséquent dépasse son droit, si je puis parler ainsi.

J'ai bien reconnu que l'Etat a tous les droits ; mais on peut dire qu'il est contre le droit d'user d'un droit qui ne répond pas à un besoin, qu'il est contre le droit d'user de son droit pour le seul plaisir d'en user et quand cela n'est point nécessaire. J'ai le droit de légitime défense. Je suis un très honnête homme si j'en use à la dernière extrémité. Si j'en use très vite, à peine menacé, avec empressement, avec un secret contentement que l'homme que je n'aime pas m'ait donné l'occasion, par une légère menace, de me débarrasser de lui, je ne suis pas un honnête homme, on dit de moi : « Il n'avait pas le droit d'user de son droit. » Je n'ai pas dépassé mon droit, mais je suis sorti de l'honnêteté.

De même l'Etat qui, parce qu'il est impossible de lui contester sérieusement qu'il ait tous les droits, use de ceux qui ne lui sont pas formellement consentis par les nécessités mêmes de sa mission. Cet Etat ne dépasse pas son droit, si l'on veut ; mais il sort de sa limite naturelle, il se donne une satisfaction qui peut être désagréable, pénible, offensante ou dure à autrui, au lieu de se réduire à faire son métier et son devoir. Il n'est pas sorti de son droit ; mais il est un Etat malhonnête homme. « Il n'avait pas le droit d'user de son droit. »

Car, remarquez-le, pour ne pas sortir encore de ce point de vue moral, remarquez-le, est-ce que l'Etat, avant tout, s'il savait faire son examen de conscience, ne devrait pas se dire *qu'il est un mal ?* Il en est un très précisément, puisqu'il est un remède. Un remède est un petit mal qu'on invente pour se débarrasser d'un plus grand. L'Etat est un mal que l'humanité a inventé pour conjurer les dangers de la combattivité humaine ; mais certainement il est un mal. Il gêne l'individu, il l'entrave, il pèse sur lui ; il lui demande de l'argent que l'individu n'aurait aucune idée de donner, ni même de gagner ; il impose à un citoyen très pacifique l'obligation de faire le métier des armes. Tout cela est très douloureux. L'Etat est un mal nécessaire, respectable et à qui nous devons de la reconnaissance ; il n'est pas un bien en soi. Il est un mal, comme une cuirasse ou une épée. Les armes sont quelque chose qui est destiné à faire du mal à celui qui en recevra les coups, mais qui commence par en faire à celui qui les porte.

Si l'Etat savait se dire ces choses, il considérerait ceci que quand on est un mal on doit s'appliquer logiquement *être* le moins possible.

Je sais bien qu'il fait un raisonnement inverse. Il se dit qu'étant très gênant par beaucoup de ses exercices, il est beau à lui de compenser cette malfaisance en étant, d'autre part, bienfaisant, magnifique, somptueux et paternel, en versant sur les citoyens les bienfaits, les soins, les attentions et les munificences. Seulement, il devrait se dire qu'on peut se tromper, qu'il peut se tromper, qu'il y a beaucoup de chances pour qu'il se trompe, que les œuvres de nécessité sont très précisément désignées et définies par leur nécessité même, et que les œuvres de bienfait sont très sujettes à être entreprises tout de travers et à contresens de l'objet qu'elles poursuivent.

Surtout les œuvres de bienfait général et commun. En face d'un particulier, vous avez un moyen assez sur, sinon complètement sûr, de savoir le bien ou le plaisir que vous lui pouvez faire, c'est de lui demander ce qu'il désire. Il peut se tromper ; mais encore il y a quelque chance pour qu'il ne se trompe pas absolument. En face d'un peuple, savoir de quels bienfaits il convient de le combler est assez difficile, soit en le consultant, soit en ne le consultant pas. Si vous ne le consultez pas, il vous faut de bien grands yeux et bien vifs pour voir bien juste ce qui lui convient et vous pouvez, guidé surtout par vos goûts particuliers, faire des erreurs énormes. Si vous le consultez, vous savez très bien que vous aurez toujours plusieurs réponses, et dès lors, laquelle choisir ? Celle qui aura la majorité ? Il est dur, en contentant beaucoup de monde, de désobliger un nombre encore considérable de personnes, qui peuvent être, du reste, les plus éclairées, même sur les besoins du plus grand nombre. — Celle qui sera le plus conforme à vos goûts propres ? C'est toujours ce qui arrivera, et vous prendrez toujours les précautions nécessaires et faciles pour que ce que l'on vous demande soit ce que vous désirez accorder. Mais alors nous revenons au premier cas et aux erreurs considérables que j'ai dites qui ressortissaient à ce cas-là. — Il semble donc bien que l'Etat doive mettre son honnêteté, sa loyauté, sa modestie aussi, à se considérer comme un remède salutaire, comme un mal nécessaire, par conséquent, et en cette qualité, à se restreindre à ses fonctions naturelles, c'est-à-dire à ceci seulement pour quoi il a été institué, à ceci seulement que lui seul peut faire, à ceci seulement qui est tel que si l'Etat ne le faisait pas le pays disparaîtrait demain.

Ces fonctions naturelles, c'est la police, la justice et la défense. Tout le reste est prétention de l'Etat, non fonction de l'Etat. L'Etat, quand il fait quelque chose de tout ce reste, n'est plus un bon fonctionnaire, un bon serviteur de la patrie, il est un dilettante. Il s'occupe des choses dont je reconnais qu'il a le droit de s'occuper, mais qui ne le regardent pas. Il peut les bien faire, à la rencontre, mais il y a des chances pour qu'il les fasse mal, comme n'étant pas de son gibier, et, en tous cas, c'est trop de soin ; on ne lui en demande pas tant ; c'est un excès de zèle, et tout excès de zèle entraîne de fâcheuses habitudes de tracasseries et d'empressement, pénibles pour tout le monde.

Cette conception de l'Etat que je viens d'esquisser fera sourire de pitié certains philosophes qui ont, si je puis ainsi parler, le mysticisme administratif. Pour eux l'Etat n'est point un mal ; ce n'est point un mal nécessaire, ce n'est point un mal salutaire ; c'est un bien, c'est le souverain bien. Pour eux l'individu n'existe pas. Il n'existe qu'enchâssé dans l'Etat, qu'engrené dans l'Etat, qu'intégré dans l'Etat, qu'animé dans l'Etat. C'est l'Etat qui lui donne une âme. De même qu'une fourmi isolée, qu'une abeille isolée est un monstre, de même l'homme isolé est monstrueux, ou pour mieux dire est nul. Il n'y a pas une âme de l'abeille, il y a une âme de la ruche. L'Etat n'est pas seulement le « milieu » où nous agissons. Il est l'âme centrale dont nous recevons les suggestions et qui fait, si l'on veut, que nous avons des âmes particulières, des semblants et des apparences d'âmes particulières. Non seulement *in eo vivimus, movemur et sumus* ; mais, *ex eo vivimus, movemur et sumus*.

Émile Faguet

Aussi, comme l'a dit l'un des théoriciens de cette école d'un mot qui doit rester : « Il faut moins socialiser les biens que socialiser les personnes. » Il faut empêcher les âmes d'être individuelles, ou plutôt, car elles ne le sont nullement, il faut leur persuader qu'elles ne le sont pas. Nous devons nous dire, non jamais : « Qu'est-ce que je pense ? » car nous ne pensons pas ; mais : « Qu'est-ce que pense le gouvernement ? » car l'âme du pays est en lui, et il n'y a d'âme que du pays. Il est donc fou, non seulement de parler de droits individuels, mais même de parler des droits de l'Etat ; car non seulement l'individu n'a pas de droit, mais l'Etat lui-même n'en a pas. Il n'a pas de droit, ce qui supposerait qu'il est créancier et qu'il y a un débiteur. Il n'y a pas deux personnes ; il n'y en a qu'une, à savoir lui. Il est ; et ce qui n'est pas lui n'est pas.

Non seulement, donc, il peut faire tout ce qu'il veut, mais il doit faire tout et penser tout, puisque ce qui serait fait ou pensé en dehors de lui ne serait qu'une ombre d'action, une apparence de pensée, quelque chose comme un spectre ou d'action ou dépensée.

Cette politique éminemment ecclésiastique, qui séduit fort des hommes qui se croient libres penseurs, est un peu trop métaphysique pour moi. A supposer que je sois une fourmi ou une abeille, ce qui déjà ne m'est pas prouvé, et que la société humaine soit une société animale, je regarde les fourmis et les abeilles et ne trouve point du tout que chez elles, même, il n'y ait qu'une âme, celle de la fourmilière ou de la ruche. Il y a un ordre de travail et de défense. La fourmilière n'a qu'une âme en ce sens qu'elle n'a qu'une intention : remplir les greniers, alimenter les jeunes, maintenir et augmenter la cité. Elle n'a qu'une âme au jour du danger, l'intention de repousser l'ennemi. Mais en dehors de cela, en dehors du plan général de travail et de défense, fourmi ou abeille est essentiellement individualiste, travaille à son gré et selon son invention, va à la découverte, s'écarte pour découvrir et inventer, s'associe, très librement, ce semble, avec d'autres individus pour soulever un fardeau trop lourd pour une seule, etc.

Calquez une société humaine sur une fourmilière, je le veux très bien ; vous arriverez précisément à une formule libérale : tout ce qui est police et tout ce qui est défense, réglé par une loi sociale ; le reste libre ; le reste, travail individuel ou travail d'individus associés librement.

Chapitre ii. — Les droits de l'Etat

Mais, nous répondent les Etatistes, la société humaine doit être, naturellement, une société animale perfectionnée. Les hommes sont des êtres pensants et des êtres associés. Ils doivent être associés pour penser et penser par association, penser en commun. La société humaine doit être une société d'âmes. Cette société d'âmes, ou sera divisée et donc ne sera pas une société, et nous tombons au-dessous de la société animale ; ou sera unie, et donc qu'est-ce qu'elle sera ? Une âme collective. Cette âme collective c'est l'âme sociale, c'est la société humaine, c'est-à-dire la société pensante. Cette âme collective, où faut-il la chercher et la trouver ? Dans l'Etat, dans le gouvernement, qui ramasse et résume en lui les âmes individuelles et qui pense pour tout le monde. En dehors de ce système, il n'y a qu'anarchie intellectuelle et morale.

J'ai beau faire, je ne puis pas très nettement comprendre pourquoi le gouvernement est nécessairement plus intelligent que moi, et même seul intelligent dans tout le pays que j'habite. Par lui-même il est un homme ou plusieurs hommes désigné ou désignés par la naissance ou par l'élection à prendre des mesures d'utilité générale. En quoi la naissance ou l'élection, choses où règne soit le hasard, soit la passion, a-t-elle donné à cet homme ou à ces hommes des lumières particulières et surtout une lumière unique, qui est telle qu'eux seuls l'ont et que tout le monde, sauf s'il la leur emprunte, en est privé ? C'est bien singulier. J'entends bien qu'il ne s'agit pas d'une « grâce » qui leur est versée par une puissance supérieure et mystérieuse ; mais d'une sorte d'attraction, de concentration intellectuelle et morale : l'âme diffuse dans la nation tout entière se ramasse en quelque sorte dans le gouvernement, et c'est en lui que la nation la retrouve ; mais précise, nette, épurée, supérieure, définie, organique et non plus chaotique, et c'est en lui que la nation prend conscience d'elle-même. Le gouvernement c'est la conscience psychologique de la nation. La nation c'est l'inconscient, l'élite c'est le subconscient, le gouvernement c'est la conscience.

J'entends bien ; mais il reste qu'on m'explique l'opération par laquelle un homme qui est l'un de nous, du moment qu'il naît roi, ou du moment qu'il est élu président ou ministre, attire ainsi à lui et ramasse en lui et épure et subtilise et précise en lui tout ce qui chez moi, chez vous, chez ce tiers, existe, peut-être, mais est confus, chaotique, inconscient, balbutiant et misérable. C'est cette

Émile Faguet

opération qu'il reste à expliquer. Qui ne voit que nous revenons où nous en étions et que cette opération est un mystère, que c'est bien une « grâce » qui est faite à un homme et que cette grâce, qu'elle consiste à recevoir directement une lumière d'en haut ou qu'elle consiste à recevoir la puissance de ramasser en soi la lumière diffuse dans tout un peuple, est exactement la même chose.

Or, j'ai le malheur de ne pas croire à la grâce, et cette théorie mystique n'a pas accès en moi. Au fond, et même sans creuser le moins du monde, elle est une simple transposition de la théorie monarchique. « L'âme de la nation est dans l'Etat », quand on ouvre cette formule, cela veut dire que le Roi est seul intelligent, parce qu'il est l'élu de Dieu et le protégé de Dieu. Quand le Roi manque, on invente cette théorie de l'Etat mystique. On imagine que l'Etat pense et que l'individu ne pense pas, ce qui est vague, indémontrable et insignifiant, pour en arriver, dans la pratique, à dire que le gouvernement est infaillible. Ce que le monarchiste fondait sur une communication directe entre Dieu elle Roi, l'Etatiste le fonde sur une « âme de la nation », qui n'aurait de communication et de confidence que pour le gouvernement, et qui n'aurait pour vous et moi que des apparences fuyantes et de décevantes ombres. Cette âme c'est le Dieu moderne versant sa grâce sur son élu.

Je ne crois pas qu'un esprit positif puisse s'arrêter très longtemps à cette conception qui n'est pas autre chose qu'un monarchisme dégénéré. Elle sera très goûtée de tous les gouvernements qui n'auront pas, soit le droit de s'appuyer sur l'hérédité et le droit divin, soit la franchise de dire qu'ils gouvernent despotiquement parce qu'ils sont les plus forts.

Il existe une autre théorie, qui est moins abstraite, plus divertissante aussi et qui me paraît également une rêverie de beaux esprits philosophiques. On pourrait l'appeler la politique zoologique. La précédente, comme nous l'avons vu, avait un peu ce caractère ; mais celle-ci l'a bien davantage. Elle ne considère pas la société, une nation, comme une ruche ou une fourmilière ; elle la considère comme un animal. Vous, moi, nous sommes des cellules vivantes. L'Etat seul est un organisme, et l'Etat seul, par conséquent, a un *moi*. L'individu qui prétendrait avoir une autonomie, une indépendance, être libre, il faut même dire : être quelque chose, serait comparable à un nerf qui prétendrait être un être, à une goutte de sang qui dirait : *je*, à une goutte de sève qui se croirait un arbre ; autant de folies. Nous ne sommes que les rouages aveugles d»une machine intelligente, qui n'est intelligente en aucune de ses parties et qui ne l'est qu'en sa totalité, qu'en son ensemble. Nous obéissons, fragments de matière animée, à un cerveau qui seul nous dirige et qui seul sent, pense, veut, et qui seul a le droit de sentir, de penser et de vouloir. L'ensemble de ce corps organisé s'appelle l'Etat ; le cerveau de ce corps c'est le gouvernement.

L'état rationnel de la société, c'est donc l'esclavage ; mais non pas l'esclavage social tel que l'Antiquité et l'Amérique l'ont connu ; mais l'esclavage physiologique. Nous devons obéir, non pas comme l'esclave à son maître, mais bien comme le bras, la main, la jambe, le pied, obéissent au cerveau qui leur commande et qui les dirige. Vous vous croyez un homme ; vous êtes un pied. Vous avez, si vous voulez, la compensation et la consolation qui consiste à vous dire que cependant, si vous n'existiez pas, le cerveau ne pourrait rien faire et qu'il vous doit de la reconnaissance, autant qu'on en doit à un bon outil. Quant à de l'indépendance, c'est un non-sens que de prétendre en avoir ou en exiger ou en demander. Une goutte de sève révoltée, ce serait une haute bouffonnerie.

Cette politique zoologique[1] compte parmi ses adeptes à peu près tous les grands sociologues du XIXe siècle. Elle me paraît un peu hasardée et n'être qu'une comparaison qu'on a voulu prendre pour une parité. Le premier métaphoriste qui a dit : « le corps social », ne croyait pas qu'il eût fondé une sociologie. Il était pourtant sociologue sans le savoir. Les systèmes philosophiques, comme certaines religions, sont des métaphores suivies et prises au sérieux. Mais il n'y a rien de plus, dans le mot « corps social », qu'une métaphore, et peu exacte. Il n'y a nullement dans la société l'adhérence de toutes les parties qui existe dans un animal. Tout est symétrique dans le corps d'un animal, et rien n'est symétrique dans le « corps social ». Les animaux se reproduisent et les nations, ou ne se reproduisent pas, ou font des petits qui ne leur ressemblent pas du tout, comme l'Angleterre aristocratique qui a pour fille la démocratie américaine. Les cellules d'un corps animal n'ont

---

1 Qu'on trouvera exposée (non approuvée) dans tout son détail, avec analyses des principaux théoriciens qui l'ont soutenue, dans l'admirable livre de Vareilles-Som-mières : *Principes fondamentaux du droit.*

Émile Faguet

aucune conscience d'elles-mêmes, et les individus d'une société ont tellement conscience d'eux-mêmes qu'ils se croient libres, et cette liberté peut être une illusion, et cette conscience même peut être une illusion aussi ; mais, cette illusion même est un fait qui suffit à distinguer singulièrement un homme d'un tendon. La métaphore subsiste, dirait un grammairien. Oui, mais comme dans la plupart des métaphores il y a beaucoup plus de différences que de ressemblances. La théorie est peu scientifique.

Ce qu'il faut remarquer, c'est que le plus illustre de ceux qui en ont usé, Herbert Spencer, est celui-là même qui l'a le plus magistralement réfutée et détruite. Après l'avoir présentée longuement et avec une clarté et un éclat incomparables, il en vient à nous dire tranquillement : « Il n'existe point d'analogie entre le corps politique et le corps vivant, sauf celles que nécessite la dépendance mutuelle des parties que ces deux corps présentent. L'organisme social *discret au lieu d'être concret, asymétrique au lieu d'être symétrique, sensible dans toutes ses unités au lieu d'avoir un centre sensible unique*, n'est *comparable à aucun* type particulier d'organisme individuel, animal ou végétal… Je me suis servi d'*analogies péniblement obtenues*, mais *seulement comme d'un échafaudage* qui m'était utile pour édifier un corps cohérent d'inductions sociologiques. Démolissons l'échafaudage : les inductions se tiendront debout d'elles-mêmes. »

Autrement dit : effaçons comme vaines et ridicules toutes les raisons qui nous ont servi à établir une vérité ; la vérité est acquise et reste debout.

Ce qui reste surtout, c'est que le système « organisme social » peut servir « à édifier un corps cohérent d'inductions ». mais non pas un corps social. Ce qui reste, c'est que l'organisme social « n'est comparable à aucun organisme » connu, et que par conséquent le considérer comme un organisme est tout aussi rationnel que de l'appeler cosinus ou asymptote.

Les tenants de « l'organisme social » se moquent sans doute de Bonald qui considérait la société et aussi la famille et aussi le gouvernement et aussi n'importe quoi, comme des trinités, et qui voyait partout le chiffre *Trois*. Il n'était ni plus ni moins ridicule qu'eux. Il trouvait à son nuage la forme d'un chameau. Il n'y avait rien de plus dans son affaire ; il n'y a rien de moins dans celle des sociologues zoologistes.

Seulement leur théorie plaît infiniment à tout gouvernement, quel qu'il soit, parce qu'elle le sacre. Il est une manière de demi-dieu, gouvernant la nation comme le cerveau gouverne le corps. Tout lui est permis du droit de sa divinité, de ce fait surtout que tout ce qui n'est pas lui est matière, sinon brute, du moins insensible et non pensante. Comme Malebranche battant sa chienne, le gouvernement peut dire des individus composant le corps social : « Vous croyez que cela sent ? » Les gouvernements aiment généralement assez considérer le pays qu'ils gouvernent comme la chienne de Malebranche.

La vérité est que la société humaine est dans son principe un fait naturel, dans son développement un fait, naturel encore, qui devient volontaire. C'est dans son principe un fait naturel, non volontaire : les hommes ne s'associent pas, ils sont associés, ils naissent associés par les liens de la famille étendue jusqu'au clan et par les liens de l'habitude, de commune langue, de communes mœurs, de communs souvenirs, de communes traditions, de commun culte, de communs rites. Telle est la véritable société, dans laquelle nous supposons que n'est intervenue ni conquête, ni oppression de classe par une autre. C'est la société naturelle.

Le besoin de se défendre crée la grande patrie, qui est naturelle encore puisqu'elle n'est qu'une agglomération de clans ; mais qui, de plus, est volontaire, parce que ces clans n'avaient aucune raison naturelle de s'agglomérer, aucun instinct naturel les poussant à s'associer. Ils ont eu de s'associer des raisons non pas naturelles, mais historiques. Je dis que cette association, naturelle encore en ses origines, est surtout volontaire. Elle l'est toujours en définitive, malgré les apparences. Très souvent, le plus souvent, elle n'est matériellement que le résultat d'une conquête, de la conquête des clans les plus faibles, par le plus fort ou le mieux placé. Oui, mais pour que cette patrie dure, il faut le consentement persévérant des annexés, le consentement des annexés et le transfert, en quelque sorte, qu'ils font de leur amour pour la petite patrie à la grande. Si ce consentement n'existe pas, si ce transfert n'a pas été fait au bout de quelques générations, la patrie n'existe point du tout, et elle se disloque.

Émile Faguet

La grande patrie est donc bien une association, naturelle en ses lointaines origines, volontaire en son développement et considérée en l'état actuel où on la voit. Elle a pour cause éloignée la sociabilité naturelle à l'homme, pour cause moins éloignée la nécessité de la défense. Elle est donc en partie vraie, en partie *factice* et artificielle. En ce qu'elle est vraie, elle a droit à nos respects et à notre culte ; en ce qu'elle est factice, elle n'a droit qu'à nôtre obéissance, et elle doit se souvenir que son seul titre étant la nécessité de la défense, son vrai droit, son droit honnête, pour ainsi parler, est défini par son principe et ne s'étend pas à plus qu'à ce que la défense exige. Vous, clan primitif, je vous vénère et je vous aime ; vous êtes ma racine ; vous êtes la cendre de mes aïeux. Vous, société actuelle, je vous aime et je vous vénère, comme représentant le clan primitif, et comme, après tout, en étant l'extension ; mais cependant souvenez-vous que vous n'êtes *surtout* qu'un expédient, qu'un moyen de défense, adopté faute de mieux et crainte de pire. Souvenez-vous que ce qui n'est pas vrai du clan primitif, à savoir contrat et traité et marché, ne laisse pas d'être un peu vrai de vous. Vous ne laissez pas d'être le résultat d'une association volontaire faite pour la défense d'intérêts communs, et par conséquent lorsque vous dépassez la fonction pour laquelle on vous a faite vous ne violez, sans doute, aucun contrat formel, mais vous outrepassez un « quasi-contrat », vous empiétez, vous allez plus loin que jusqu'où il était entendu, puisqu'il était rationnel, que vous allassiez ; vous faites un abus de confiance tacite. Si l'on vous a créée ou si l'on vous a supportée (ce qui, en raison, revient au même) pour se pouvoir défendre contre l'ennemi extérieur, on vous a dit par là que votre fonction se bornait là. Tout ce que vous ferez par-delà, vous aurez tort de le faire, parce qu'on ne vous le demandait pas. Vous n'êtes pas un violateur de contrat précisément, puisqu'il n'y a pas eu de contrat ; mais vous êtes un mandataire infidèle.

Ainsi sont les choses, rationnellement. Historiquement elles ont partout été tout autres.

On comprend très facilement que l'agglomération, pour la défense, de clans séparés jusqu'alors, en un grand corps d'Etat, donnait au pouvoir central, non pas tout de suite, mais peu à peu, une force énorme, une force incalculable. Le pouvoir central, c'était la patrie ; c'était la patrie forte et c'était la patrie glorieuse, et c'était le point de sécurité, et c'était le point de lumière. Nous avons un exemple de cela, tout récent et par conséquent plus clair que ceux que nous pourrions prendre dans l'antiquité. La patrie allemande a été faite, avec une diligence merveilleuse, par Louis XIV, par Louis XV, par Napoléon Ier et par Napoléon III. La France, sans cesse conquérante du côté de l'Est, a fini par avoir raison de l'apathie naturelle des peuples germains et de leur amour pour leurs petites patries locales et pour leurs libertés municipales. Contre la France insupportable il a fallu enfin créer une grande patrie allemande, un camp de défense. Quand il a été fait, sentiment de sécurité, sentiment de reconnaissance, sentiment de gloire, ont rendu Prussiens et Berlinois des gens qui avaient naturellement l'horreur de la Prusse et de Berlin ; et d'instinct individualiste et d'instinct libéral il ne faut pas croire qu'on en entendra parler d'ici longtemps dans ce pays-là.

De même notre patrie à nous a été faite par l'Angleterre. Le mot de Lamartine n'est vrai qu'à moitié :

C'est la cendre des morts qui créa la patrie.

Il est vrai de la petite patrie, de la tribu, du clan. De la grande patrie, point du tout. C'est l'étranger gênant qui créa la patrie.

Ainsi les grands Etats se sont créés les uns les autres, chacun se créant lui-même, sans doute, pour résister, mais créant bien plus encore son voisin, par la terreur qu'il lui inspirait ; et il en est résulté pour chaque pouvoir central de chaque grand Etat, une force immense, parce qu'on ne savait plus, dans la reconnaissance qu'on avait pour lui et dans la confiance qu'on avait en lui, ce qu'on lui devait, ce qu'il fallait lui donner, lui accorder, lui abandonner. C'était bien simple : il fallait lui donner en raison de sa fonction ; et puisqu'il n'existait que pour la défense, lui donner tout ce qui lui était nécessaire pour la défense et rien de plus. Mais les peuples ne raisonnent pas aussi net, et les gouvernements n'aiment pas raisonner ainsi.

Les peuples ne font pas facilement le départ de ce qui est nécessaire au gouvernement pour être fort contre l'étranger et de ce qui ne lui est nullement nécessaire pour cela. Ils ont une tendance naturelle à lui donner tout indistinctement quand ils sont patriotes, puisqu'il les défend ; et à lui refuser tout indistinctement quand ils ne le sont

Émile Faguet

pas, puisqu'ils ne sentent pas le besoin d'être défendus. Il en résulte qu'ils sont tour à tour absolutistes ou libéraux tout de travers, tantôt, enivrés de patriotisme, donnant tout, accordant tout, abandonnant tout à un Louis XIV, tantôt, soucieux d'autonomie locale ou d'indépendance religieuse, appelant l'étranger au secours de leurs libertés individuelles et de leurs droits de l'homme ; et l'un est exactement aussi stupide que l'autre.

Quant aux gouvernements, ils sont plus constants. Ils ont toujours la même idée : ils veulent avoir tout le pouvoir possible. Il est impossible à un gouvernement, quel qu'il soit, de ne pas se persuader qu'il y a un immense péril social à ce qu'il ne soit pas absolument tout dans l'Etat. Il est impossible à un gouvernement, quel qu'il soit, de ne pas croire qu'il est infaillible. Il est absolument impossible à un gouvernement, quel qu'il soit, de ne pas considérer comme *contraire à lui* tout ce qui est en *dehors de lui*. Il est impossible à un gouvernement, quel qu'il soit, de ne pas considérer comme « un Etat dans l'Etat » tout ce qui a un minimum de liberté et d'autonomie dans l'Etat. Il n'y a pas de gouvernement libéral.

On s'y trompe quelquefois ; car on voit des gouvernements très suffisamment respectueux, non pas des droits de l'homme, qui n'existent pas, mais des « droits acquis », qui appartiennent, par prescription ou par charte, aux citoyens, aux associations, aux villes ou aux provinces. Mais c'est une erreur. Dans ces cas, ce n'est pas que le gouvernement soit libéral, c'est que les citoyens ne lui permettent pas d'être autoritaire. Le gouvernement tourne alors à sa gloire ce qui n'est que son impuissance, et de nécessité fait vertu. Mais par lui même (et comment pourrait-il en être autrement ?) il est oppresseur autant qu'il peut l'être. Le gouvernement des Etats-Unis lui-même est autoritaire ; seulement il se résigne à ne pas exercer son autoritarisme.

Ajoutez que, sans plus compter l'instinct naturel qui nous porte à dominer autant que nous pouvons le faire, mille raisons secondaires maintiennent les gouvernements dans cet état d'esprit. L'histoire du pays se résume en eux, porte leur nom. Ils finissent très naturellement par croire que tout ce qui a été fait de grand dans le pays, c'est eux qui l'ont fait.

Les religions contribuent à cette erreur où ils se complaisent et qu'ils font partager à autant de gens qu'il leur est possible. Un grand pays qui a de grandes destinées s'imagine ingénument qu'il est le protégé de la Providence, et par conséquent que la Providence a protégé particulièrement ses chefs. Les chefs d'Etat paraissent ainsi des fils aînés de Dieu ; un caractère sacré s'attache à eux. Ils deviennent des chefs religieux autant que des chefs militaires. Ils passent pour des représentants de Dieu même. Tout le monde le croit un peu ; eux surtout, le croient infiniment.

Dans ces conditions, comment pourraient-ils admettre qu'il y eût quelqu'un dans le pays qui fût quelqu'un ? Comment pourraient-ils admettre qu'il y eût quelque chose dans le pays qui ne leur appartînt pas ? Le fond de l'état d'esprit de tout gouvernement est cette pensée : « Le pays, c'est moi. » Il est par conséquent de l'essence de tout gouvernement de ne pas supporter la contradiction. Quand il la supporte, soyez sûr que c'est parce qu'il ne peut pas faire autrement.

Ceci est vrai de tous les gouvernements possibles. C'est vrai de la monarchie ; c'est vrai de l'aristocratie ; je n'ai pas besoin de dire que c'est plus vrai encore de la démocratie, parce que dans ce cas, le gouvernement sortant par délégation du peuple lui-même, a, en apparence, plus que tout autre, le droit de dire : « Le pays, c'est moi, » et de ne supporter, non seulement aucune résistance, non seulement aucune contradiction, mais non pas même aucune velléité de penser autrement que lui. Nous verrons cela en plus grand détail quand nous nous occuperons du gouvernement parlementaire.

Qu'y a-t-il, cependant, au fond de ces étonnantes prétentions ? Qu'est-ce, au fond, que ce gouvernement qui se targue d'être le pays tout entier ? C'est un fonctionnaire que l'on a chargé ou que les circonstances ont chargé, ce qui revient au même pour le sociologue, d'assurer l'ordre dans le pays et de défendre le pays contre l'étranger. Il n'est rien de plus. Que faut-il donc lui donner ? La force nécessaire pour faire régner l'ordre dans le pays ; la force nécessaire pour défendre le pays contre l'étranger ; l'obéissance en ce qui regarde sa fonction d'assurer l'ordre dans le pays, l'obéissance et le dévouement en ce qui regarde sa fonction de défendre le pays contre l'étranger. Outre cela ? Rien. Rien absolument. Là où s'arrête sa fonction s'arrête, sinon son droit, du moins l'exercice légitime et raisonnable de son droit. Passé cette limite, il peut être dans son droit, mais il est déraisonnable, il est importun, il est fâcheux et il est stupide.

Le libéralisme intelligent consiste donc, non pas à affaiblir le pouvoir autant qu'on peut et sur tous les points, — cela aussi est stupide, — mais à tracer fermement la limite en deçà de laquelle le pouvoir central doit être très puissant, au delà de laquelle il doit n'être rien du tout. On n'a jamais dit quelque chose de mieux là-dessus que le mot de Benjamin Constant : « Le gouvernement en dehors de sa sphère ne doit avoir aucun pouvoir ; dans sa sphère, il ne saurait en avoir trop. » — Il s'agit donc de tracer les contours de cette sphère. C'est précisément ce que nous venons de faire par grandes lignes et par principes généraux et par définitions générales. C'est ce qui nous reste à faire en entrant dans le détail, parce que, dans le détail, cela ne laisse pas d'être délicat.

CHAPITRE III. — La liberté individuelle

Il faut commencer notre étude sur les libertés, c'est-à-dire sur les limites raisonnables du droit de l'État, par la liberté individuelle, parce qu'elle est comme la liberté essentielle, comme la liberté en soi et que toutes les autres n'en sont que l'extension, ou plutôt que l'application ou la garantie.

La liberté individuelle est le droit que je me crois de vivre à ma guise, d'agir à ma guise tant que je ne fais de mal à personne et tant que je ne gène sérieusement personne.

Je mets le mot « sérieusement » tout à fait à dessein. Car si je ne le mettais point, la liberté individuelle courrait grand risque. Je gêne quelqu'un et même beaucoup de personnes par ma manière de vivre et d'agir, dès que je vis et que j'agis d'une manière qui n'est pas absolument banale. Les hommes, un peu partout, et surtout dans certains pays et particulièrement en France, ont horreur de la liberté individuelle, c'est-à-dire de la tendance qu'a un homme à agir personnellement. Ils regardent cet homme d'un mauvais œil, et la manière dont il se conduit est pour eux une gène et presque une souffrance. Un homme de telle classe, à telle époque, doit être ici et non ailleurs, et faire ceci et non autre chose. Si je rencontre un de mes amis à Paris au mois d'août (il y est, mais il ne fait qu'y passer, « entre deux trains ») il me dit : « Quoi ! vous n'avez pas quitté Paris ? — Non. Je vous demande pardon. » Je lui demande pardon, parce que j'ai senti dans sa parole un reproche et une douleur. Il me répond : « Oh ! vous êtes libre ! » Mais il y a dans ce mot une grande amertume et dans le ton quelque chose de pincé et déjà d'hostile. J'ai à peu près perdu un ami. — A Bordeaux, vers 1880, j'ignore si la tradition s'est conservée, les universitaires devaient habiter un certain quartier, un des plus vilains de la ville, du reste. « Et un tel ? demandai-je au doyen de la Faculté, en arrivant ? — Je ne sais pas. Il n'habite pas le quartier. » C'était dit sévèrement. Celui-là, il était mal noté. Ce n'était pas un très bon fonctionnaire. Il n'habitait pas le quartier.

De même pour le costume, pour l'allure, pour la démarche, pour le nombre de mètres que l'on couvre, en marchant, en cinq minutes, pour les promenades habituelles, pour les heures où l'on se lève et où l'on se couche. Tout anormal est un original, tout original est un excentrique, tout excentrique est un indépendant et tout indépendant cause une véritable souffrance morale à ceux qui ont le culte de l'uniformité, c'est-à-dire au plus grand nombre, « Original » dans le langage du peuple est une injure. Il veut presque dire un criminel. J'ai entendu une bonne femme, devant un tableau représentant le supplice de Jésus, me montrant les tortionnaires, me dire : « c'étaient des égoïstes et des *originaux* ». C'était bien précisément le contraire ; mais elle parlait sa langue.

Aussi la liberté individuelle en France n'est guère persécutée que par les mœurs ; mais elle l'est bien. Le Français n'admet guère deux choses, à savoir que vous restiez chez vous, et quand vous restez chez vous que vous soyez libre chez vous. Il faut, sous peine d'être « gênant », ce qui est drôle, mais en vérité vous les gênez à ne pas les importuner, faire des visites, « passer la soirée », dîner en ville, aller dans le monde, assassiner vos semblables de votre présence du matin au soir, Autrement vous êtes insociable. Insociable, l'homme qui a peur d'être indiscret ! C'est ainsi pourtant. En France l'indiscrétion est une vertu. L'homme vous juge bien froid que vous n'interrogez pas sur ses affaires et sur le caractère de sa femme. « Vous ne m'aimez donc pas que vous ne me parlez jamais de moi ? Vous ne m'aimez donc pas, que vous ne venez jamais m'empêcher de travailler ? » Le Français n'aime pas celui qui reste chez lui.

D'autre part, il n'aime pas celui qui restant chez lui n'y reçoit pas continuellement. La porte du Français doit être ouverte à tout le monde, le matin pour les affaires, l'après-midi pour les confidences et le soir pour les plaisirs. Celui qui, soit par goût, soit par amour du travail, soit par paresse, soit par désir de nourrir sa famille, ne se prête pas à cette invasion continue, est très mal vu, peu estimé, soupçonné de mauvaises habitudes et désagréable à ses semblables. Très littéralement il les fait souffrir. Il excite en eux d'abord l'étonnement, ensuite l'impatience et enfin une colère, sourde ou éclatante, selon les personnes. La liberté individuelle est sacrée aux Français ; mais en user leur paraît un crime.

Voilà pourquoi j'ai défini la liberté individuelle le droit d'agir et de vivre à sa guise sans faire de mal à personne et sans gêner *sérieusement* personne. On gêne, et très fort, beaucoup de gens en usant de la liberté individuelle. Seulement, il faut dire qu'on a le droit d'en user quand on ne porte, en en usant, à ses semblables qu'un préjudice tout moral, quand on ne fait que leur déplaire, que les irriter, que les blesser, que les exaspérer, quand on ne leur fait aucun tort matériel, quand on ne les empoisonne pas par de mauvaises odeurs, quand on ne leur verse pas d'eau sur la tête en arrosant les fleurs de son balcon, quand on ne les écrase pas sous les roues de son automobile, quand on ne marche pas sur leurs pieds en montant en omnibus, quand on ne fume pas dans leur nez en chemin de fer, après qu'ils ont déclaré qu'ils n'aiment pas ce genre de thuriféraires. Il faut faire la distinction entre le préjudice matériel et le préjudice moral.

— Mais le préjudice moral est mille fois plus douloureux que le préjudice matériel !

— A qui le dites-vous ? Je suis bien sûr que M. un Tel aimerait mieux que je l'écrasasse une bonne fois de mon automobile que non pas que je l'empêchasse de me « raser ». Mais cette distinction entre le préjudice matériel et le préjudice moral, dans l'intention de prendre en considération le premier et de ne pas tenir compte du second, cette distinction, peut-être peu légitime, il faut la faire, et nous la retrouverons sans doute plusieurs fois au cours de ce volume ; il faut la faire pour cette raison bien simple : c'est que le préjudice matériel peut être déterminé assez facilement, et que le préjudice moral est indéterminé de sa nature. Je reçois de l'eau sur la tête, ce qui est très généralement considéré comme désagréable et déclaré antihygiénique par les médecins ; cela est très facile à constater et à déterminer ; c'est un préjudice très net. — « Mais aussi l'obstination de M. X… à ne pas venir nie voir quand je m'ennuie et à ne pas me recevoir quand je porte mon ennui à son domicile, m'est odieuse, et, remarquez-le, m'exaspère à tel point qu'elle me donne une maladie nerveuse, ce qui est bien quelque chose de très matériel. » — Sans doute, et je reconnais bien que, moralement, M. X… est un coquin, beaucoup plus que s'il arrosait ses fleurs ; mais quoi ? Vos prétentions sur lui sont *indéterminées*, sont indéfinies et indéfinissables. Je ne sais pas, je ne puis pas savoir ce qu'il faudrait qu'il fît pour conjurer la maladie nerveuse qui vous menace, jusqu'à quel point vous pouvez pousser le droit que vous revendiquez de l'importuner. Vous ne le savez pas non plus. Ces choses-là n'ont pas de mesure. Nous prenons donc le parti de ne pas tenir compte des souffrances morales que l'exercice de la liberté individuelle entraîne pour les autres, parce que le préjudice a ici quelque chose d'indéterminé et d'infini, et nous définissons la liberté individuelle le droit qui appartient à tout homme de vivre et d'agir à sa guise sans faire de mal à personne et sans gêner personne sérieusement, c'est-à-dire matériellement.

La liberté individuelle a été visée très précisément et *plus que toute autre* par les *Déclarations* des droits de l'homme *de 1789 et de 1793. Cela tient* à ce qu'aucune liberté n'avait été plus méprisée, surtout plus mal définie et plus mal connue avant 1789. Il est à remarquer que l'ancienne société, qui a fort bien connu un certain nombre de libertés, respectait beaucoup plus les libertés de corps, les libertés d'associations, que les libertés personnelles et individuelles, tout au contraire de la nouvelle, qui a pour l'individu isolé un respect relatif, et qui a une extrême défiance à l'égard de tout ce qui est association. La société ancienne respectait les libertés du clergé, de la magistrature (le plus souvent), des corporations ouvrières, des municipalités, des provinces libres (pas toujours, mais pendant de longues périodes). Elle ne connaissait pour ainsi dire pas la liberté individuelle.

Émile Faguet

Il y avait deux administrations coercitives et pénales : la justice et la police, ce qui est proprement monstrueux. Selon ses besoins et ses désirs, le pouvoir central s'adressait à l'une ou à l'autre. Il déférait aux tribunaux le coupable qu'il lui était indifférent de voir condamner ou acquitter. Il déférait à la police, c'est-à-dire à lui-même, l'homme qu'il voulait voir condamner. On arrêtait un homme sans formalités et on l'emprisonnait sans jugement, soit par simple ordre verbal donné au lieutenant de police, soit par lettre de cachet, ce qui était plus régulier, mais aussi arbitraire.

La raison de cette dualité d'administration pénale était très simple. Comme la magistrature était indépendante, le gouvernement ne pouvait se fier à elle pour condamner les gens qu'il n'aimait pas. Or, il importe dans une société bien réglée que le gouvernement puisse emprisonner ceux qui lui déplaisent. Par conséquent, il avait créé, parallèle à la magistrature, une administration pénale, qui dépendit exclusivement de lui.

Cette dualité a cessé naturellement après 1789, la magistrature étant devenue dépendante du gouvernement, subordonnée à lui, et s'étant, à cet égard, confondue avec la police. Le gouvernement n'a plus eu besoin d'une seconde administration pénale à sa dévotion, du moment que la première y était.

Cette dualité de l'administration pénale sous l'ancien régime s'est très clairement manifestée en mille circonstances ; mais notamment dans « l'affaire du Collier » en 1785. Il y avait sinon crime de lèse-majesté (en tout cas ce n'est pas mon avis) de la part du cardinal de Rohan, du moins faute, et grave, d'insulte, par bêtise, à la reine. Il n'y avait pas de cas, selon moi, où la lettre de cachet ou l'ordre d'exil fût plus indiqué d'après tous les précédents. Louis XVI devait exiler le cardinal de Rohan à soixante lieues de Paris ou le rafraîchir de dix ou quinze mois de Bastille. Il ne le voulut pas et il fit déférer le Cardinal au Parlement de Paris avec sa complice, Mme de La Motte. Mais on fut stupéfait de cette procédure véritablement inusitée. Elle fait, du reste, honneur au libéralisme de Louis XVI. Mais elle est bien un signe de la date et des « temps nouveaux ». Jamais pareille idée ne serait venue à Louis XIV ni à Louis XV.

De nos jours il y a unité d'administration pénale, parce que la magistrature est dépendante du pouvoir et par conséquent n'est qu'une variété de la police. Toute suspendue à l'espérance de l'avancement, et l'avancement dépendant du gouvernement seul, d'autre part toujours menacée d'une « épuration » générale, la magistrature n'a intérêt qu'à obéir, et le plus souvent elle obéit. Quand elle n'obéit pas, il y a une stupéfaction générale et une réclamation à peu près générale aussi d'une « épuration » nouvelle. En 1902, un tribunal de province acquitta un Jésuite qui avait commis le délit de prêcher. Le gouvernement prétendait, par l'organe du ministère public, que la loi contre les congrégations enlevait à un Jésuite le droit de prêcher. Le tribunal jugea que la loi contre les congrégations enlevait au Jésuite le droit de vivre en congrégation, mais non pas son caractère de prêtre catholique et son droit de monter en chaire. Le gouvernement en appela. La Cour de Paris ratifia la sentence des premiers juges. Il y eut surprise universelle, et dès le lendemain, dans tous les journaux du gouvernement, et le surlendemain dans plusieurs conseils généraux, le vœu et presque la sommation qu'une nouvelle épuration de la magistrature fût faite immédiatement. En effet, un gouvernement qui ne peut pas, d'une part, empêcher lui-même un Jésuite de prêcher et qui ne peut pas, d'autre part, obtenir de ses juges qu'ils l'empêchent de prêcher, cela se peut-il souffrir ? Il prêchera donc ? Oui. C'est épouvantable. Le gouvernement est désarmé.

Il est certain qu'il faudrait ou que les juges obéissent, non seulement presque toujours, comme ils font, mais toujours, ou qu'on rendît au gouvernement le droit de haute police arbitraire et les lettres de cachet.

Il n'en est pas moins, il faut le dire pour rassurer les absolutistes, qu'avec une magistrature nommée par le gouvernement, payée par le gouvernement, « avancée » ou laissée sur place par le gouvernement et toujours sous la menace d'une épuration, c'est-à-dire d'une destitution, le gouvernement de France au XXe siècle est plutôt plus armé contre la liberté individuelle que ne l'était le gouvernement de Louis XIV. Il l'est moins d'un côté et il l'est plus de l'autre. Il l'est moins du côté du droit de haute police arbitraire, il l'est infiniment plus du côté de la magistrature, qui est à ses ordres ou qu'il y peut mettre très facilement.

On comprend maintenant pourquoi les *Déclarations des Droits*, tant celle de 1789 que celle de 1793, ont tant insisté sur la liberté individuelle. C'est que d'abord elle est la source de toutes les autres, et ensuite c'est que de toutes elle était celle que l'ancien régime avait le moins respectée.

La *Déclaration des Droits* de 1789 a trois articles sur la liberté individuelle, les articles IV, VII, IX.

Article IV : « La liberté consiste à faire tout ce qui ne nuit pas à autrui. Ainsi l'exercice des droits naturels de chaque homme n'a de bornes que celles qui assurent aux autres membres de la société la jouissance de ces mêmes droits. Ces bornes ne peuvent être déterminées que par la loi. »

Article VII : « Nul homme ne peut être accusé, arrêté, ni détenu que dans les cas déterminés par la loi et selon les formes qu'elle a prescrites. Ceux qui sollicitent, expédient, exécutent et font exécuter des ordres arbitraires doivent être punis ; mais tout citoyen appelé ou saisi en vertu de la loi doit obéir à l'instant ; il se rend coupable par la résistance. »

Article IX : « Tout homme étant présumé innocent jusqu'à ce qu'il ait été déclaré coupable, s'il est jugé indispensable de l'arrêter, toute rigueur qui ne serait pas nécessaire pour s'assurer de sa personne doit être sévèrement réprimée par la loi. »

La *Déclaration des Droits* de 1793 a sept articles sur la liberté individuelle, les articles VI, IX, X, XI, XII, XIII, XIV.

Article VI : « La liberté est le pouvoir qui appartient à l'homme de faire tout ce qui ne nuit pas aux droits d'autrui : elle a pour principe la nature, pour règle la justice, pour sauvegarde la loi. Sa limite morale est dans cette maxime : « Ne fais à autrui ce que tu ne veux pas qu'il te soit fait. »

Article IX : « La loi doit protéger la liberté publique et *individuelle* contre l'oppression de ceux qui gouvernent. »

Article X : « Nul ne doit être accusé, arrêté ni détenu que dans les cas déterminés par la loi et selon les formes qu'elle a prescrites ; tout citoyen appelé ou saisi par l'autorité de la loi doit obéir à l'instant : il se rend coupable par la résistance. »

Article XI : « Tout acte exercé contre un homme hors des cas et dans les formes que la loi détermine est arbitraire et tyrannique : celui contre lequel on voudrait l'exécuter par la violence a le droit de le repousser par la force. »

Article XII : « Ceux qui solliciteraient, expédieraient, signeraient, exécuteraient ou feraient exécuter des actes arbitraires sont coupables et doivent être punis. »

Article XIII : « Tout homme étant présumé innocent jusqu'à ce qu'il ait été déclaré coupable, s'il est jugé indispensable de l'arrêter, toute rigueur qui ne serait pas nécessaire pour s'assurer de sa personne doit être sévèrement réprimée par la loi. »

Article XIV : « Nul ne doit être ni jugé ni puni qu'après avoir été entendu ou légalement appelé et qu'en vertu d'une loi promulguée antérieurement au délit. La loi qui punirait les délits commis avant qu'elle existât serait une tyrannie. L'effet rétroactif de la loi serait un crime. »

Ces dix articles, tant de la *Déclaration* de 1789 que de la *Déclaration* de 1793, sont la charte de la liberté individuelle en France. Ils lient le gouvernement par la loi et le législateur par le principe supérieur à la législation même. Ils défendent au gouvernement d'exercer aucune action sur l'individu en dehors des termes précis de la loi ; ils défendent au législateur de faire une loi contre un homme et contre *ce qu'il a fait*, l'effet rétroactif de la loi et une loi faite pour exercer une action rétroactive étant un crime. Il défend au législateur de faire une loi, même générale et à effet futur, contre tout acte ne nuisant pas à autrui, cet acte fût-il désagréable au gouvernement.

La *Déclaration* de 1789 et la *Déclaration* de 1793, les Constituants et les Conventionnels, en dissentiment, comme nous le verrons, sur quelques points, sont ici parfaitement en communion de pensée. Ils se répètent et se *soulignent* complaisamment les uns les autres. Les Constituants affirment, les Conventionnels insistent. Ils ont voulu unanimement que la liberté individuelle de chacun ne fût limitée que par la liberté individuelle des autres, et que le gouvernement n'eût pas d'autre droit en cette affaire que de faire respecter cette liberté ainsi limitée, c'est-à-dire limitée non par lui et non pour lui, mais exclusivement la mienne par la vôtre, la vôtre par la mienne. Ici, pour les Conventionnels comme pour les Constituants, le droit de l'Etat n'*existe pas*. On ne peut pas être plus libéral radical, plus libéral intransigeant que les Constituants

Émile Faguet

et les Conventionnels sur ce point. Pour eux, en matière de liberté individuelle, le droit de l'Etat *n'existe pas*.

Il existe cependant, et les *Déclarations* auraient dû l'indiquer au moins d'une allusion, pour tracer ici comme ailleurs ces limites entre les droits de l'Etat et les droits de l'individu qu'ils s'étaient précisément proposé de déterminer. Est-ce que, quand le gouvernement m'impose le service militaire, il n'empiète pas sur ma liberté individuelle ? Que dis-je ? Est-ce qu'il ne la supprime pas ? Et est-ce qu'il n'en aurait pas le droit ? Il la supprime et il a le droit de la supprimer. Il la supprime absolument. Car, remarquez, non seulement il me prend trois ans de mon temps, ce qui est un empiétement énorme sur ma liberté personnelle ; mais encore il me destitue purement et simplement comme citoyen. Il me soumet à l'obéissance passive (en quoi j'estime qu'il a parfaitement raison) et ne me permet plus de vivre, comme les autres, dans la simple obéissance légale. Il me met très positivement hors la loi.

Il y a plus, ce qui peut paraître étonnant : il se peut qu'il viole en moi non seulement la liberté individuelle, et non seulement la liberté politique, mais encore la liberté de penser, la liberté de croire, la liberté religieuse, tous les droits de l'homme, tous ! C'est fantastique. Mais c'est vrai. Voyez. Que diriez-vous d'un gouvernement qui prétendrait m'obliger à chasser ? Je n'aime pas la chasse ; j'ai horreur de tuer de petites bêtes qui ne me gênent pas. « Mon ami, vous chasserez, parce que je le veux. » C'est une tyrannie épouvantable. C'est précisément cette tyrannie que le gouvernement exerce sur moi quand il fait de moi un soldat. Il me faut porter un fusil, marcher à raison de quarante kilomètres par jour et chasser à l'homme, moi qui ai le droit d'être disciple de Jésus et d'avoir pour principe : « Tu ne tueras pas. » Il n'y a pas de violation plus radicale de la liberté individuelle, de la liberté politique et de tous les droits de l'homme. Ceux des radicaux à qui l'idée de patrie est indifférente ont parfaitement raison de vouloir l'abolition de l'armée.

Je suis, quoique libéral assez radical, pour son maintien, parce que je suis pour le maintien de la patrie. C'est ici que l'on voit l'application des principes que j'ai posés au début de ce livre. Quels droits à l'Etat ? Tous. Quels droits doit-il exercer ? Ceux-là, exclusivement, qui lui sont nécessaires pour l'ordre matériel à l'intérieur et pour la défense contre l'étranger. C'est là sa « sphère » ; mais, comme dit très bien Constant, « s'il ne doit avoir aucun pouvoir hors de sa sphère, dans sa sphère il n'en saurait trop avoir ». On doit donc lui accorder pour la défense du pays *tous* les droits, s'il les lui faut, c'est-à-dire le droit de violer exactement tous les miens. En fait de défense nationale l'Etat peut exercer, s'il le faut, le pouvoir absolu, et le législateur peut, quoique très fidèle aux *Droits de l'homme*, lui accorder le pouvoir absolu.

Et voyez comme dans les pays raisonnables et qui s'y connaissent en liberté, ces principes sont littéralement suivis. En Angleterre le service militaire n'existe pas. Je dis qu'il n'existe pas, puisqu'il est volontaire, puisque qui veut n'être pas soldat n'est pas soldat. Cela se comprend très bien chez un peuple d'une part très amoureux de liberté individuelle, d'autre part qui n'est, de par sa situation géographique, menacé d'aucune invasion. Mais ce même peuple a besoin d'une marine militaire énorme. Et il trouve naturel qu'on ait recours à la *presse*, c'est-à-dire à l'enrôlement forcé des matelots de la marine de guerre. Liberté individuelle absolue jusqu'à concurrence des nécessités de la défense nationale. Devant ces nécessités, point de liberté individuelle du tout. Ce peuple-là est dans les vrais principes. Il est dans la vérité et dans le bon sens.

En résumé, la liberté individuelle est, de toutes les libertés, celle qui existait le moins sous l'ancien régime. Pour en atténuer et en exténuer la garantie, la monarchie s'était attribué une partie du pouvoir judiciaire par son droit de haute police arbitraire et par ses lettres de cachet. C'est pour cela que les révolutionnaires ont tant insisté dans leurs déclarations pour la liberté individuelle et pour les garanties dont elle devait être entourée. Seulement, de ces garanties, ils ont, d'autre part, supprimé la seule valable, la seule efficace, à savoir la magistrature indépendante. Comment garantir la liberté individuelle par une magistrature indépendante, c'est ce que nous verrons dans le chapitre que nous consacrerons à la liberté judiciaire.

Chapitre iv. — Du droit à l'égalité

Selon la *Déclaration des droits de l'homme* de 1793, l'égalité est un droit de l'homme. Ceci est la première divergence à signaler, je dirai même que c'est la seule qui soit importante, entre la *Déclaration* de 1789 et la *Déclaration* de 1793. L'énumération des *Droits* est celle-ci dans la *Déclaration* de 1789 : « *Liberté, propriété, sûreté, résistance à l'oppression.* » L'énumération des *Droits* est celle-ci dans la *Déclaration* de 1793 : « *Égalité, liberté, sûreté, propriété.* » [La résistance à l'oppression est renvoyée à un autre article, le dernier, très célèbre, celui qui commence par ces mots : « Quand le gouvernement viole les droits du peuple, l'insurrection… »]

C'est-à-dire que les Constituants n'ont pas considéré l'égalité comme un droit de l'homme et que les Conventionnels l'ont considérée comme tel.

Il me semble que les Constituants ont été plus réfléchis que les Conventionnels. A supposer que l'homme ait des droits, à entrer dans cette manière de voir qui, mes réserves premières une fois faites, est commode pour la discussion et très acceptable en pratique, comment concevoir que l'égalité soit un droit *de l'homme*, un droit individuel ? Elle peut être le bien d'un peuple, et par conséquent le droit qu'il revendiquera ; ce sera à voir en un autre endroit. Mais comment peut-elle être un droit de l'homme ? Comment peut-elle être un droit individuel ? J'admets, pour un instant, qu'un homme naissant puisse dire : « J'ai droit à vivre, j'ai droit à vivre libre, j'ai droit à vivre en sécurité. » Soit. Mais qu'il puisse dire : « J'ai droit à ce qu'aucun autre homme n'ait ici plus de puissance que moi » ; cela est non seulement irrationnel, mais un peu bouffon. Quel droit apportez-vous en naissant à la puissance, ou à réprimer celle des autres et à la ramener à la mesure de la vôtre ? En quoi êtes-vous autorisé à avoir dans la société où vous entrez une part égale à la mienne, ou pourquoi, à quel titre pouvez-vous me forcer à n'en pas occuper une plus grande que la vôtre ? Ici, non seulement le droit, mais le semblant même du droit s'évanouit. Non seulement il n'y a pas contrat, non plus que pour le reste ; mais il n'y a pas même quasi-contrat ; mais il n'y a pas même raison quelconque qu'il en soit ainsi.

Vous naissez, vous êtes nourri, vous êtes élevé, à quoi l'on peut dire que vous avez une espèce de droit moral en ce sens que vos prédécesseurs sur la terre et dans cette société ont le devoir moral de ne vous pas laisser mourir ; vous vous faites une part, celle que vous pouvez, protégé par la loi et la police, dans l'Etat où vous êtes né ; mais quant à vous garantir que personne ne vous donnera le désagrément d'y être plus haut que vous, quel droit avez-vous, pouvez-vous avoir à cela ? Quel Dieu a déclaré que l'inégalité, et atroce, régnant partout dans la nature, les hommes doivent être égaux ? « J'ai *droit* personnellement à ce que personne ne soit plus que moi » est une véritable ânerie. L'égalité considérée comme droit de l'homme est un pur non-sens.

Aussi les Conventionnels, qui ont mis ce prétendu droit dans leur *Déclaration n'y ont pas cru*. Non, certes, ils n'y ont pas cru. Il n'y a pour s'en convaincre qu'à rapprocher leur principe du commentaire qu'ils donnent de leur principe, qu'à rapprocher de leur dogme la glose qu'ils donnent de leur dogme. Le dogme c'est que l'égalité est un droit de l'homme, le premier des droits de l'homme : « Le gouvernement est institué pour garantir à l'homme la jouissance de ses droits sacrés et imprescriptibles. Ces droits sont : l'égalité, la liberté, la sûreté, la propriété. » Voilà le principe. Le commentaire sur le principe est dans les articles III, IV et V : « Tous les hommes sont égaux par la nature et devant la loi. La loi est l'expression libre et solennelle de la volonté générale ; elle est la même pour tous, soit qu'elle protège, soit qu'elle punisse… Tous les citoyens sont également admissibles aux emplois publics. Les peuples libres ne connaissent d'autres motifs de préférence que les vertus et les talents. » Voilà à quoi se réduit dans sa définition le droit à l'égalité, si solennellement proclamé d'abord. Les hommes ont droit à l'égalité, *c est-à-dire* à être jugés tous selon les mêmes articles de loi, et à être nommés sous-préfets, non pas tous, mais ceux qui auront plus de vertus et de talents que les autres. Voilà une égalité bien relative !

Je reconnais très volontiers qu'elle est plus grande que celle de l'ancien régime, où tous les citoyens n'étaient pas jugés selon les mêmes lois et où (sauf nombreuses exceptions) ils n'étaient pas admissibles à certains emplois publics s'ils étaient plébéiens. Mais encore voilà une égalité bien relative ! Peut-on prononcer même le mot d'égalité dans un pays où les uns naîtront riches et les autres pauvres, où les uns recevront de l'éducation et de l'instruction et où les autres resteront dans l'ignorance, où par conséquent il y aura encore des classes *selon la naissance* ; où, *selon* la naissance, *les uns seront armés et les autres* désarmés ? Et de quoi les uns armés ? Des deux armes essentielles, des seules armes, pour mieux dire, qui existent, qui vaillent quelque chose dans les sociétés modernes : l'argent et l'instruction, l'argent et le moyen de se tirer d'affaire et d'arriver à tout, l'argent et l'arme sans laquelle, même avec du génie, on n'arrive à rien ! Donc trois classes : l'une composée des hommes qui ont de l'argent ; l'autre composée des hommes qui ont de l'instruction et qui peuvent, grâce à elle, ou gagner de l'argent ou être placés dans l'état-major de la nation ; la troisième composée de ceux qui n'ont ni instruction ni argent. Et qui décide que ceux-ci seront dans l'une des deux premières et ceux-là dans la troisième ? Le hasard de la naissance. Voilà la société égalitaire qu'ont imaginée les Conventionnels, voilà l'égalité qu'ils ont rêvée !

Notez même, si vous voulez, que leur égalité devant la loi et leur égalité d'admissibilité aux emplois publics, que même cela, si peu de chose, est un leurre. Car il tombe sous le sens que l'homme riche, mieux conseillé et mieux défendu, parce qu'il paye, est peut-être l'égal du pauvre hère devant la loi, mais ne l'est pas du tout devant le tribunal. Car, aussi, il tombe sous le sens que l'homme riche fera bien plus facilement entrer son fils dans les emplois publics, d'abord en lui donnant des talents, car cela s'achète, ensuite en profitant de sa situation dans le monde. Si je suis professeur à la Sorbonne, ce n'est pas du tout à mes vertus que je le dois, ni à mes talents ; je le suis parce que mon père m'a fait élever soigneusement, ayant de l'argent. — Il n'en avait guère. — Soit ; mais la différence est mille fois plus grande entre l'homme qui a un peu d'argent et l'homme qui n'a rien qu'entre l'homme qui a un peu d'argent et le milliardaire.

Il y a donc des classes, *selon la naissance*, et elles sont formellement reconnues dans la *Déclaration des Droits* rédigée par les Conventionnels. Ils ont proclamé l'égalité comme un droit de l'homme, c'est-à-dire d'une façon absolue, et puis ensuite, en la définissant, en la délimitant, ils l'ont réduite à quasi zéro. Ils l'ont si bien proclamée d'une manière absolue et comme un droit absolu qu'ils ont déclaré « les hommes égaux par la nature ». C'est donc bien dire que l'égalité est un droit « naturel et imprescriptible », un droit que l'homme apporte en naissant. Où ont-ils pris que la nature fait les hommes égaux, je n'en sais rien ; mais cela ne me regarde pas. Ils l'ont dit. Ils ont donc bien proclamé que l'égalité est un droit naturel, sacré, inaliénable, imprescriptible, absolu. Et puis ensuite ils l'ont réduite à un droit insignifiant et presque à une ombre. J'ai par conséquent le droit de dire qu'ils *n'y ont pas cru*.

Mais d'autres y ont cru et ont pu s'appuyer sur la *Déclaration des Droits* pour réclamer celui-là. Ils ont fait la distinction entre l'égalité nominale qui est consignée dans la *Déclaration* de 1793 et « l'égalité réelle », et ils ont revendiqué l'égalité réelle. Ils ont dit avec une parfaite logique : « Tant qu'il y aura des riches et des pauvres dans une nation, il y aura des classes dans cette nation, des classes à tous les points de vue, au point de vue des mœurs, au point de vue des manières, au point de vue des jouissances, au point de vue du développement et de l'extension de l'être, au point de vue même de la situation devant la loi et de l'admissibilité aux emplois. Ce qu'il nous faut donc, c'est l'égalité réelle et non pas l'ombre de l'égalité. — Et nous sommes modérés. Par égalité réelle nous n'entendons même pas, comme Babeuf, qu'il faille faire en sorte que les hommes n'aient pas plus de talents les uns que les autres, ou qu'il faille faire comme s'ils n'en avaient pas plus les uns que les autres ; non ; nous prenons le texte de la *Déclaration des Droits* en sa teneur même, et, parce que « les hommes sont égaux par la nature », nous voulons qu'ils soient égaux dans la société *dans la mesure même* où la nature les fait égaux. Elle en fait de forts et de faibles, d'intelligents et de bornés ; nous acceptons ces inégalités-là. Mais elle n'en fait pas de riches et de pauvres. Si l'égalité est un « droit naturel » et si « les hommes sont égaux par la nature », il est évident qu'il ne faut ni pauvres ni riches. Le texte en main de la *Déclaration des Droits de l'homme de 1793*, nous réclamons la suppression de la richesse, de l'héritage et du partage inégal des biens. Le partagisme ou le collectivisme est inscrit aux articles II et III de la *Déclaration des Droits de l'homme*. »

Rien n'est plus exact. Ce qu'il en faut conclure, c'est que les Conventionnels sont tombés dans une inadvertance dont s'étaient très bien gardés les Constituants. Ceux-ci n'avaient pas inscrit l'égalité dans leur liste des *Droits de l'homme*. Ils avaient dit : « Les droits de l'homme sont la liberté, la propriété, la sûreté, la résistance à l'oppression, » Et rien de plus. Ce n'est que plus loin, plus tard, en l'article VI, que rencontrant l'idée d'égalité dans leur

Émile Faguet

définition de la loi, ils ont écrit : « Tous les citoyens sont égaux à ses yeux ; ils sont également admissibles a toutes les dignités, places et emplois publics, selon leurs capacités et sans autres distinctions que celles de leurs vertus et de leurs talents. » Par cette rédaction les Constituants ne proclamaient pas l'égalité comme un droit ; ils l'accueillaient, et strictement là seulement, à l'endroit où elle était à sa place. Ils disaient simplement qu'il ne devait pas y avoir plusieurs lois ni de places privilégiées dans l'Etat, ce qui est fort juste. Mais de l'égalité considérée comme un droit de l'homme, au même titre que la liberté, par exemple, il n'en est pas question dans la *Déclaration* de 1789.

Et c'est très juste ; car l'égalité, même en acceptant la théorie des droits naturels, n'est pas un droit le moins du monde. Elle est une organisation sociale que l'on peut trouver bonne ; elle n'est pas un droit personnel, elle peut être un bien de l'Etat, elle n'est pas un droit personnel ; l'Etat peut l'établir pour son intérêt, et s'il est vrai qu'il y a intérêt, c'est ce que nous examinerons plus loin ; mais c'est une bizarrerie de l'avoir considérée comme un droit de l'homme et de l'avoir inscrite dans la *Déclaration des Droits*.

Continuons la revue que nous faisons des véritables droits de l'homme ; c'est-à-dire, dans notre façon de prendre les choses, des libertés qui doivent appartenir à l'homme et que l'Etat n'a aucune raison honnête de lui refuser.

CHAPITRE V. — Du droit de propriété

Faut-il dire : « du droit de propriété », ou : « du droit à la propriété » ?

Ce n'est pas une différence insignifiante. Si la propriété est un droit de l'homme, comme il semble résulter de ce fait qu'elle est inscrite dans *les deux« Déclarations des Droits de l'homme »*, il faut dire : « Du droit à la propriété », et entendre que l'homme, par cela seul qu'il est homme, que l'homme, en naissant, a droit à être propriétaire.

Si la propriété est le droit pour celui qui possède de conserver ce qu'il possède et de ne pouvoir en être dépouillé, il faut dire : du

« droit de propriété », et entendre que la propriété est un *privilège*, garanti jusqu'aujourd'hui par la société, par ses constitutions et notamment par la Constitution de 1791 et de 1793 et de l'an III, par ses Déclarations et notamment par les *Déclarations des Droits de l'homme* de 1789 et de 1793.

Au premier abord il semblerait, à lire les *Déclarations*, que les Constituants et les Conventionnels ont considéré la propriété comme un droit de l'homme, et c'est-à-dire de tous les hommes, au même titre que la liberté, auquel cas tous Les hommes devraient être propriétaires, et le collectivisme ou le partagisme serait inscrit, cette fois, formellement dans les *Déclarations*. Article II de la Déclaration de 1789 : « Les droits naturels et imprescriptibles de l'homme sont la liberté, *la propriété*, la sûreté, la résistance à l'oppression. » — Article 2 de la *Déclaration* de 1793 : « Ces droits (qualifiés à l'article précédent de « naturels et imprescriptibles ») sont l'égalité, la liberté, la sûreté, *la propriété*. » — Voilà qui est clair. Selon la *Déclaration* de 1789, comme l'homme doit être libre, en sûreté, et en droit de résister à l'oppresseur, *de même, également*, il doit être propriétaire. Selon la *Déclaration* de 1793, comme l'homme doit être égal à son semblable, libre et en sécurité, *de même, également*, il doit être propriétaire. C'est bien, proclamé comme juste, soit le partage égal des biens, soit le collectivisme. C'est bien le droit *à* la propriété.

Mais par leurs commentaires, les Constituants et tout de même les Conventionnels ont montré qu'ils ne l'entendaient point ainsi. Dans leur article XVII, les Constituants, revenant, cette fois seulement, sur la question de propriété, écrivent : « Les *propriétés* étant un droit inviolable et sacré, nul ne peut en être privé, si ce n'est lorsque la nécessité publique légalement constatée l'exige évidemment, et sous la condition d'une juste et préalable indemnité. » Cela veut dire que, non pas *la propriété* est un droit de l'homme, de tous les hommes, mais que *les propriétés existantes* sont garanties à leurs propriétaires. Cela veut dire qu'il n'existe pas un droit à la propriété, auquel cas les propriétaires actuels, sans la moindre juste et préalable indemnité, seraient dépossédés immédiatement au profit de tous pour que tous exerçassent leur droit *à* la propriété ; mais qu'il existe, pour celui qui possède déjà, un droit *de* propriété, exclusif du droit que pourraient revendiquer les autres.

Émile Faguet

Les Conventionnels ne l'entendent pas autrement, mais ils l'expriment avec plus de clarté et plus de rigueur encore. Article XVI delà *Déclaration* de 1793 : « Le droit *de* propriété est celui qui appartient à tout citoyen de jouir et de disposer à son gré, de ses biens, de ses revenus, du fruit de son travail et de son industrie. » — Article XIX : « Nul ne peut être privé de la moindre portion de sa propriété sans son consentement, si ce n'est lorsque la nécessité publique, légalement constatée l'exige, et sous la condition d'une juste et préalable indemnité. » — C'est donc bien le droit *de* propriété que Constituants et Conventionnels ont entendu proclamer et garantir. Il n'y a, il ne peut y avoir aucun doute là-dessus. Reste qu'ils ont commis une inadvertance en mettant sur le même rang et dans la même catégorie des « droits » aussi différents que le droit *à* la liberté et le droit *de* propriété. Reste qu'à côté de droits naturels ils ont inscrit un privilège. Reste qu'à côté des droits de tous ils ont inscrit le droit de quelques-uns. Reste qu'ils ont dit quelque chose comme ceci : « La liberté et la propriété sont des droits également sacrés ; seulement l'un sera le droit des hommes et l'autre le droit seulement des propriétaires. » Reste qu'ils auraient dû intituler leur acte : « Déclaration des droits de l'homme et du citoyen en général et des propriétaires en particulier. » Reste que dans une déclaration des « droits naturels » ils ont inscrit un droit qui n'est qu'un privilège social. Reste aussi qu'ils ont prêté, eux, partisans de la propriété privilégiée, un prétexte très honnête à ceux qui viendraient dire : « D'après les *Déclarations*, la propriété est un droit naturel comme la liberté et la sûreté. Donc tous les hommes ont droit à être propriétaires comme à être libres, et ce ne sont pas les propriétaires qui ont un droit sur leur propriété, c'est tout le monde qui a un droit de propriété sur la leur. »

La vérité est que Constituants et Conventionnels avaient l'idée de *deux* droits, qu'ils n'ont pas su distinguer et définir chacun à part, c'est à savoir : 1° du droit qu'a le propriétaire de garder sa propriété sans que personne, sauf nécessité générale, la lui puisse enlever ; 2° du droit qu'a n'importe qui à *devenir* propriétaire par son travail et son industrie. — Dans leur pensée la propriété est bien un droit de tous, et c'est pour cela qu'ils l'ont inscrite dans leur liste des droits naturels. Elle est un droit de tous en ce sens qu'il ne doit être défendu à personne de l'acquérir. Et puis, une fois acquise, elle est le droit de quelques-uns, à savoir de ceux qui l'ont acquise, en ce sens qu'ils ont sur elle un droit de conservation et que personne ne peut les en dépouiller. — Il fallait distinguer ces deux droits très différents et constituer, par le fait de les énumérer et de les distinguer, la théorie complète des Constituants et des Conventionnels sur la propriété.

Il en est pour eux de la propriété comme de l'admissibilité aux emplois publics. Elle est un droit, en ce sens qu'il ne peut être défendu à personne d'y aspirer. Cela, c'est le droit de tous. Elle est un privilège en ce sens que ceux qui y sont parvenus la possèdent à titre de seigneurs et maîtres, en disposent à leur gré et ne peuvent en être dépossédés.

Les Constituants et les Conventionnels ne sont donc ni socialistes, ni partagistes, ni collectivistes, et on serait déloyal de profiter d'une rédaction obscure, corrigée ensuite par le commentaire le plus net, pour les accuser d'être quelque chose de tout cela. Ils sont évidemment *propriétistes*, complètement, avec respect quasi absolu de la propriété acquise, avec respect de l'héritage ou, tout au moins, ce qui revient au même et ce qui est même plus *propriétiste* que quoi que ce soit, avec respect de la liberté absolue de tester, puisqu'ils disent : «... disposer *à son gré* de ses biens et de ses revenus. » Il n'y a pas de doute à avoir sur cette affaire.

C'est que Constituants et Conventionnels ont pour idéal et pour pensée tout particulièrement chère la liberté individuelle, comme nous l'avons vu plus haut. Or, la propriété est un développement, une extension « naturelle » de la liberté individuelle. L'homme naît, il est libre, il est en sécurité, il est l'égal des autres en droits. Il travaille ; c'est sacré ; pleine liberté du travail, et pour cela suppression des ce jurandes et corporations de professions, arts et métiers » (*Constitution* de 1791) ; il acquiert une propriété, son droit à l'acquérir est sacré ; il la tient, son droit à la garder est sacré ; il en dispose comme il veut, son droit à en disposer est absolu.

Tout cela ce n'est pas autre chose que la liberté individuelle en acte, en développement d'elle-même, en extension d'elle-même et en jouissance d'elle-même. Le droit d'accession à la propriété est précisément le contraire du droit à la propriété. Le droit à la propriété, c'est tout le monde ayant droit à une part de toutes choses sans avoir besoin de se donner de la peine pour l'acquérir. Ce droit ne suppose pas la liberté individuelle, n'a pas besoin d'elle, ne l'excite pas et dans une certaine mesure la supprime. Chacun reçoit de la communauté sa part du bien commun en travaillant juste autant qu'il le faut pour n'être pas classé oisif et puni comme tel. Pour vivre dans cet état, l'individu n'a pas besoin de liberté individuelle, parce qu'il n'en a que faire. Il n'est qu'un rouage nonchalant, si je puis ainsi dire, de la grande machine sociale, et il n'a aucun besoin de liberté, puisqu'il n'a rien à faire de son activité. Si on lui laisse la liberté individuelle, je ne sais pourquoi, il la renoncera, n'en ayant pas l'emploi ; et elle se prescrira en lui, avec le temps, faute d'exercice.

On peut donc dire que le droit de tous à la propriété est sinon exclusif de la liberté individuelle, du moins de nature à la reléguer dans l'inutile et par conséquent à la détruire.

Le droit d'accession à la propriété, au contraire, suppose et nécessite une part au moins grande de liberté individuelle, et il l'excite à vivre, il la sollicite à s'exercer, et, en la sollicitant à s'exercer, il la développe. Il dit au pauvre : travaille et acquiers ; car tu as le droit d'acquérir, et après avoir acquis, de conserver. Il dit à l'homme de moyen ordre : travaille pour devenir riche ; car tu as le droit de le devenir, et l'étant devenu, de le rester. Il dit au riche : travaille, si tu veux, c'est ton droit, parce que c'est le droit de tous ; travaille si tu veux ; du reste ce serait idiot ; mais, surtout, dispose comme tu l'entends de ta fortune, ce qui est une nouvelle forme d'activité ; donne intelligemment, fais du bien, fonde des hôpitaux, des ouvroirs, des crèches, des collèges et des musées, et les administre ; emploie ta vie à cela, parce que tu as le droit absolu de « disposer de ton bien et de tes revenus ».

Voilà les liens étroits, voilà la connexion qui existe d'une part entre le *droit à la propriété* (partagisme, ou collectivisme) et l'absence de liberté individuelle ; — d'autre part entre le *droit de propriété* (propriété individuelle) et la liberté individuelle.

Les Constituants et les Conventionnels — et c'est ici qu'ils ont été le plus radicalement libéraux — sont *propriétistes* parce qu'ils sont libéraux ; ils sont pour la propriété individuelle parce qu'ils sont pour la liberté individuelle *avec ce qui en dérive et avec ce qui la soutient.*

Pourquoi le sont-ils ? Parce que, comme toujours, il y a un fait d'abord et une idée ensuite ; parce qu'il y a eu un fait qui est devenu une idée. Le XVIIIe siècle a été l'accession, à travers beaucoup d'obstacles, de la bourgeoisie aux plus hautes fonctions de l'Etat. De là l'idée de l'égalité d'admissibilité aux emplois publics. Le XVIIIe siècle a été l'accession, à travers beaucoup d'obstacles, du peuple à la propriété. De là l'idée, comme tout à l'heure, de la suppression des derniers obstacles, l'idée du droit de tous à acquérir la propriété et à la garder. Les Constituants et les Conventionnels, comme libéraux, ne pouvaient être que *propriétistes* ; comme achevant par la loi l'œuvre que le XVIIIᴱ avait faite par les mœurs et mettant dans la loi l'œuvre que le XVIIIe avait faite, ils ne pouvaient être que *propriétistes* encore.

Au point de vue des idées générales, gardons seulement ceci : le *propriétisme* fait partie du libéralisme, parce que de la liberté individuelle la propriété individuelle est l'extension, la dérivation, le développement, le stimulant et la sanction.

CHAPITRE VI. — De la liberté de penser

Il n'y a pas une très grande différence entre la liberté de penser et la liberté de parler, d'écrire. Cependant il faut les distinguer pour plus de précision dans le compte rendu.

La liberté de penser, séparée de la liberté de parler et d'écrire, semble être insaisissable et ne rien craindre du plus affreux despotisme. Si je pense sans le dire, même aux roseaux, et sans l'écrire, même sur l'eau, que Midas a des oreilles d'âne, personne au monde ne peut m'en empêcher, et donc la liberté de penser existe toujours.

Ce n'est pas une grande erreur ; mais c'est une erreur. Le despotisme, soit monarchique, soit aristocratique, soit populaire, peut toucher même à la liberté de penser sans manifestation de la pensée et lui faire épouvantablement violence. Il suffit que, dans la nation, quelqu'un parle ou quelqu'un écrive, pour que celui qui pense sans écrire et sans parler, puisse être molesté. Car alors on peut le forcer à écrire ou à parler contre sa pensée, et sa pensée silencieuse de tout à l'heure est violée. S'il y a des jansénistes dans le pays que j'habite, à ma façon de me vêtir, à mon allure, à mon port de tête, à ma physionomie, à mon abstention relativement à la fréquence des sacrements, on peut me soupçonner d'être un janséniste silencieux, mais un janséniste ; et me forcer à déclarer soit par la parole, soit par la plume, que je ne le suis pas. C'est si possible que c'est arrivé. Dans ce cas, c'est la liberté de penser, en elle-même, sans manifestation d'icelle, qui est violée, et opprimée, et supprimée. C'est le plus grand crime contre la liberté qui puisse être commis, puisque c'est ne vouloir pas qu'elle soit, même dans l'âme ; mais ce crime peut être commis, et il l'a été.

Je m'étonne que les *Déclarations des droits de l'homme* ne l'aient pas dénoncé. Elles ne réclament bien nettement que la liberté des manifestations de la pensée. Je conviens que par là elles réclament *a fortiori* la liberté de la pensée elle-même. La *Déclaration* de 1789 est, du reste, plus explicite, étant plus large, sur ce point, que celle de 1793. Elle dit un peu naïvement : « Nul ne doit être inquiété pour ses opinions, *même religieuses*, pourvu que leur manifestation ne trouble pas l'ordre établi par la loi. » — « *Même religieuses* » est amusant. Il semblerait que les opinions autres que religieuses sont particulièrement respectables et sacrées ; mais qu'en fin de compte on peut aller, par déférence pour la liberté, jusqu'à respecter même les opinions religieuses. On dirait que c'est de ce texte que Béranger a tiré son refrain fameux : « Qu'on puisse aller même à la messe, Ainsi le veut la liberté. » Il faut éviter, dans une « déclaration solennelle », de fournir des textes à un chansonnier. Mais enfin, l'intention est bonne, et la formule : « Nul ne doit être inquiété pour ses opinions », vise, après tout, en sa généralité, la liberté de penser elle-même, abstraction faite de ses manifestations.

Le texte de la *Déclaration* de 1793 n'en vise que les manifestations : « Le droit de manifester sa pensée et ses opinions… ne peut être interdit. » — Ne chicanons pas, du reste. Il est évident que qui accorde le plus accorde le moins, et que les Constituants et les Conventionnels ont été absolument d'avis que penser quoi que ce soit est permis et doit être permis.

Ils sont ici séparés avec éclat de Rousseau, qui voulait que sur certains points la pensée même du citoyen fût conforme à celle de l'Etat ; puisqu'il voulait qu'on proposât au citoyen la pensée essentielle de l'Etat, religieuse et politique ; qu'on l'obligeât à déclarer que cette pensée était la sienne ; qu'on l'exilât s'il ne faisait pas cette déclaration ; et qu'on le tuât, si, après avoir fait cette déclaration, il ne se conduisait pas conformément à l'engagement ainsi pris. Rousseau était un inquisiteur. Les Constituants et les Conventionnels, du moins dans leurs théories, ont très suffisamment écarté le système de l'Inquisition. Peut-être ont-ils eu raison.

Chapitre VII. — De la liberté de la parole

La parole est la première manifestation naturelle de la liberté de penser. Quand nous avons une idée, nous songeons d'abord à la dire. Est-ce un droit, ou, en d'autres termes, l'Etat est-il raisonnable en nous le permettant, déraisonnable en nous le défendant ?

Il me paraît que dans l'état de société, tout doit être dit librement parce que, non seulement l'Etat n'a rien à craindre à ce que tout soit dit, mais encore a un grand intérêt à ce que tout soit dit. Il n'a rien à craindre à ce que tout soit dit ; car, s'il est vrai qu'une pensée s'irrite par la contradiction, il est bien plus vrai encore qu'elle s'irrite et s'aigrit par la solitude et par l'impossibilité de se répandre. Un crime est une pensée longtemps couvée, longtemps réprimée, qui n'a pu s'exprimer que par un acte. Comme « à raconter ses maux souvent on les soulage », à exprimer sa pensée on la libère et on s'en allège. C'est à retomber toujours sur le cerveau qui l'a conçue que la pensée y fait un trou et le fêle. Les femmes qui font des scènes ne tuent pas, du moins rarement. L'homme qui exprime sa pensée sur le gouvernement est un homme qui fait des scènes à la société. 11 ne tuera pas ; du moins ce sera très exceptionnel. L'assassinat politique était la règle dans les petites « tyrannies » antiques. Pourquoi ? Parce que toute liberté de parole et d'écriture y était proscrite et inconnue. De nos jours on tue encore de temps en temps, parce que l'homme est un être naturellement homicide. Mais remarquez-vous que les hommes qui tuent ne sont jamais des orateurs ni des écrivains ? Ce sont des hommes à qui l'infirmité de leur cerveau impose précisément cette contrainte que le

Émile Faguet

despotisme impose à tout le monde. Elle les met dans l'impossibilité d'exprimer, d'exhaler, de libérer leur pensée, et par conséquent de se débarrasser de l'obsession dont elle les tourmente.

Il est donc très dangereux, en mettant tout le monde dans cette même contrainte, de risquer de faire de tous les citoyens des aliénés. Le despotisme peut avoir ses bons côtés, mais il est un bouillon de culture de l'aliénation mentale, ce à quoi je ne vois pas que l'Etat ait quelque avantage.

Je sais bien, ayant commencée par le dire, que la pensée exprimée, aussi, rencontrant la contradiction, peut s'aigrir ; mais il me semble qu'elle ne s'aigrit pas de la même façon. Elle s'exalte plutôt qu'elle ne s'aigrit ; elle ne se tourne pas du côté de l'action ; elle se tourne à se répéter elle-même indéfiniment, avec variété, si elle peut, avec un redoublement de preuves, d'arguments et de développements. Arnauld, s'il avait été privé absolument du droit de parler, aurait pu devenir un dangereux conspirateur. Sachant, malgré les gènes, que sa pensée arriverait toujours à tout le monde, il a écrit quatre-vingts volumes et n'a jamais conspiré. J'écris, dans un pays où la liberté d'écrire est assez grande, en faveur d'autres libertés qui me sont chères, et de quelques idées générales auxquelles je tiens. J'ai écrit ainsi déjà trois ou quatre volumes. Je n'ai pas réussi du tout. Cela me donne uniquement la démangeaison d'écrire celui-ci, et l'insuccès de celui-ci me donnera la fureur d'en écrire dix autres. Si je n'avais pas le droit de parler, je ne sais pas ce que je serais devenu ou ce que je serais menacé de devenir.

Les inconvénients résultant de la parole s'exerçant me paraissent donc beaucoup moindres que ceux de la parole réprimée et par conséquent l'Etat n'ayant que le choix entre la parole étouffée ou la parole libre, me paraît n'avoir rien à craindre de la parole libre, en ce sens qu'il aurait beaucoup plus à craindre de la parole étouffée.

Je dis, de plus, que l'Etat a même des avantages à retirer de la liberté de la parole ; car il est bon que tous les avis soient ouverts pour choisir le meilleur ou le moins mauvais. L'Etat, c'est-à-dire le gouvernement, quel qu'il soit, a toujours cette idée arrêtée et indéracinable, qu'il n'y a que lui qui ait une idée juste et qu'il n'y a que lui qui ait le sens commun, et que, par conséquent, il est absolument inutile et même nuisible, parce que c'est du temps perdu, de consulter les particuliers. N'est-ce pas un peu exagéré ? En reconnaissant que le gouvernement a des grâces particulières et qu'il est presque impossible qu'il se trompe, ne peut-on pas admettre ou supposer qu'une fois sur mille une idée que le gouvernement n'a pas eue est la vérité ? Cette vérité, n'est-il pas utile de la connaître ? C'est dans la multitude des paroles dites en vertu de la liberté de la parole que vous pourrez démêler cette vérité.

Ce qui est utile au gouvernement, c'est de connaître la situation. Or, il ne la connaît pas par ses serviteurs et ses agents, ceux-ci ayant un intérêt personnel a le flatter plutôt qu'à l'instruire. Un homme qui existe encore et qui était sous-préfet de 1870 à 1880, fit un rapport qu'on lui demandait sur l'état des esprits dans son arrondissement, et le porta à son préfet. Le préfet le lut et lui dit, en bon confrère : « Vous dites la vérité au gouvernement. Donnez votre démission et faites-vous journaliste. » Mon ami donna sa démission et se fit journaliste. Il l'est encore. Cela prouve que les journalistes sont nécessaires. Les journalistes sont des gens qui ne sont pas sous-préfets, parce qu'ils ont le goût de dire la vérité au gouvernement.

Le gouvernement ne sait donc jamais la vérité par ses agents. Par qui la saura-t-il ? Par les grâces qui lui sont versées et qu'il sait bien qui sont en lui. Sans doute. Mais jusqu'où ces grâces vont-elles et ne laissent-elles pas quelques points obscurs ? C'est ce qu'il ne sait pas et c'est ce dont il ne peut pas répondre. Il faut donc que le gouvernement, encore que se croyant infaillible, fasse quelque attention aux voix discordantes, mais dont une peut être juste, de l'opinion publique.

Je dis même que l'opinion se trompât-elle tout entière et toujours, il y aurait intérêt à savoir ce qu'elle pense et par conséquent à lui permettre de le dire. Je causais avec un homme partisan d'un coup d'Etat contre le régime actuel et de l'établissement du despotisme : « Plus de régime parlementaire ?

— Non !

— Plus de suffrage universel ?

— Plus de suffrage du tout !

— Oh ! Et, évidemment, plus de liberté de la parole ?

— Si !

Émile Faguet

— Tiens ! Pourquoi ?

— Mais, pour connaître l'opinion publique ?

— Pourquoi la connaître ?

— Pour ne jamais la suivre !... Mais, pour ne jamais la suivre, il faut encore que je sache quelle elle est. »

A son point de vue, il ne raisonnait pas mal du tout. L'opinion publique est un renseignement, bon ou mauvais. Mais le premier intérêt pour un gouvernement est de ne pas être privé de renseignements. Juge-t-il que ces renseignements sont discordants ? Il a à choisir. Juge-t-il que l'idée générale que lui donnent ces renseignements est fausse, l'opinion générale d'une nation étant l'expression de passions et n'y ayant pas de gouvernement plus mauvais que celui qui se laisse guider par des passions ? Eh bien, qu'il gouverne contre l'opinion publique, mais encore pour cela faut-il qu'il la connaisse. Louis XIV, s'il avait consulté l'opinion publique sur la question, aurait-il fait la révocation de l'Edit de Nantes ? Oui, certainement, il l'aurait faite. L'opinion publique était en formidable majorité pour l'extinction de l'hérésie. Oui, mais en consultant l'opinion publique, en la regardant bien, on ne voit pas seulement ce qu'elle est ; on en voit la couleur. A consulter l'opinion publique de son temps, Louis XIV se fût aperçu d'abord qu'elle était contre les protestants, ensuite qu'elle n'avait aucune bonne raison à donner, qu'elle était faite partie de passions religieuses, partie de haines locales, partie de jalousies professionnelles à l'égard d'artisans, de commerçants, d'industriels et d'artistes habiles ; et que, pour tous ces motifs, il fallait ne pas s'y conformer. « Je consulte l'opinion pour ne pas la suivre. Encore, pour ne pas la suivre, faut-il que je la connaisse. »

Chapitre viii. — De la liberté de la presse

Je n'ai, naturellement, rien de plus à dire de la liberté de la presse que ce que j'ai dit de la liberté de la parole. Tout ce qui est en faveur de l'une s'applique à l'autre.

Les Constituants et les Conventionnels les ont continuellement nommées ensemble comme les deux formes connexes de la même

56

liberté. *Déclaration* de 1789:« La libre communication des pensées et des opinions est un des droits les plus précieux de l'homme; tout citoyen peut donc parler, écrire, imprimer librement, sauf à répondre de l'abus de cette liberté dans les cas déterminés par la loi. » — *Déclaration* de 1793 : « Le droit de manifester sa pensée et ses opinions soit par la voie de la presse, soit de toute autre manière… ne peut être interdit. »

Les Conventionnels sont ici plus radicalement libéraux que les Constituants. Les Constituants prévoient l'abus de la liberté de la presse et laissent la porte ouverte à une loi qui le réprime. Ils donnent et retiennent. Ils font l'article de constitution qui a cent fois été rédigée depuis, pour la joie des railleurs : « Article I : La France a recouvré et la constitution lui garantit toutes les libertés. — Article II : Des lois spéciales l'empêcheront d'en user. »

Les Conventionnels disent, eux, très nettement : « Le droit de manifester sa pensée par la presse est absolu. Il ne peut être interdit. » Ils prennent même ici une précaution excellente. Ils visent, non seulement les empiétements du gouvernement, mais les empiétements du législateur. Une déclaration des droits est une constitution ; c'est quelque chose qui est au-dessus de la loi elle-même ; c'est une loi supérieure ; c'est un acte constitutionnel où sont énumérées les choses auxquelles la loi même ne doit pas toucher. Cela n'est pas suffisamment accusé dans nos deux *Déclarations des Droits*. Le préambule de la Déclaration de 1789, un peu vague, est celui-ci : « Les représentants du peuple français constitués en Assemblée nationale, considérant que l'ignorance, l'oubli ou le mépris des droits de l'homme sont les seules causes des malheurs publics et de la corruption des gouvernements, ont résolu d'exposer dans une déclaration solennelle les droits naturels inaliénables et sacrés de l'homme, afin que cette déclaration constamment présente à tous les membres du corps social leur rappelle sans cesse leurs droits et leurs devoirs : afin que les actes du *pouvoir législatif* et ceux du pouvoir exécutif, pouvant être constamment comparés avec le but de toute institution politique, en soient plus respectés ; afin que les réclamations des citoyens, fondées désormais sur des principes simples et incontestables, tournent toujours au maintien de la constitution et du bonheur de tous. » — Dans ce texte le pouvoir législatif est bien visé, mais en tant que

Émile Faguet

devant être jugé par l'opinion publique, non en tant que devant être impérativement limité par la *Déclaration des Droits*.

Le préambule de la *Déclaration* de 1793 n'est pas beaucoup plus précis en ce sens, quoiqu'il soit, à mon avis, plus satisfaisant : « Le peuple français, convaincu que l'oubli et le mépris des droits naturels de l'homme sont les seules causes des malheurs du monde, a résolu d'exposer dans une déclaration solennelle ces droits sacrés et inaliénables, afin que les citoyens, pouvant comparer sans cesse les actes du gouvernement avec le but de toute institution sociale, ne se laissent jamais opprimer et avilir par la tyrannie, afin que le peuple ait toujours devant les yeux les bases de sa liberté et de son bonheur, le magistrat la règle de ses devoirs, *le législateur l'objet de sa mission.* »

Il fallait ajouter un mot essentiel ; il fallait écrire : «… l'objet de sa mission *et la limite de ses pouvoirs.* »

Toutefois, pour ce qui est de la liberté de la parole et de la presse, la *Déclaration* de 1793 a très bien vu quel était son caractère à son objet : elle a soustrait la liberté de la parole et de la presse au législateur ; elle a posé en principe que la liberté de la parole et de la presse *ne pouvait pas être interdite*, par qui que ce fût. C'est d'un haut et pur libéralisme, et c'est de très bon sens ; car en cette matière, sitôt qu'on prévoit l'abus et qu'on se réserve ou qu'on réserve à qui que ce soit de le réprimer, ce n'est pas une fissure qu'on laisse au rempart, ce sont les portes qu'on laisse grandes ouvertes. Il est absolument impossible ici de fixer la limite où l'usage devient abus. L'abus c'est le moment où moi puissant, gouvernement ou législateur, je me sentirai blessé ou gêné. C'est l'arbitraire ; car la susceptibilité et la sensibilité du puissant, soit gouvernement, soit législateur, est infinie, indéfinie et indéfinissable.

Les formules qu'on a cherchées depuis, peut-être sincèrement, pour tracer cette limite, se sont trouvées d'une élasticité ridicule et redoutable. La meilleure : « excitation à la haine des citoyens les uns contre les autres », peut s'appliquer à n'importe quel livre et à n'importe quel article de journal ; car toutes les fois qu'on montre des citoyens opprimés ou seulement lésés par d'autres, on excite ceux-là à la haine contre ceux-ci.

Une formule fort bonne encore au premier regard : « provocation à la guerre civile », pourra faire condamner un écrivain qui aura comparé les chefs de son gouvernement à Sylla ou à Jules César.

On a cherché dans Montesquieu une distinction qui certes n'est pas mauvaise, qui est ingénieuse, qui est même fondée en vérité et en raison, mais qui conduit dans la pratique à des conséquences à bien peu près inextricables. On a dit comme lui : « *Il n'y a pas de délit d'opinion* ». Jusqu'ici, très bien. C'est précisément la vérité. Le délit moral est déjà dans l'opinion ; le délit légal n'est que dans l'acte : « Il n'y a pas de délit d'opinion. *Seulement*, dès que l'opinion et la manifestation de l'opinion est suivie d'un acte, elles sont connexes à cet acte, elles sont complices de cet acte, et celui qui a eu cette opinion et l'a manifestée est complice de ceux qui l'ont traduite en acte. Je prêche l'insurrection. Je suis coupable moralement, non légalement. On ne me dit rien. Mais il y a insurrection à la suite de mon manifeste. Je suis complice des insurgés et arrêté et puni avec eux, — si l'insurrection a échoué, bien entendu. » Voilà la théorie.

Encore une fois, elle est raisonnable autant qu'ingénieuse, et elle semble juste.

On ne saurait croire combien elle est peu pratique et combien elle devient injuste dans la pratique. L'acte dépasse tellement en portée, en importance et en criminalité la pensée et la manifestation de la pensée qu'il n'y a plus de commune mesure. Je dis, moi, féministe, que la « loi de l'homme » est une oppression de la femme par l'homme, et que la femme est dans un étau ou dans des « tenailles », et que c'est inique, surtout parce que la femme n'ayant pas de recours dans la loi est par cette situation même poussée au crime. Là-dessus une femme tue son mari et déclare que c'est après avoir médité mon article, ou même elle ne le déclare pas ; mais le parquet en est convaincu et l'assure. Me voilà coupable d'assassinat ! Il n'y a pas à dire le contraire ; c'est dans la théorie plus haut rapportée.

Une brigade de journalistes accuse depuis plusieurs mois ou plusieurs années le gouvernement. Une insurrection éclate. Ici il n'est pas hypothétique, il n'est pas imaginaire, il n'est pas à moitié vrai et à moitié faux, il est parfaitement certain que l'insurrection est la conséquence de la campagne des journalistes. Les journalistes sont-ils complices ? Moralement, ils le sont, Légalement, comme cela devient douteux ! Ils peuvent toujours répondre, et en le disant ils peuvent être sincères, ou les uns peuvent l'être et les autres ne l'être point (et faites le départ !) : « Nous avons attaqué le gouvernement pour qu'il s'amendât et précisément pour qu'il évitât l'insurrection. Nous étions, et précisément l'insurrection l'a prouvé, les meilleurs amis du gouvernement.

— Mais vous avez provoqué l'insurrection.

— Point du tout ! Nous avons *annoncé* l'insurrection comme imminente, pour montrer au gouvernement dans quel abîme il se jetait.

— Mais vous avez dit aux citoyens : « Armez-vous ! »

— Non ! Nous avons dit : « Ils vont s'armer. » Nous signalions le danger au gouvernement.

— Pardon ! C'est bien : « Armez-vous ! » que vous avez dit. »

Voilà où l'on en viendrait ; à se demander si un journaliste a écrit : « Ils vont s'armer » ou s'il a écrit : « Armez-vous ! » et s'il a écrit : « Armez-vous ! » il est fusillé, et s'il a écrit : « Ils vont s'armer », il est acquitté ; et il lui aura suffi d'écrire : « Ils vont s'armer » pour éviter les coups de fusil, et il aura suffi à son confrère d'écrire : « Armez-vous ! » pour être exécuté en plaine de Grenelle ; et tous deux auront accusé le gouvernement et parlé d'insurrection et provoqué l'insurrection autant l'un que l'autre. C'est redoutablement subtil.

Je n'invente rien. Après l'attentat de Louvel en 1820, un ministre dit en plein parlement : « Ce n'est pas un couteau qui a troué la poitrine du duc de Berry ; c'est une idée libérale. » Notez qu'il avait raison. Supprimez l'existence et la manifestation des idées libérales le duc de Berry pourrait, à la rigueur, vivre encore. Il n'en est pas moins vrai qu'il y a une telle distance entre détester la politique des Bourbons et donner un coup de couteau au duc de Berry qu'il n'y a plus de commune mesure et qu'il n'y a pas de moyen pratique d'établir et de saisir la connexité. Elle existe moralement, ce n'est pas douteux ; la réalité légale n'en peut être ni perçue, ni définie, ni surtout mesurée. Celui qui a dit (c'est, je crois, ce Bonald) : « Je déteste les mauvaises doctrines plus que les mauvaises actions », a parfaitement raison ; mais punir les mauvaises doctrines autant que les mauvaises actions, même quand les mauvaises actions ont suivi les mauvaises doctrines, il me semble que c'est impossible. Pourquoi ? Parce qu'il y a loin de la coupe aux lèvres.

Chapitre viii. — De la liberté de la presse

L'homme même qui projette le crime et qui dit qu'il le commettra, très souvent ne le commet pas. A plus forte raison ne faut-il pas établir de connexion entre un crime provoqué par les uns et commis par les autres.

Il restera toujours ceci que la conscience est blessée de ce que ceux qui sont moralement les plus coupables, à savoir ceux qui provoquent, soient indemnes, et de ce que ceux qui sont moralement les moins coupables, à savoir ceux qui sont poussés, soient punis. Mais ce qu'il ne faut oublier jamais, c'est que la société qui prétend punir les fautes morales, les péchés, n'a plus aucune limite à ses actes arbitraires. Elle peut tout punir, actes, paroles parlées, paroles écrites, gestes, attitudes, pensées. Elle constitue un abominable gouvernement ecclésiastique et théocratique. Elle s'achemine vers le gouvernement des jésuites en Paraguay.

La parole la plus follement réactionnaire qui ait été prononcée en France depuis trente-deux ans l'a été par le gouvernement du 24 mai 1873. Il a dit qu'il voulait faire régner en France, non seulement l'ordre matériel, mais « l'ordre moral ». Ce n'est pas là du tout la fonction du gouvernement. Quand il la prend (et tous ont une secrète tendance à la prendre), il se fait gouvernement ecclésiastique et théocratique. Il remonte au moyen âge. Il prétend établir, en France ou en Allemagne, le gouvernement pontifical des Etats de l'Eglise au XIVᵉ siècle.

Il n'y a, à ces empiétements, qu'une limite qui soit nette et sûre. L'Etat connaît des délits matériels ; il les réprime ; il ne connaît pas des délits moraux ; il n'y a pas de délit d'opinion, ni de délit de parole, ni de délit d'écriture. La liberté de la presse doit être absolue. Il ne doit y avoir aucune loi sur la presse.

— Mais les délits de droit commun commis par la presse : diffamation, calomnie, chantage ?

— Les délits de droit commun commis par la presse seront punis conformément aux lois de droit commun. Il y a dans le code des lois contre la calomnie, contre la diffamation et contre le chantage. Diffamation, calomnie et chantage commis par la voie de la presse seront punis sans qu'on s'occupe de savoir s'ils le sont par la voie de la presse et comme s'ils l'étaient d'une autre façon. Mais de lois sur la presse elle-même, sur le journal, en tant

Émile Faguet

que journal, sur l'écrivain en tant qu'écrivain, sur le journaliste en tant qu'il est journaliste, tout simplement il n'en faut aucune. Tout gouvernement qui demandera des lois pour se défendre contre la presse empiétera, outrepassera ses fonctions. Il aura la prétention de gouverner les âmes comme un Moïse ou un Lycurgue. Sa limite normale est franchie.

Le seul rôle d'un gouvernement est d'assurer l'ordre à l'intérieur et la sécurité à l'extérieur. *Aussi*, je m'empresse de l'ajouter, tout renseignement donné par un journal en temps de guerre est un crime, puisque ce renseignement peut être utile à l'ennemi. Même en temps de paix, tout renseignement d'ordre militaire doit n'être donné qu'avec et après autorisation du gouvernement. Ici la limite reparaît. Comme par le service militaire le gouvernement empiète sur la liberté individuelle et du reste sur toutes les libertés, pour tout ce qui intéresse la défense il empiète sur la liberté de parole et sur la liberté de la presse ; et c'est, à mon avis, non seulement son droit absolu, mais son devoir. Encore une fois et toujours, le gouvernement est un organe d'ordre intérieur et de défense extérieure. Là est sa « sphère ». Encore une fois et toujours, dans sa sphère il ne saurait avoir trop de force. Hors de sa sphère il ne doit en avoir aucune.

Chapitre ix. — De la liberté d'association

Les *Déclarations des Droits* de 1789 et de 1793 ne disent rien formellement de la liberté d'association. On ne saurait considérer comme ayant trait directement à la liberté d'association ce mot de l'article VII de la *Déclaration* de 1793 : « Le droit de s'assembler paisiblement, le libre exercice des cultes ne peuvent être interdits. » — Ce mot vise et il consacre le droit de réunion, non pas le droit d'association. La liberté d'association ne figure ni dans la déclaration des Constituants ni dans la déclaration des Conventionnels.

Est-ce un oubli ? Je ne crois pas. Constituants et Conventionnels n'aimaient pas les associations, quelles qu'elles fussent. Ils ont détruit les corporations ouvrières, les jurandes et les maîtrises à cause de cela. Ils ont détruit l'ancienne magistrature à cause de cela. Ils ont détruit l'ancienne noblesse à cause de cela. Ils ont

62

détruit l'ancien clergé à cause de cela. Les Constituants et les Conventionnels n'ont aimé, ils n'ont même compris et conçu que les libertés individuelles. C'est pour cela qu'ils n'ont inscrit dans leurs déclarations que la liberté individuelle, la propriété, la sécurité, la liberté de la pensée, de la parole et de la presse. Les Constituants et les Conventionnels veulent « l'homme » libre, isolément, libre de sa personne, libre propriétaire de son bien, libre disposant de sa pensée, de sa parole, de sa plume, de sa croyance religieuse. C'est tout. L'homme libre de s'associer à d'autres hommes pour faire quelque chose collectivement, les libertés collectives, ils ne semblent pas aimer cela. Ils sont essentiellement antiaristocrates, et les associations leur semblent des aristocraties.

C'est un singulier contresens. Une aristocratie est un groupe de citoyens *gouvernant* une nation à l'exclusion des autres. Une association est un groupe de citoyens faisant quelque chose en commun, mais ne songeant nullement à gouverner. Il n'y a aucune identité, ni même aucune ressemblance. Autant vaudrait dire que *je suis une aristocratie*, parce que j'ai une nombreuse famille et que je cultive mes terres avec mes fils et avec mes gendres et leurs enfants. Mais cette identification si fausse est bien, plus ou moins nettement, dans l'esprit des Constituants et des Conventionnels.

Cela est si vrai que cette idée fausse est passée dans la langue. On appelle en France « corps aristocratique » un corps, quel qu'il soit, qui ne dépend pas du gouvernement. L'Eglise est un corps aristocratique. L'Institut est un corps aristocratique. L'administration *n'est pas* un corps aristocratique. Or c'est précisément elle qu'on pourrait appeler ainsi, car elle a tous les caractères du corps aristocratique : elle a ses traditions, sa permanence, son esprit de suite et même de routine ; elle est, au moins un peu, héréditaire ; et elle gouverne, puisqu'elle a ses procédés d'administration qu'elle n'emprunte pas toujours au gouvernement, et puisqu'elle est un gouvernement dont le gouvernement proprement dit a à tenir compte et qui le contrecarre doucement, mais obstinément, plus d'une fois. Seulement elle dépend, en définitive, du gouvernement proprement dit, et on ne l'appelle pas corps aristocratique. Et on appelle corps aristocratique une corporation qui ne gouverne pas du tout, mais qui existe en dehors du gouvernement central.

Sur cette idée, assez bizarre, les Constituants et les Conventionnels,

Émile Faguet

étant surtout anti-aristocrates, ont transporté aux associations une partie de la haine qu'ils avaient contre l'aristocratie véritable. Ils n'ont pas été, on vient de le voir par leur article VII de 1793, jusqu'à proscrire, comme Rousseau, la « réunion » elle-même, et jusqu'à ne pas vouloir que les citoyens délibérassent avant de voter, ce qui est la pure doctrine démocratique ; mais encore ce qu'ils semblent n'avoir pas aimé, c'est la « réunion permanente », c'est-à-dire l'association, et du droit d'association ils n'ont pas fait, je crois même qu'ils se sont bien gardés de faire un *droit de l'homme*.

J'estime que c'en est un ; c'est-à-dire que je crois que l'Etat empiète, dépasse ses fonctions naturelles quand il refuse ce droit aux individus et quand il veut qu'il n'y ait dans la nation d'autre association que lui-même.

Car, d'abord, l'Association n'est qu'une extension légitime et naturelle de la Réunion. Vous me permettez de me « réunir paisiblement » pour m'occuper d'affaires qui me sont communes avec d'autres citoyens. Me permettrez-vous de me « réunir paisiblement » demain avec les mêmes concitoyens pour la continuation des mêmes affaires ? Oui ? Mais voilà une association. Non ? De quel droit, ou pourquoi ? Ce qui est légitime une fois, ne le serait-il pas deux, trois et quatre ? C'est bien singulier. Pourquoi un citoyen serait-il comme forclos, serait-il comme emmuré dans son individualité ?

Encore une fois et toujours, pourquoi êtes-vous fait ? Pour assurer l'ordre à l'intérieur et la sécurité à l'extérieur. Donc si je m'associais à d'autres citoyens pour attaquer la nation *ou même pour la défendre*, je m'occuperais de vos affaires, je m'attribuerais votre fonction ; vous me diriez : « Halte-là ! » avec raison. Si je m'associais avec d'autres citoyens pour faire la police, encore que j'agisse en très bon citoyen, vous pourriez vouloir qu'en tant que policier ou gendarme volontaire, je prisse vos ordres et vous obéisse ponctuellement. Fort bien. Voilà votre sphère. Mais en dehors d'elle, vous n'avez rien à me dire.

Je m'associe pour faire de la charité, de la philanthropie, de la bienfaisance. Cela ne vous regarde pas du tout. Vous me direz : « La bienfaisance, je la fais ! » M'est-il permis de croire que vous la faites mal ou que vous ne la faites pas assez ? Est-ce une opinion

Chapitre ix. — De la liberté d'association

permise ? M'est-il permis de croire que vous la faites en faveur de vos amis et d'avoir l'intention de la faire en faveur des miens, ou en faveur de tous ? Est-ce une opinion permise, ou est-ce un dessein subversif ? En quoi intéresse l'ordre à l'intérieur et la défense contre l'étranger que je sois bienfaisant à plusieurs au lieu de l'être isolément ?

Je m'associe pour répandre une croyance religieuse. Qu'est-ce que cela vous fait ? Vous avez donc une croyance religieuse, vous ? Si vous en avez une en tant que gouvernement, vous avez tort ; car il n'y a rien de religieux dans la fonction de défendre le pays contre les voleurs du dedans et contre les ennemis du dehors. Vous vous occupez de ce qui ne vous regarde aucunement. Mais si vous avez une croyance religieuse, en quoi m'occuper de la mienne vous empêche-t-il de vous occuper de la vôtre ? Vous payez vos prêtres, avec mon argent, du reste, ce qui est inique, et je paye les miens. Vouloir non seulement que je paye les vôtres, mais encore que je ne paye pas les miens, c'est fantastique d'absurdité d'abord et de despotisme ensuite.

Laissez-moi donc, à moins de déclarer que vous vous appelez Grégoire VII, créer l'Eglise que je veux créer, ce qui ne se peut qu'avec pleine et entière liberté d'association.

Ainsi de suite.

Ici l'objection, l'éternelle et éternellement ridicule objection : « Une association permanente, c'est un Etat dans l'Etat. » Certainement une association qui aurait une armée et des forteresses sous le nom de places de sûreté serait un état dans l'Etat. Mais une association désarmée et pacifique n'est pas un Etat ; elle est une agrégation d'âmes, elle est une fédération de volontés dans un dessein commun, que l'Etat n'a aucun droit honnête ni aucune raison d'interdire ni de craindre tant qu'elle ne s'occupe ni de police, ni de justice, ni de guerre offensive ou défensive. C'est une fédération de volontés très légitime et aussi très utile, toujours utile à la nation.

Je dis toujours utile. 11 n'est pas bon que l'homme soit seul. Seul il fait peu de chose, d'abord, et quasi rien. Seul, aussi, il glisse vers l'égoïsme et, soit le découragement, soit l'entêtement orgueilleux et sot qui sont les suites ordinaires, en sens inverse, de l'égoïsme. Aussi même les associations en apparence frivoles et vaines, associations pour le plaisir, pour la conversation, pour les récréations littéraires ou musicales, malgré leur inanité, sont utiles encore en ce sens qu'elles valent mieux que l'isolement. Quant aux associations sérieuses, pour la science, pour l'industrie, pour l'agriculture, pour le commerce, pour la propagation d'une doctrine, d'une philosophie, d'une religion, elles sont la forme normale elle-même de l'activité humaine, et c'est avec grande raison que M. Durkheim a dit que « toute nation où l'esprit d'association s'éteindra est condamnée à périr dans un bref délai ».

L'Etat, certes, est une association ; mais, dans les temps modernes, avec des nations de quarante, de cinquante, de quatre-vingts millions d'hommes, l'Etat est une association qui associe de trop loin les hommes, un réseau qui les enserre de trop loin et de trop haut pour les soutenir. Ajoutez qu'il n'est pas une association choisie par les associés, que par conséquent les associés ne se livrent pas à lui, à ses intérêts et à son développement et à sa gloire de la même ardeur qu'ils se consacrent à une association choisie par eux, créée par eux. Entre l'Etat et l'individu il faut des associations à la fois plus proches de l'associé et qui soient directement son œuvre pour l'enserrer étroitement et obtenir de lui, avec plaisir de sa part, le maximum d'effort libre et d'activité.

Ce n'est que dans l'association que l'homme n'est pas seul (je demande pardon pour le truisme) ; car dans l'Etat il est seul en ce sens qu'il est passif et qu'il donne ce qu'on lui demande, non pas ce qu'il veut donner, ce qu'il tient à donner, ce qu'il prend plaisir à donner, ce qu'il donne passionnément, de son activité, de son ardeur, de son intelligence, de sa force et de son cœur. Mais précisément ce que l'Etat a une tendance naturelle à vouloir, c'est que l'homme soit seul et qu'il n'y ait rien entre l'Etat et l'individu. Il a une défiance naturelle des associations comme de *quelque chose qui lui ressemble et qui n'est pas lui*, et que par conséquent il considère comme on considère un rival.

Le paralogisme, ou le sophisme, est amusant : de ce que l'Etat est une association, l'Etat conclut ou feint de conclure que les associations sont des Etats. La réciproque n'est pas vraie. L'Etat est une association pour la police et pour la défense, et par conséquent est une association armée, en un mot il est un Etat. Les associations sont des fédérations pour tel ou tel objet particulier, ne sont pas armées, ne doivent pas l'être, seront dissoutes avec beaucoup de raison et de plein droit si elles le sont, sont volontaires et non obligatoires, petites ou grandes, selon les cas, temporaires et non éternelles, et sont des groupes d'où l'on peut sortir et où l'on peut rentrer à son gré ; en un mot n'ont aucun des caractères de l'Etat, et le mot « Etat dans l'Etat » n'a absolument aucun sens.

Il pourrait s'appliquer, non seulement aux associations, mais à quoi que ce soit qui n'est pas l'Etat lui-même. Savez-vous bien qu'un père de famille au milieu de ses enfants est un Etat dans l'Etat ? Certainement ; car il commande, s'il a du caractère, ce qui du reste est rare, il a des agents de sa volonté, des associés à ses desseins, et il est une puissance qui limite l'omnipotence de l'Etat. Abolissez la famille.

Savez-vous bien qu'un propriétaire est un Etat dans l'Etat ? Certainement ; car sur une portion du sol il fait des travaux, des modifications, des changements bons ou mauvais, comme si ce sol lui appartenait ; il administre ; il dispose à son gré d'une partie du territoire ; il est un roi, un roi d'Yvetot, mais un roi. Il est un Etat. Abolissez la propriété.

Savez-vous bien qu'un individu, célibataire, parfaitement isolé, est un Etat dans l'Etat ? Comment donc ? Mais certainement. Cet homme a une volonté ! Cet homme a une initiative ! Cet homme se permet d'avoir une idée. Mais, il limite l'Etat ! Il y a en dehors de l'Etat quelqu'un qui a la prétention de rouler son tonneau où il lui plaît, quelqu'un qui a la prétention d'être quelqu'un. Il limite l'Etat. L'Etat s'arrête à son seuil. Donc sa maison ou sa chambre est un Etat dans l'Etat.

A la vérité, il n'est pas armé ; il n'est pas fédéré avec d'autres ; il n'a pas d'enfants, ni de serviteurs ; il n'a pas de terre qu'il remue à son gré ; mais encore il a une volonté dont il dispose et une chambre où il ne permet pas qu'on gouverne et qu'on déplace les meubles. Il est un très petit Etat dans l'Etat. Ce ne devrait pas être permis. Abolissez la liberté individuelle.

Et c'est bien pour cela que les socialistes, qui sont les plus logiques des hommes, sont à peu près aussi ennemis de la famille que de la liberté individuelle, et de la liberté individuelle que de la propriété.

Tout pour l'Etat, tout par l'Etat, l'Etat partout.

Émile Faguet

Et tout ce qui n'est pas l'Etat et ne veut pas être absolument confondu en lui et absorbé en lui est accusé d'être et de vouloir être un Etat dans l'Etat ou plutôt un Etat hors de l'Etat.

Rendons aux mots leur sens exact. Toute association qui ne s'occupe pas des fonctions naturelles de l'Etat, toute association qui ne prétend point s'occuper ni de police ni de défense, toute association qui n'est pas armée, toute association qui n'a aucun de ces caractères, est légitime tout autant que la liberté individuelle, que la famille, que la propriété ; elle n'empiète nullement sur les droits rationnels et raisonnables de l'Etat ; elle n'est pas nuisible à la nation, elle lui est souvent utile ; elle lui est toujours utile en ce sens que ce qui serait à sa place vaudrait moins qu'elle ; elle est l'exercice légitime et salutaire d'un droit de l'homme. La Déclaration des droits qui a admis le droit de « réunion » a admis implicitement, peut-être sans le vouloir, le droit d'association ; car l'*association n'est que la réunion qui se prolonge et qui se répète*, et la *Déclaration* n'a pas voulu dire sans doute qu'un certain nombre d'hommes auraient le droit « de se réunir paisiblement » ; mais qu'ils n'auraient ce droit qu'une fois en leur vie. — Le droit d'association est un droit de l'homme et du citoyen.

Chapitre x. — De la liberté religieuse

Déclaration des Droits de l'homme de 1789 : « Nul ne doit être inquiété pour ses opinions, même religieuses, pourvu que leur manifestation ne trouble pas l'ordre public. »

— *Déclaration des Droits de l'homme* de 1793 : « … Le libre exercice des cultes ne peut être interdit. La nécessité d'énoncer ces droits suppose ou la présence ou le souvenir récent du despotisme. »

La liberté religieuse a été pleinement reconnue et proclamée par les deux Déclarations révolutionnaires.

Cette liberté sera toujours pourtant la plus attaquée, la plus menacée et la plus désagréable au gouvernement. Il y a à cela deux raisons particulièrement importantes. La première est qu'une religion, sans être un Etat dans l'Etat, si elle n'a pas d'armée, est bien réellement, il faut le reconnaître, un gouvernement. C'est le gouvernement d'un certain nombre d'âmes par une doctrine et par les représentants autorisés, ou choisis, ou éclatants, de cette doctrine. Jamais un gouvernement ne verra cela d'un très bon œil. Gouverner, faire obéir des soldats, des policiers, des douaniers, des agents du fisc, des magistrats ; et avoir à côté de soi des hommes qui goavernent aussi, qui, à la vérité, n'ont pas un soldat, ni un douanier, ni un publicain, ni un policier, ni un magistrat ; mais qui se font obéir moralement d'un certain nombre d'hommes et qui même *partagent*avec le gouvernement ses soldats, policiers et autres, puisque, à certains égards, ils se font obéir de ceux-ci mêmes ; cela peut très difficilement se souffrir.

Rien ne *limite* l'Etat comme une Eglise ; car il est incontestable qu'elle limite le gouvernement lui-même, puisqu'elle partage avec lui.

Aussi, au fond, tout gouvernement est antireligieux, malgré les apparences quelquefois contraires. Les Romains, qui aimaient toutes les religions, ont détesté le christianisme furieusement, parce qu'il était une vraie religion, parce qu'il disait à l'Etat : « Ceci est à vous, les corps. Ceci est, non pas à moi, mais à eux, les âmes, et à moi s'ils me le donnent librement, » C'était une vraie religion. Toute religion qui ne dit pas cela est une décoration de l'Etat, quelque chose comme un maître des cérémonies et un ministre des pompes, non pas une religion. Elle ne proclame pas la liberté de la conscience morale et le droit qu'a l'homme d'avoir une âme à lui, une doctrine morale à lui et d'associer cette âme librement à d'autres âmes libres et de communier librement dans cette doctrine morale avec ceux qui la professent. Le christianisme était *enfin* une religion, dont le socratisme et le stoïcisme — peu aimés également des gouvernements civils de leur temps — n'avaient donné que des esquisses.

Les Romains, en conséquence, détestèrent le christianisme jusqu'à ce qu'ils furent forcés de le subir.

L'Etat anglais, l'Etat prussien, l'Etat russe détestèrent le christianisme sous une forme ou sous une autre, jusqu'à ce qu'ils l'eurent, plus ou moins réellement, absorbes en eux, en faisant du chef de l'Etat le chef de la religion ; et l'on peut dire qu'ils le détestèrent *à tel point* qu'ils voulurent l'absorber pour l'empêcher

Émile Faguet

de leur nuire, ou pour pouvoir croire qu'il ne leur nuisait plus.

L'Etat français a détesté le christianisme sous toutes ses formes connues. Il l'a détesté sous forme de protestantisme, parce qu'il voyait bien que tout autant, et à cette époque plus encore, que le catholicisme, la nouvelle religion, malgré certaines alliances avec certains chefs d'Etat, était en son fond et avant tout, ou après tout, une protestation, non seulement contre Rome, mais contre tout ce qui tendait à confisquer la liberté des âmes, contre tout ce qui prétendait gouverner les esprits, et qu'au fond du protestantisme il y avait la liberté de penser, la liberté de parler, la liberté d'écrire et la liberté de croire autre chose que ce que le Roi croyait et voulait qu'on crût.

L'Etat français a détesté le jansénisme comme le protestantisme, et pour les mêmes raisons, sentant admirablement que le jansénisme, sinon comme croyances, du moins comme tour d'esprit, était un protestantisme encore, une religion détachée à la fois de Rome et de Versailles, une religion libre, une religion qui exerçait un attrait et comme un charme sur tous les esprits libres, et qui leur donnait comme un centre.

L'Etat français a détesté le catholicisme lui-même *à tel point* que, comme l'Etat anglais, l'Etat prussien et l'Etat russe, il a voulu l'absorber en lui et faire des prêtres catholiques de simples fonctionnaires attachés à lui et dépendant de lui, de simples officiers de morale. Il a fait sur lui et pour les mêmes raisons, la même opération qu'il avait faite sur la magistrature. Il l'a fait rentrer dans l'Etat. Quand l'Etat fait de ces conquêtes, ce n'est pas qu'il aime ce qu'il conquiert, c'est qu'il ne peut pas le souffrir et qu'il dévore ce qui le gêne.

L'Etat est toujours antireligieux, même quand il administre la religion, surtout quand il l'administre ; car il ne l'administre que pour la supprimer comme religion véritable. Tâchons de ne jamais exagérer, mais disons cependant que l'Etat a quelque tendance à ne pas aimer beaucoup même la morale. Il aime une moralité générale et une bonne moralité douce et modérée qui allège la rude tâche qu'il a de traquer les meurtriers et les voleurs ; assurément. Mais il n'aime pas beaucoup une morale austère et rigoureuse, ardente et agissante, qui a le caractère d'une foi. Il y a quinze ans,

M. Paul Desjardins essaya de fonder une petite association de progrès moral, d'épuration, d'édification. C'était une manière de secte vaguement protestante, quoiqu'elle ne se réclamât point du protestantisme, comme il s'en fonde une par jour en Amérique. Un républicain absolutiste de mes amis me disait : « C'est dangereux, cette machine que fonde Desjardins.

— En quoi, Seigneur ?

— Mais en ce que, remarque donc, une religion peut en sortir, et non pas une religion émoussée, usée, aveulie, comme les religions que nous voyons vivre ou plutôt végéter autour de nous, mais une religion neuve, une religion naissante, c'est-à-dire adulte, car les religions ont ceci de particulier qu'elles ne sont jamais plus adultes que quand elles sont naissantes, une religion vivace et vigoureuse.

— Eh bien ?

— Eh bien, elle créera des embarras au gouvernement.

— Pourquoi ?

— Je le parierais, qu'elle créera des embarras au gouvernement. Tout ce qui a une forte vie morale a une volonté ; tout ce qui a une volonté crée des embarras au gouvernement. »

C'était un bon républicain ; c'était un despotiste. A son point de vue il raisonnait très bien. Tout ce qui a une forte vie morale crée des embarras au gouvernement. Un gouvernement ne peut pas aimer ni quelqu'un ni quelque chose doué d'une forte vie morale. Il ne peut pas aimer la moralité. D'où il suit que ceci précisément qui fait la force d'une nation fait la terreur du gouvernement et lui est en défiance, et c'est une plaisante antinomie.

Mais pourquoi en est-il ainsi ? Mais encore et toujours parce que le gouvernement fait ce qui ne le regarde pas, ce qui l'amène à faire tout de travers ce qu'il fait en dehors de sa fonction naturelle, et à le faire d'une façon nuisible aux individus, à la nation et à lui-même. Il est un organe de police et de défense ; il s'avise d'être un organe de pensée, d'enseignement, de moralisation, d'édification, que sais-je ? Tout cela il le fait mal ; mais il y a pis : n'aimant pas ceux qui veulent le faire à sa place parce qu'il le fait à la leur, et il le fait mal et il n'aime pas ceux qui le font bien ou le feraient bien ; et en définitive personne ne le fait, et il est assez content que personne ne le fasse ; ou tout le monde le fait, chacun à moitié, et c'est une confusion et une malfaçon universelle.

Remarquez, par exemple, dans ce cas particulier de la religion, remarquez que chez nous il y a deux clergés. Il y a un clergé d'Etat et un clergé libre. Il y a le clergé séculier, nommé (partiellement) par l'Etat, et payé par lui. Il y a un clergé régulier composé des membres des congrégations. Le gouvernement n'aime ni l'un ni l'autre. Mais il considère le premier comme le sien, l'autre comme un intrus. Il en résulte qu'il commande au sien et qu'il combat l'intrus, qu'il tient en main le premier et qu'il persécute le second, qu'il opprime le premier et qu'il crosse le second et qu'en définitive il les oppose l'un à l'autre en les malmenant tous les deux ; toutes les formes possibles de la guerre religieuse et de l'anarchie religieuse dans le même pays. Le gouvernement, en cette affaire, fait mal ce qu'il fait, empêche les autres de le faire bien, et se trouve l'ennemi et de ceux qu'il tient pour ses ennemis et de ceux qu'il considère comme ses agents. C'est complet. Pourquoi cette bouffonnerie ? Parce que le gouvernement se mêle de ce qui ne le regarde pas.

Il y a une autre raison, comme j'ai dit, pourquoi la liberté religieuse est de toutes les libertés la plus désagréable au gouvernement. C'est que le chef d'une religion peut être un étranger, ce qui est grave, je le reconnais, et ce qui paraît au gouvernement quelque chose de formidable. « Comment ! ces gens qui sont nés pour m'obéir, m'obéissent à la vérité ; mais *non pas en tout*. Ils obéissent, pour ce qui est de leur conduite morale, à un homme qui n'est pas moi, et qui, ce qui est effrayant, est an étranger : »

Je crois qu'il ne faut pas s'effrayer autant que cela. Je suppose que l'influence d'Herbert Spencer eût été assez grande pour que sa doctrine devint une religion ; je suppose que cette religion eût été adoptée en France et que, par conséquent, nous fussions un certain nombre de Français à avoir pour chef religieux un Anglais. En quoi cela nous empêcherait-il d'être des Français très patriotes et des citoyens très obéissants à notre gouvernement ? Ces choses-là n'ont aucun rapport ou du moins ont des rapports trop éloignés pour qu'il soit très intelligent d'en tenir compte. Voit-on que les Américains catholiques soient moins attachés à leur patrie et moins fiers d'être Américains parce qu'ils se rattachent à un cardinal italien comme à leur chef spirituel ? Voit-on, remarquez ceci, que les Allemands catholiques, parce qu'ils se rattachent à un cardinal italien comme à leur chef spirituel, soient moins patriotes allemands et nous détestent moins que ne font leurs compatriotes protestants ? Point du tout. Ils sont catholiques, ils relèvent du Pape ; ils nous savent catholiques ; mais ils nous détestent cordialement comme l'ennemi héréditaire.

Il n'y aurait qu'un cas où le fait d'être, dans un pays, un grand nombre à avoir pour chef spirituel un étranger serait, à mon avis, assez grave. Ce serait le cas où ce chef spirituel étranger serait en même temps un chef d'Etat. Je suppose que le chef spirituel des catholiques français fût l'empereur allemand. Il est bien certain qu'il serait inquiétant que la majorité des Français obéît spirituellement et donnât avec ferveur une partie de son âme à l'homme que nous serions et qu'ils seraient appelés à combattre les armes à la main. Je suppose que le Pape fût roi d'Italie. Il ne serait pas très rassurant qu'un homme vénéré d'une grande partie de la nation française comme chef spirituel, fût un souverain temporel avec lequel nous pourrions entrer en guerre. C'était un argument et même l'argument favori, et même le seul argument, mais il était bon, des adversaires du pouvoir temporel des Papes. Napoléon III avait pour dessein de faire de l'Italie une confédération sous la présidence du Souverain Pontife. C'était une idée stupide, comme, du reste, toutes les idées de Napoléon III. Il ne faut pas qu'un chef spirituel soit souverain temporel (si ce n'est d'un très petit Etat, et le Pape serait souverain de Monaco ou même de Grèce, je n'y verrais aucun inconvénient), il ne faut pas qu'un chef spirituel soit souverain temporel, parce qu'alors tout gouvernement d'un pays où il règne comme chef spirituel peut très légitimement craindre de ne pouvoir pas, à un moment donné, lutter contre lui comme souverain temporel. Mais, sauf ce cas, il n'y a aucun inconvénient à ce que j'aie comme directeur de conscience et comme directeur d'esprit un chef d'école philosophique qui se trouve être un étranger.

— Comment donc ! va dire mon gouvernement ; mais vous allez avoir des opinions sur l'immortalité de l'âme qui pourront n'être pas les miennes.

— Qu'est-ce que cela vous fait ? Encore une fois et toujours, si vous vous croyez lésé dans vos droits, c'est que vous vous en attribuez qui ne vous appartiennent pas du tout ; si vous vous croyez atteint dans votre autorité, c'est que vous en revendiquez une qui n'est pas du tout la vôtre ; si vous vous sentez gêné, c'est par suite de l'imprudence qui consiste à vous mêler de ce qui ne vous regarde pas. Persuadez-vous que vous n'êtes créé et mis au monde que pour assurer la bonne police et la défense, et vous n'aurez pas l'idée ridicule, et gênante pour vous autant que pour moi, que je mets des bornes à votre autorité légitime en croyant à l'immortalité de l'âme quand vous n'y croyez pas.

Donc ce qui est la vérité même et le bon sens et le bon ordre, *parce qu'il est l'absence de conflits*, c'est la religion libre et les Eglises libres dans l'Etat… qui sera libre si cela lui fait plaisir ; c'est la séparation des Eglises et de l'Etat, l'Etat ne s'occupant plus des Eglises ni pour les payer, ni pour les régenter ni pour les combattre, et ne s'en occupant plus qu'au point de vue de la police, du bon ordre et de l'exercice régulier du culte. Une Eglise, pour l'Etat, doit être comme un théâtre. Il ne le subventionne pas, il ne le régente pas, il ne le censure pas (du moins c'est ainsi à mon avis qu'il devrait agir). Il ne s'en inquiète que s'il y a trop de bruit dedans et surtout aux abords. Il ne s'en inquiète que si quelqu'un veut empêcher les acteurs de jouer ou les spectateurs d'entrer ou de sortir. Tout cela, étant de police et d'ordre public, le regarde. Ce qui s'y pense et ce qui s'y dit ne le regarde aucunement. Il n'est pas auteur dramatique. De même il n'est pas théologien ni philosophe. C'est précisément à vouloir être philosophe, théologien et même auteur dramatique qu'il me met, moi, sous le joug, et qu'il se met, lui, dans une foule d'embarras inextricables, où il s'épuise et où il fait le plus souvent la plus piteuse figure du monde.

La séparation absolue des Eglises et de l'Etat, les Eglises payées par leurs fidèles, administrées par leurs fidèles, gouvernées par ceux qui ont la confiance de leurs fidèles, c'est la seule solution libérale, c'est la seule solution rationnelle, c'est la seule solution pratique.

Je ferai remarquer que cette solution implique la liberté d'association, la plus large liberté d'association. En 1902 les représentants les plus autorisés du « parti radical » français s'étant réunis en vue des élections et pour déterminer les points essentiels de leur doctrine, rédigèrent un programme d'où j'extrais ce paragraphe : « *Il* [le groupe radical] *veut la suprématie absolue du pouvoir civil, et il entend idéaliser par l'abolition des congrégations et*

Chapitre x. — De la liberté religieuse

par la sécularisation des biens de main-morte, et par la suppression du budget des cultes cette formule libérale décisive : les Eglises libres dans l'Etat libre et souverain. » — Cela paraît d'abord un galimatias et proprement un tohubohu. « Etat *libre* et *souverain* » ; « Eglises *libres* et Etat *souverain* » ; « *formule libérale* » et « *suprématie absolue de l'Etat* » ; il est probable qu'un Herbert Spencer chercherait là-dedans la clarté française et se plaindrait de ne l'y trouver qu'avec un certain mélange. Mais allons au fond, c'est-à-dire aux faits.

Quels sont les faits que réclame, en son « libéralisme décisif », le parti radical français ? 1° Suprématie absolue du pouvoir civil. Sur quoi ? Sur les Eglises, sans doute, puisque c'est de cela qu'il s'agit ; 2° abolition des congrégations ; 3° sécularisation des biens appartenant aux religieux ; 4° suppression du budget des cultes.

En d'autres termes, l'Etat dira aux Eglises : « Je ne vous paye plus. — Je supprime les congrégations religieuses et je confisque leurs biens, — J'interdis à de nouvelles congrégations de se former. — Maintenant vous êtes libres sous la suprématie absolue de l'Etat. »

C'est-à-dire : Article I : il n'y aura plus d'Eglises sous aucune forme. — Article II : elles seront libres.

Car il n'y a pas d'autre façon d'exister pour une Eglise que d'être payée par l'Etat ou d'être une congrégation qui a des biens et qui en vit. Si, d'une part, on ne la paye pas et si d'autre part on ne lui permet pas de se former en association qui reçoive des dons et qui en vive, tout simplement on décrète qu'elle n'existera pas. Il est même inutile d'ajouter « qui reçoive des dons et qui en vive ». Si d'une part on ne paye point les Eglises et si d'autre part on leur interdit de se former en associations, on décrète qu'elles n'existeront pas. Et en effet, qu'il n'y ait plus d'Eglises en France, c'est bien ce que veut le parti radical, et c'est ce qu'il dit, en style obscur, je ne sais pourquoi ; mais c'est ce qu'il dit. Il est antireligieux et c'est son droit ; et il est absolutiste et c'est son habitude depuis un siècle et demi. Il dérive du *Contrat social*.

La solution libérale, la « formule libérale décisive » est, naturellement, un peu différente. Les *Déclarations des Droits de l'homme et du citoyen* réclament et proclament : 1° la liberté de s'assembler paisiblement, d'où nous avons vu que la liberté

Émile Faguet

d'association découle nécessairement, puisque la liberté d'association n'est que la liberté de réunion prolongée et répétée ; 2° le libre exercice des cultes religieux. Ces principes étant posés, si l'on ne paye pas les Eglises, ce que, non seulement j'accepte, mais je demande, il faut leur permettre d'exister par elles-mêmes ; et si on leur permet d'exister par elles-mêmes, elles ne peuvent être que des associations, des congrégations, des agrégations, des groupements comme on voudra les appeler ; mais, sous quelque titre qu'elles se donnent ou qu'on leur donne, ce seront toujours des congrégations.

Et c'est ce que sait très bien le parti radical qui, d'abord veut supprimer les Eglises d'Etat, et puis, se trouvant en face de ces mêmes Eglises devenues libres, leur dira : « Mais vous êtes des congrégations ! Je vous supprime. » C'est ce que ne permettent pas les textes des *Déclarations des droits* et les principes libéraux. D'après les textes des *Déclarations* et les principes libéraux, les citoyens qui ont une commune doctrine religieuse « se réunissent paisiblement « , ils « exercent leurs cultes », donc ils se réunissent paisiblement plusieurs fois, souventes fois, indéfiniment ; ils payent les frais du culte ; donc ils ont une caisse, un budget d'Eglise. Voilà une association religieuse, qui est active et possédante ; voilà une congrégation.

Cette congrégation, doit-on permettre qu'elle se développe sur toute la surface du territoire ? Mais, évidemment. D'abord, où fixerez-vous la limite ? Direz-vous : « Nous permettons une église par village, ou par canton ou par arrondissement, ou par département, ou par province ; mais, entre ces différentes églises, nous n'admettrons aucun lien, aucuns rapports, aucune connexion » ? C'est bien arbitraire, c'est même le comble de l'arbitraire, et remarquez que c'est se mêler de l'administration des églises ; c'est entrer chez elles ; c'est rétablir la suprématie de l'Etat, c'est retomber dans la « formule libérale décisive », c'est-à-dire dans la formule despotique.

De plus, il est trop évident qu'il est de l'essence même d'une Eglise comme d'une doctrine philosophique quelconque, d'opérer sa propagande par vastes étendues de territoire. Vous, francs-maçons, vous vous savez très nombreux, je suppose, à Lyon, très peu nombreux, quasi nuls, à Lesneven. Ce vous est une raison, non pas de vous cantonner à Lyon, mais de semer un noyau à Lesneven, et c'est tout à fait votre droit, si la liberté de penser est un droit, d'agir ainsi, et c'est votre devoir d'hommes convaincus, et, si votre doctrine est la bonne, c'est l'intérêt même de l'humanité. De même Calvin chérissait d'une dilection particulière ses petites « églises des îles » (Oléron, Ré, etc.). Une Eglise libre de France ne peut donc exister réellement que si elle rayonne sur tout le territoire, les paroisses riches venant au secours des paroisses pauvres, les collèges de fidèles qui sont importants soutenant les collèges de fidèles moins nombreux et plus pauvres, venant à leur secours pour rémunérer leurs pasteurs et entretenir leurs temples, etc. Or ceci, c'est une association, une congrégation au premier chef. Une Eglise, qu'elle soit celle de saint Paul, de Calvin ou d'Auguste Comte, ne peut qu'exister ainsi, ou être payée par l'Etat, ou n'exister point. Vous voulez qu'elle n'existe point. Bien ; vous êtes des absolutistes antireligieux. Ne la payez point et interdisez les congrégations. Vous êtes logiques. Je n'ai rien à vous dire, si ce n'est qu'il ne faut pas parler en même temps de « formule libérale décisive ». Vous voulez qu'elle soit payée par l'Etat. Soit ; vous êtes étatistes. Vous voulez domestiquer l'Eglise en la payant, vous êtes dans la doctrine de Voltaire et de Napoléon Ier ; vous êtes logiques. Seulement dans ce cas on a un salarié qui ne veut jamais être un serviteur, et à côté de lui il se forme une autre Eglise qui est rivale de la vôtre et votre ennemie à vous, et vous êtes mal servi d'un côté, attaqué de l'autre, souvent même des deux, et tout cela fait bien des difficultés et des embarras.

Enfin il y a un troisième parti, qui est de ne pas vous occuper de ces gens-là, parce que ce n'est pas votre affaire, et que quand vous en faites votre affaire vous vous y entendez fort mal ; qui est de ne vous en occuper qu'au point de vue de la police et du bon ordre matériel. Dans ce cas-là une Eglise sera nécessairement une congrégation. Une Eglise sera très analogue à une compagnie de chemins de fer. Elle aura de grandes lignes et elle commencera par là, et elle constituera un grand réseau ; puis, dans les pays trop pauvres pour se donner même de petites lignes, elle en établira, son intérêt étant de servir tout le pays et de faire communiquer entre elles toutes les parties du pays. Elle aura un budget, un corps d'employés, des chefs de ces employés, une hiérarchie, un règlement, une discipline, des propriétés.

Émile Faguet

Ici une difficulté grave. Ces propriétés sont d'une espèce particulière. Elles ne sont ni propriétés de l'Etat, ni propriétés individuelles ; elles sont propriétés d'une corporation qui ne meurt pas, qui par conséquent ne transmet pas et qui par conséquent ne paye point à l'Etat les droits de mutation, de donation, etc. Perte pour l'Etat. C'est la question des biens de mainmorte. Elle n'est pas très difficile à résoudre. Pour que l'Etat ne perde point sur les biens de cette sorte, il n'y a qu'à savoir ce qu'une propriété particulière, transmise de père en fils, ou de donateur à donataire, rapporte en moyenne, en cinquante ans, à l'Etat. Ce qu'elle rapporte à l'Etat, ce qui est très facile à savoir, vous exigez, et c'est bien votre droit, vous exigez que la propriété de mainmorte le rapporte pareillement à l'Etat, et vous frappez le bien de mainmorte d'un impôt établi sur cette base. Cela fait, votre droit s'arrête et je ne sais pas de quoi vous auriez à vous plaindre.

Dans la doctrine libérale, une Eglise est une agrégation libre de citoyens se réunissant et s'associant pour prier Dieu, s'entretenir d'idées morales, s'exciter au bien, secourir les pauvres ; ayant, s'il lui plaît, une organisation, une hiérarchie, une discipline, ayant un budget et des propriétés ; pour ce qui est de ses réunions et de l'exercice de son culte, elle est soumise aux règlements de police urbaine et de police villageoise ; pour ce qui est de ses propriétés, elle paye à l'Etat un impôt qui doit être égal à celui que les autres payent.

— Mais il est dur de voir une église se construire. Il est dur de voir passer dans la rue des hommes habillés d'une robe noire ou brune !

— Je reconnais que c'est atroce ; mais ceci est une affaire de sentiment où l'Etat ne peut pas entrer, non plus qu'il ne peut guère empêcher les femmes de porter des toilettes de mauvais goût, pourvu que la pudeur soit sauve.

CHAPITRE XI. — De la liberté d'enseignement

Il n'y a absolument rien dans la *Déclaration* de 1789 ni dans la *Déclaration* de 1793 relativement à la liberté de l'enseignement. À s'en tenir à ces deux déclarations, la liberté de l'enseignement ne serait pas un droit de l'homme. C'est que les Révolutionnaires ont été partagés sur cette question.

Disons d'abord qu'ils pouvaient oublier d'inscrire la liberté d'enseignement dans leur liste de droits de l'homme ; car naturellement ils y inscrivaient surtout les droits qui avaient été méconnus par l'ancien régime ; et sous l'ancien régime l'enseignement était absolument libre. Il n'était pas venu à l'esprit d'un Louis XIV de faire de l'enseignement une chose d'Etat. L'Etat croyait sans doute qu'il avait assez de choses d'Etat sur les bras. L'enseignement sous l'ancien régime était donné soit par des corporations, Jésuites, Oratoriens, etc., soit par des maîtres libres et isolés. La liberté d'enseignement n'était limitée que par les limites imposées à la liberté religieuse. Ainsi un pasteur protestant n'avait pas la liberté d'enseigner parce qu'il n'avait pas la liberté de prêcher, parce qu'il n'avait pas la liberté d'être. Il est évident que là où la liberté religieuse n'existe pas, la liberté d'enseignement ne peut pas être complète, et c'est bien précisément pour cela qu'il faut que liberté d'enseignement et liberté religieuse soient absolues. Mais, en soi, la liberté d'enseignement sous l'ancien régime était pleinement reconnue ; l'enseignement n'était pas une chose d'Etat ; et de fait l'enseignement était donné de la façon la plus libre, la plus variée, la plus autonome, presque de la façon la plus individuelle qu'il soit possible. On peut supposer que les Révolutionnaires ont simplement négligé d'inscrire dans leurs déclarations un droit qui n'était pas en question.

Mais surtout, comme je l'ai dit tout de suite, les Révolutionnaires ont été partagés sur cette affaire. Lesuns, Robespierre, Saint-Just, Lepeletier de Saint-Fargeau, et d'autres plus obscurs, étaient des élèves de Jean-Jacques Rousseau, c'est-à-dire purs despotistes, et despotistes surtout dans les choses de conscience, dans les choses d'âme et d'esprit, dans les choses, par conséquent, de religion et d'enseignement, ce qui est la façon la plus ecclésiastique, c'est-à-dire la plus effroyable, d'être despotiste. C'étaient des papes, c'étaient des Calvin, ce qui est exactement la même chose.

Aussi Lepeletier de Saint-Fargeau rédigea et Robespierre présenta à la Convention un projet de loi sur l'enseignement, inspiré des idées de Saint-Just, demandant que tous les enfants de France fussent élevés ensemble, séparés soigneusement de leurs parents, dans des maisons nationales où ils demeureraient enfermés pendant six ou sept ans et élevés par des professeurs nommés par l'Etat. C'étaient les écoles-casernes de Napoléon Ier.

Mais il est à remarquer que la plupart, cependant, des Révolutionnaires ont été libéraux dans cette question. Mirabeau était libéral radical : « Si l'Etat était chargé de surveiller (même de surveiller !) les écoles publiques, l'enseignement y serait subordonné à ses vues, *lesquelles ne sont pas toujours conformes à l'intérêt du peuple.* Le corps enseignant ne dépendra donc pas de l'Etat... On peut s'en rapporter à l'intérêt des maîtres, à l'émulation des élèves, à la surveillance des parents, à la censure publique, sauf dans le développement des sciences spéciales comme la médecine, la chirurgie, la pharmacie, où le législateur a des abus criminels à prévoir. »

En un mot, indépendance de l'enseignement, non surveillance, même, de l'Etat ; droit de police de l'Etat exercé là comme ailleurs.

Talleyrand, sans aller aussi loin, parlait exactement dans le même sens : « Il sera libre à tout particulier, en se soumettant aux lois générales sur l'enseignement public, de former des établissements d'instruction ; il sera tenu d'en instruire la municipalité et de publier le règlement. »

Condorcet, dans son rapport à l'Assemblée législative, affirme que la liberté de l'enseignement est « la conséquence nécessaire des droits de la famille et des droits de la vérité », il la « soustrait aux prises de toute autorité publique » et il célèbre les bienfaits de la concurrence qui « stimule le zèle des institutions officielles » et d'où résulte, « pour les écoles nationales, l'invincible nécessité de se tenir au niveau des institutions privées. »

Daunou disait à la Convention ; « Vous ne devez porter aucune atteinte ni à la liberté des établissements particuliers d'instruction, ni aux droits plus sacrés encore de l'éducation domestique. »

Lakanal défendait à la tribune de la Convention, le 26 juin 1793, les articles 40 et 41 d'un projet de loi dressé par le Comité d'instruction publique sous la présidence de Sieyès. Ces articles étaient ainsi rédigés : « Article 40 : la loi ne peut porter aucune atteinte au droit qu'ont les citoyens d'ouvrir des cours ou écoles particulières et libres sur toutes les parties de l'instruction et de les diriger comme bon leur semble. — Article 41 : la nation accorde des récompenses aux instituteurs et professeurs tant nationaux que libres. »

Danton repoussa le projet de Lepeletier de Saint-Fargeau et de Robespierre, et tout en acceptant l'idée d'écoles nationales, revendiqua pour les pères de famille le droit de ne pas y envoyer leurs enfants, et c'est grâce à lui que l'article fondamental de la loi fut rédigé et voté ainsi : « La Convention nationale déclare qu'il y aura des établissements nationaux où les enfants seront élevés et instruits en commun, et que les familles qui voudront conserver leurs enfants dans la maison paternelle auront la faculté de les envoyer recevoir l'instruction publique dans des classes particulières instituées à cet effet. »

Grégoire disait à la Convention dans son rapport du 31 août 1795 : « Robespierre voulait ravir aux pères, qui ont reçu leur mission de la nature, le droit sacré d'élever leurs enfants. Ce qui dans Lepeletier n'était qu'une erreur était un crime dans Robespierre. Sous prétexte de nous rendre Spartiates, il faisait de nous des ilotes. »

Enfin et surtout la Convention, si elle n'a pas mis la liberté d'enseignement dans sa *Déclaration des Droits de l'homme*, l'a inscrite formellement dans sa constitution, dans la Constitution de l'an III, votée le 22 août 1795. Article 300 : « Les CITOYENS ONT LE DROIT DE FORMER DES ÉTABLISSEMENTS PARTICULIERS D'ÉDUCATION ET D'INSTRUCTION, AINSI QUE DES SOCIÉTÉS LIBRES POUR CONCOURIR AU PROGRÈS DES SCIENCES, DES LETTRES ET DES ARTS. »

On voit qu'il y a dans tout cela trois conceptions différentes. La première absolutiste : l'Etat donne l'instruction ; lui seul la donne ; le droit des parents à élever leurs enfants n'existe pas. — La seconde libérale : l'Etat ne donne pas l'instruction. Les parents ont le droit d'élever leurs enfants. Ils les élèvent ou les font élever par qui ils veulent. — La troisième mixte : l'Etat donne l'instruction. D'autres que lui la donnent aussi. Les parents ont la liberté de choisir.

C'est exactement comme en choses religieuses : 1° clergé d'Etat et nul autre ; 2° point de clergé d'Etat ; clergés libres autant qu'il pourra s'en former ; 3° clergé d'Etat et aussi clergés libres.

De l'enseignement d'Etat seul, sont partisans Robespierre, Saint-Just, Lepeletier de Saint-Fargeau, Napoléon Iᵉʳ. De l'enseignement libre sont partisans Mirabeau, Talleyrand, etc. De l'enseignement d'Etat avec concurrence libre de l'enseignement libre sont partisans Condorcet, Danton et la grande majorité des Révolutionnaires ; et la Constitution de l'an III.

Remarquez qu'entre la seconde conception et la troisième il y a infiniment moins de différence qu'entre la première et les deux autres. La seconde et la troisième *reconnaissent le droit*, laissent aux pères de famille la liberté de faire élever les enfants à leur gré, puisque la troisième leur permet de *choisir* entre l'enseignement d'Etat et l'enseignement libre. Il n'y a que la première qui soit despotique.

La différence entre la seconde et la troisième, c'est que la seconde, supprimant l'Etat comme professeur, non seulement laisse les citoyens absolument libres, mais ne les engage même pas, ne les incite même pas, par une prime, soit d'économie, soit de faveurs, soit d'approbation et de protection gouvernementale, à mettre leurs enfants dans les établissements d'Etat, puisqu'il n'y en a pas.

La troisième, encore libérale, du reste, puisqu'elle reconnaît le droit et le laisse debout, use d'un singulier procédé. Elle permet aux pères de famille de confier leurs enfants à d'autres qu'à l'Etat ; mais sur ceux qui agiront ainsi, *elle met un impôt*. En effet, comme citoyens, comme contribuables, les pères de famille paieront les professeurs de l'Etat, et de plus, comme pères de famille, confiant leurs enfants à M. X..., ils paieront M. X... Ils paieront deux fois. C'est comme si de Paris à Bordeaux il y avait deux chemins de fer, l'un par Chartres, l'autre par Orléans, exploités par deux compagnies différentes, et que j'eusse le droit de me rendre à Bordeaux par Orléans, mais à la condition de payer ma place à la Compagnie d'Orléans et aussi à la Compagnie de Chartres. Dans ce cas la Compagnie de Chartres ne ferait pas autre chose que lever sur moi un impôt, sans aucune espèce de droit ni de raison. Plus qu'un impôt ; car un impôt n'est pas autre chose qu'une rémunération donnée à l'Etat pour un service qu'il rend ; et dans le cas susdit la Compagnie de Chartres ne m'en rendrait aucun.

Chapitre xi. — De la liberté d'enseignement

Ce qu'elle lèverait sur moi ce ne serait donc pas un impôt, mais un tribut, comme un vainqueur impose à un vaincu l'obligalion d'en payer un. C'est exactement ce que fait l'Etat en faisant payer ses professeurs par des gens qui en ont d'autres. Elle les taxe d'une contribution de guerre. C'est un peu barbare.

C'est cependant le régime *le plus libéral* qu'admettent en France les gouvernements du XIXᵉ et du XXᵉ siècle jusqu'aujourd'hui. Après tout, comme je l'ai dit, il reconnaît le droit. Il reconnaît le droit tout en le blâmant, il reconnaît le droit tout en le combattant ; il le reconnaît tout en le faisant acheter ; il reconnaît le droit : mais il lui fait payer « un droit » ; il reconnaît la liberté : mais il lui fait payer l'amende.

C'est beaucoup trop libéral pour la plupart des « républicains de gouvernement », c'est-à-dire des républicains de despotisme. Ils veulent arriver à ceci que l'Etat seul dispense l'instruction. Leurs raisons sont les suivantes.

Il ne faut pas deux Frances, il ne faut pas deux pays ; il faut ce maintenir l'unité morale du pays ». L'Etat seul, en donnant aux enfants les idées de M. le Ministre de l'instruction publique à l'exclusion de toutes autres, maintiendra l'unité morale du pays.

C'est le raisonnement de Louis XIV lors de la Révocation de l'Edit de Nantes ; et l'histoire est si bien un perpétuel recommencement, avecchangement d'étiquettes, qu'au moment où j'écris ceci il y a des dragonnades républicaines dans la Bretagne.

C'est le raisonnement du gouvernement du 24 mai 1873. Il prétendait qu'à la vérité l'ordre matériel n'était point troublé, mais que « l'ordre moral » était dans un état pitoyable et qu'il appartenait au gouvernement de le rétablir. C'est une idée étrange qu'un gouvernement moderne se considère comme personne morale, comme gouvernement de moralité, comme gouvernement dames et d'esprits, comme souverain pontife, comme pape. Cette idée ecclésiastique, que Comte eût appelée un résidu théologique et qui parfaitement en est un, peut se ramener à cette affirmation bizarre : « Je suis nommé par des catholiques, des protestants, des juifs, des libres penseurs, des idéalistes, des matérialistes, des athées et des sceptiques. Ils me nomment pour maintenir l'ordre à l'intérieur et la sécurité à l'extérieur. Et *il faut bien* qu'ils ne me

Émile Faguet

nomment que pour cela, puisqu'ils ne sont d'accord que sur cela, et puisque, s'il s'agissait d'autre chose, ils ne constitueraient pas un seul gouvernement, mais ils en constitueraient vingt. Je suis donc nommé par des catholiques, des protestants, des juifs, des libres penseurs, des idéalistes, des matérialistes, des athées et des sceptiques, qui ne me nomment que pour maintenir l'ordre à l'intérieur et la sécurité à l' extérieur. En conséquence je consacre la meilleure partie de ma force à imposer à la nation les idées philosophiques de M. le Ministre de l'instruction publique. »

Si ce n'était pas un sophisme très volontaire, ce serait une aberration.

Un mot d'un très spirituel écrivain met joliment en lumière cette exorbitante prétention. M. Paul Hervieu, répondant à un *referendum* sur la question du monopole de l'enseignement, écrivait, ironiquement ou sérieusement, je n'en sais rien du tout, mais précisément et en mettant bien le doigt sur le point essentiel et en posant nettement la question, ce qui est la seule chose qui importe à qui raisonne ; « Je pense que l'Etat, qui détermine notre filiation, qui impose le service militaire, qui fixe les obligations du mariage, qui ne tient notre mort pour valable que selon ses règles, qui nous assujettit à toutes les lois civiles, fiscales, commerciales, etc., je pense que cet Etat ne violerait pas davantage la liberté individuelle en nous enseignant à vivre d'accord avec lui et d'accord entre nous. »

C'est bien cela ; et que cette consultation soit donnée par parodie des raisonnements des absolutistes, pour s'en moquer, ou sérieusement, pour les appuyer, c'est exactement la façon d'argumenter des absolutistes. Ils nous disent : « Pour les nécessités de la police, de la défense, de la justice, de la permanence matérielle de la société, vous subissez mille gênes. Un peu plus ou un peu moins, qu'est-ce que cela vous fait ? Subissez-en mille autres qui n'intéresseront en rien ni la police, ni la défense, ni la justice, ni la permanence matérielle de la société.

— Mais alors, pourquoi ?

— Pour me faire plaisir. Pour vivre d'accord avec moi. Pour être démocrates quand vous êtes aristocrates, matérialistes quand vous êtes spiritualistes, protestants quand vous êtes catholiques, athées quand vous êtes déistes. Cela vous paraît excessif ? Vous vous soumettez bien au service militaire ! »

Les absolutistes ont d'autres raisons. Il en est qui, en réclamant pour le gouvernement le monopole de renseignement, prétendent défendre, assurer et sauver *la liberté elle-même*. Ils raisonnent ainsi : « Nous possédons la liberté, nous seuls, et les méthodes d'affranchissement de l'âme humaine. Tous les autres, nés *ou à naître*, ne peuvent qu'asservir les esprits et les maintenir dans l'esclavage. Donc ce sont les droits de la liberté que nous réclamons et revendiquons. Nous ne nous emparons des esprits et nous n'empêchons les autres de s'en emparer que pour les affranchir. Donc la liberté est chez nous, en nous. La liberté c'est nous. Et par conséquent, quand nous établissons notre despotisme spirituel, c'est la liberté même que nous établissons. »

Voilà l'explication de cette parole de M. Anatole France : « Nous réclamons la liberté véritable, *celle qui n'admet pas de liberté contre elle.* »

C'est ainsi encore que M. Ferdinand Buisson, dans une interview, qu'il a confirmée depuis en la développant, disait : « Vous me parlez de liberté ! Ce que je veux, c'est ceci : la liberté pour l'homme libre. Point de liberté pour l'homme qui n'en veut pas, prêtre ou religieux, qui a juré de ne croire et de penser qu'en obéissance à un autre que lui. »

Cela, c'est un papisme d'un autre genre que le précédent ; mais c'est encore un papisme caractérisé. C'est l'infaillibilisme. C'est le fait de proclamer qu'on a en soi la vérité, toute la vérité, la seule vérité, et que personne autre ne peut l'avoir.

— « Non pas, vont me répondre les absolutistes. Vous faites une confusion grave et peut-être volontaire. Il ne s'agit pas de vérité, mais de liberté. Nous ne prétendons pas avoir en nous la vérité, comme font les catholiques, comme font les inquisiteurs ; nous prétendons avoir en nous la liberté, l'esprit de liberté, l'esprit d'affranchissement et les méthodes d'affranchissement des esprits et des âmes. Nous n'imposons pas un dogme, nous conduisons les esprits à l'état de parfaite liberté de choix où ils pourront se faire à eux-mêmes le dogme qu'ils voudront. — Et dès lors nous disons : nous seuls avons le droit, au nom de la liberté même, de refuser la liberté d'enseigner à tous ceux qui enseignent dans un autre esprit, à tous ceux qui repoussent la liberté de penser, à tous ceux qui pour dogme essentiel ont précisément cette idée qu'il ne faut pas penser librement. Et donc la liberté véritable ne reconnaît pas de liberté contre elle. »

Je répondrai que c'est une simple transposition qui n'est en vérité que dans les mots. Le despotisme que les catholiques prétendaient exercer au nom de la vérité, vous préterdez l'exercer au nom de la liberté ; et au fond c'est exactement la même chose. Il faut savoir un peu ce qu'il y a au fond de ce mot de liberté que vous employez. Vous enseignerez bien quelque chose, n'est-ce pas ? Vous ne vous bornerez point, n'est-ce pas, à dire : « Cherchez ! cherchez en pleine liberté d'esprit ! » auquel cas je reconnaîtrais que votre raisonnement au moins se tiendrait debout. Vous enseignerez quelque chose. Or de trois choses l'une, et je n'en vois pas, en bien cherchant, une quatrième.

1° Ou, sans imposer jamais aucune doctrine, vous donnerez des méthodes de recherches de la vérité. Mais ces méthodes mêmes, elles seront pénétrées d'un certain esprit qui ne sera pas une doctrine, soit, mais qui sera un enseignement, qui sera un maniement et un dressage de l'esprit. Mais, c'est déjà une réalité, cela ; c'est déjà quelque chose de très réel, de très important, d'essentiel, et c'est de cela que vous prétendez avoir le monopole ; et vous prétendez que personne autre n'ait le droit de manier et de dresser les intelligences avec d'autres méthodes pénétrées d'un autre esprit ! Vous voyez bien qu'il y a déjà là une mainmise sur les intelligences avec interdiction à tous autres que vous d'y mettre la main. Vous voyez bien que, sous prétexte de liberté, vous faites exactement ce que faisaient les catholiques quand ils prétendaient imposer leur vérité.

— Nous n'imposons pas notre vérité.

— Oh ! en tous cas, vous *vous* imposez, et c'est beaucoup et, vous le savez bien, c'est le tout.

2° Ou bien, sans imposer jamais aucune doctrine, vous enseignerez la liberté de penser et, bien naturellement, vous défendrez, vous préconiserez, vous exalterez la liberté de penser.

— Certes !

— C'est-à-dire quoi ? C'est-à-dire que vous attaquerez ceux qui sont d'un autre avis. Je ne sais pas d'autre moyen de prouver que j'ai raison, sinon que de prouver que celui qui dit le contraire de ce que je dis a tort. Vous attaquerez donc continuellement le catholicisme, et généralement tous ceux qui ne croient pas que la raison suffise à tout et qui ont recours à la foi, parmi lesquels il y a des protestants, des juifs et des philosophes. De sorte qu'au nom de la liberté, et n'enseignant du reste, je le reconnais, que la liberté, vous attaquerezquotidiennement des gens à qui vous aurez défendu, au nom de la liberté, de dire un mot et d'enseigner quoi que ce soit ! Vous voyez bien que vous faites exactement la même chose que ce que faisaient les catholiques en enseignant leur vérité et en interdisant aux autres de démontrer qu'ils pouvaient en avoir une.

3° Ou bien encore, et ce sera le cas le plus fréquent, la libre pensée en vos mains sera ce qu'elle est. *Elle sera une doctrine.* Elle sera un système d'idées donnant une explication de l'homme et du monde. Elle sera, Cartésianisme, Kantisme, Comtisme ou Spencerisme, un dogme tout comme un autre, fondé sur la libre recherche, mais aboutissant à une affirmation, à peine adoucie par le : « Du reste, à votre tour, cherchez vous-même. » Elle sera un enseignement proprement dit ; elle sera un dogme librement proposé, mais un dogme ; elle sera une religion libre, comme la religion protestante, par exemple, mais elle sera parfaitement une religion. Et cette religion vous l'enseignerez après avoir défendu à tout autre que vous d'en enseigner une autre. Et vous aurez cette hypocrisie ou cette démence d'enseigner une religion qui se dira libre, mais qui aura pris cette précaution de faire interdire par l'Etat, de faire interdire par le tyran, qu'aucune autre religion soit enseignée ! Je ne crois pas qu'on puisse être plus catholique du moyen âge que cela. Et encore les catholiques du moyen âge avaient la sincérité de ne pas parler de liberté.

Qui ne voit que, comme diraient les bonnes gens, et en effet ici la parole est au gros bon sens, parce que c'est du bon sens le plus vulgaire qu'on se moque, qui ne voit qu'un enseignement est toujours un enseignement, que, de quelque biais qu'il se présente et de quelque nom spécieux qu'il se couvre, il est toujours une influence directe d'un esprit sur d'autres esprits et une pénétration

Émile Faguet

d'un certain nombre d'esprits par l'esprit qui les gouverne ; que, par conséquent, quelque caractère que vous prétendiez garder ou conserver à votre enseignement, si vous enseignez seuls vous possédez seuls ; et que ce monopole de possession, si fastueusement, si sincèrement peut-être que vous lui mettiez l'étiquette de liberté, est une tyrannie absolue.

Voilà les idées et voilà les prétentions des absolutistes en fait d'enseignement. Elles sont exactement celles de *catholiques retournés*, et, du reste, le tempérament français est tellement catholique que je ne vois en France presque absolument que des catholiques à l'endroit ou des catholiques à l'envers.

Les procédés même, et cela est bien naturel, car le nombre des procédés n'est pas illimité et il nous faut bien revenir à ceux qui furent autrefois ceux de nos adversaires, quand nous avons exactement l'esprit qui fut autrefois celui de nos adversaires : les procédés, même, employés ou proposés par les absolutistes sont exactement ceux des catholiques d'autrefois. Les catholiques d'autrefois exigeaient de certains fonctionnaires un billet de confession pour savoir s'ils étaient bons catholiques. « Ah ! le bon billet qu'a La Châtre ! » Les absolutistes d'aujourd'hui, quand ils ne vont pas jusqu'à vouloir tout simplement que les seuls professeurs d'Etat enseignent, songent à ceci : « Nous interdirons l'enseignement à tout prêtre ou religieux. Cela va de soi. C'est : « *la liberté seulement pour l'homme libre.* » Mais il se pourrait bien que cela ne fît que blanchir et que quelque laïque, se proposant d'enseigner, fût absolument dans les mêmes idées que le R. P. Tournemine ou le cher frère Archangias… »

Evidemment, et cela montre qu'il est impossible de faire au despotisme sa part. Tant qu'on n'aura pas interdit l'enseignement à tout homme qui ne sera pas au moins protestant… je me trompe, et interdire l'enseignement ne suffirait point, car ils pourraient toujours le donner subrepticement… tant qu'on n'aura pas déporté ou exilé tous les Français qui ne seront pas au moins protestants, on n'aura absolument rien fait pour « l'unité morale » de la France… Le raisonnement des absolutistes continue :

«… Il se pourrait bien qu'un laïque se proposant d'enseigner fût aussi jésuite que le jésuite le plus jésuite du monde. Que faire

Chapitre xi. — De la liberté d'enseignement

contre lui ? On lui demandera un billet de confession. En dehors de ses examens de *capacité* pédagogique, on lui fera subir un examen « *d'aptitude* pédagogique ». On s'assurera par cet examen « si ses tendancessont en harmonie avec le caractère laïque, républicain et démocratique de la société moderne » et s'il est apte à donner une éducation « rationnelle, critique et sociale ». — Voilà le projet élaboré par la*Société Condorcet*, fondée par des professeurs éminents de l'Université française.

« Etes-vous chrétien ?

— Oui, je le suis.

— Qu'est-ce qu'un chrétien ?... »

C'est l'examen pour la première communion.

« Etes-vous laïque ?

— Oui, je le suis.

— Qu'est-ce qu'un laïque ?

— C'est un homme qui n'est pas religieux et qui n'a pas les idées des religieux.

— Etes-vous républicain ?

— Oui, je le suis.

— Qu'est-ce qu'un républicain ?

— C'est un homme qui a horreur des monarchistes, des bonapartistes, des républicains plébiscitaires et des républicains libéraux.

— Vous avez cette horreur ?

— Je l'ai.

— Etes-vous démocrate ?

— Je le suis.

— Qu'est-ce qu'un démocrate ?

— C'est un homme qui veut établir l'égalité absolue parmi les hommes.

— Vous voulez établir cette égalité ? — Je veux l'établir.

— Qu'est-ce qu'une éducation rationnelle ?

— C'est une éducation qui ne se fonde que sur la raison et qui élimine la foi.

Émile Faguet

— Vous voulez donner cette éducation ?

— Je veux la donner.

— Qu'est-ce qu'une éducation critique ?

— C'est une éducation qui examine librement toutes les choses qu'elle enseigne.

— Vous voulez donner cette éducation ?

— Je veux la donner.

— Qu'est-ce qu'une éducation sociale ?

— Je... je ne sais trop... »

Ce candidat, malgré quelques lacunes, est déclaré admis avec indulgence du jury.

Voilà l'examen d'aptitude pédagogique d'après le projet de loi de la *Société Condorcet*. Jamais les catholiques n'ont exigé de billet de confession plus détaillé.

Je vais plus loin. Le billet de confession est net, précis, palpable, matériel. On s'est confessé. Constat. C'est tout. On est en règle. L'examen de tendances, comme le procès de tendances, permet de condamner qui l'on veut. Il sera établi pour permettre, quand on sera en face d'un homme parfaitement bachelier, licencié, et irréprochable comme moralité, sitôt qu'on flairera le clérical, de le pousser vivement au cours de l'examen et de le refuser ; soit pour réponses contraires à l'esprit républicain, ou pour réponses trop précises et trop évidemment apprises par cœur, sans que le cœur y soit ; ou pour réponses nonchalantes indiquant le seul désir de se débarrasser de cette corvée ; ou pour réponses trop ardentes où l'ironie se trahira ; car, dans les quatre cas, notre homme ne sera évidemment pas apte à donner l'éducation rationnelle, critique, laïque, démocratique et sociale.

Tout cela revient à dire ce que les absolutistes disent sous toutes les formes, alors même qu'ils prétendent dire autre chose : « Nous ne voulons pour enseigner que des gens qui pensent comme nous et qui ne fassent que répéter mot pour mot les formules que M. le Ministre de l'instruction publique leur aura communiquées. Comme nous ne voulons qu'une religion d'Etat, c'est-à-dire un clergé domestiqué entre les mains du gouvernement, de même nous ne voulons qu'un enseignement d'Etat, et tout autre, quel qu'il puisse être, est proscrit. » Il est clair que deux siècles après Louis XIV on avait droit, — j'entends les naïfs qui croient que les hommes changent, — de s'attendre à autre chose, et que cette conception de la société moderne est furieusement réactionnaire.

Elle étonne les esprits droits et ceux qui ont la candeur de croire au progrès. C'est ainsi que M. Gabriel Monod écrivait au mois de juillet 1902 : « Ceux qui, comme moi, sont partisans d'une liberté absolue d'association et en même temps de la séparation de l'Eglise de l'Etat... sont effrayés et navrés de voir les anticléricaux d'aujourd'hui manifester à l'égard de l'Eglise catholique des sentiments et des doctrines identiques à ceux que les catholiques manifestaient naguère à l'égard des protestants et des hérétiques de tout ordre. On lit aujourd'hui dans certains journaux qu'il n'est pas possible de laisser l'Eglise catholique continuer à élever la jeunesse française dans l'erreur ; j'ai même lu « qu'il n'était pas possible d'admettre la liberté de l'erreur ». Comme si la liberté de l'erreur n'était pas l'essence même de la liberté ! Et dire que ceux qui écrivent ces phrases protestent contre le *Syllabus*, tout en le copiant [*littéralement*]. Sommes-nous condamnés à être perpétuellement ballottés entre deux intolérances, et le cri de « Vive la liberté » ne sera-t-il jamais que le cri des oppositions persécutées, au lieu d'être la devise des majorités triomphantes ? »

— Il n'en faut aucunement douter, cher Monsieur, et je ne vois pas un gouvernement crier « Vive la liberté ! » ce qui ne peut avoir pour lui que le sens de : « Vive l'opposition ! » — à moins, comme je crois que je le démontrerai plus loin, qu'il ne soit très intelligent ; mais c'est une l'hypothèse où il ne faut point séjourner ; avez-vous remarqué que les hommes les plus intelligents, une fois qu'ils ont réussi, ne sont plus très intelligents ?

Ce grand principe : maintenir l'unité morale du pays, qui est, du reste, la devise de très grands Etats, comme l'Empire russe et l'Empire ottoman, ne s'applique pas, d'ailleurs, seulement à l'Enseignement public. Il s'applique et il doit s'appliquer, et il ne se peut pas qu'il ne s'applique point à la religion, comme nous l'avons vu déjà, et un gouvernement ne peut pas tolérer plus que Louis XIV qu'il y ait sur la surface du territoire trois religions, plus une antireligion, plus une indifférence en matière de religion, ce qui fait cinq partis spirituels ; et alors où en est l'unité morale ?

Émile Faguet

Il s'applique, ce principe, et il doit s'appliquer, et il ne se peut pas qu'il ne s'applique point à la liberté de la presse. Je dis qu'il ne se peut pas qu'il ne s'y applique point ; car voyez les contradictions et les difficultés matérielles. Ce collégien que vous élevez dans vos idées, ce collégien à qui vous donnez une éducation laïque, républicaine, démocratique, rationnelle, critique et sociale, ce collégien sort, va chez son père et y trouve des journaux qui ne sont rien de tout cela. Voilà cette jeune âme empoisonnée, ce jeune esprit perverti, ce jeune lévite contaminé.

— Nous ne le laisserons pas sortir !

— Je crois que vous ferez bien. Il ne faut jamais laisser sortir du séminaire. Mais à dix-huit ans, du jour où il aura passé son baccalauréat laïque, républicain, démocratique, rationnel, critique et social, le voilà, du jour au lendemain, jeté dans un pays où la presse est libre et où des journaux, des brochures et des livres attaqueront librement et vertement tout ce que vous lui aurez appris à vénérer et à chérir. Ne craignez-vous pas qu'il ne vous échappe ?

— Oh ! nous lui aurons laissé une telle empreinte !

— Oui, les Jésuites se flattent toujours de laisser sur leurs élèves une empreinte ineffaçable. Seulement ils se trompent souvent. Et quand il n'y aurait que le danger terrible de cette transition brusque entre la pure lumière que vous versez et la région mêlée de lumières et d'ombres où à dix-huit ans votre catéchumène va être jeté ! Vous savez assez que le premier soin du jeune émancipé est de lire précisément tous les livres qu'on lui a défendus au collège. Vous avez charge d'âmes ; vous êtes gardiens de l'unité morale du pays. Si cette unité morale vous l'entretenez soigneusement au collège et d'autre part vous la laissez rompre, ruiner et détruire par la liberté de la pensée, de la parole et de la presse, vous n'aurez rien fait du tout, ou vraiment peu de chose, et vous aurez trahi votre mandat.

Je ne peux pas non plus sans frémir songer aux parents. Cet enfant que vous élèverez selon les principes de l'éducation laïque, républicaine, démocratique, rationnelle, critique et sociale, il aura des parents catholiques. Lui défendrez-vous de les voir, au moins au parloir ? Vous introduisez l'ennemi dans la place et un ennemi qui a toute l'autorité du père, de la mère, de l'oncle, du frère aîné, et toute l'autorité aussi, ne l'oubliez pas, de *l'homme qui contredit le professeur*. Voilà l'unité morale horriblement menacée et battue en ruine. J'y vois une brèche, comme dit Maeterlinck, par où passerait un troupeau de moutons.

Il n'y aurait qu'un moyen pour sauver « l'unité morale », et je vous le livre complaisamment ; ce serait d'abord d'interdire toute liberté de pensée, de parole et d'écrire à tout homme qui ne serait pas au moins protestant, cela va de soi : « la liberté pour l'homme libre ; » — ce serait ensuite d'interdire à tout homme qui ne serait pas au moins protestant d'avoir des enfants. De cette manière on procéderait par extinction. Ceux qui sont catholiques ou spiritualistes, ou monarchistes, ou bonapartistes, ou républicains plébiscitaires, ou républicains libéraux, survivraient, sans doute ; comme dit le père d'Olivier Twist, on ne peut pourtant pas les tuer ; mais d'une part ils n'auraient aucun moyen au monde de propager dans le pays leurs détestables doctrines, d'autre part ils ne pourraient pas les propager par entretiens de famille, de père en fils. Au bout d'une génération l'unité morale du pays serait faite. Autrement, il faut que vous le sachiez bien et que vous envisagiez cette conséquence et aussi le remède que je vous propose avec une fermeté virile, autrement elle sera toujours à refaire.

Il y a aussi une autre solution. C'est d'abandonner cette idée ecclésiastique, réactionnaire et ridicule de l'unité morale du pays et de l'ordre moral dans le pays et du gouvernement des esprits par le Ministre de l'instruction publique considéré comme étant le grand prêtre Joad. Qu'est-ce que vous êtes ? Encore une fois et toujours, vous êtes un organe de police et de défense. Quand vous sortez de ces attributions, c'est-à-dire de vos fonctions naturelles suffisantes et nécessaires, non seulement vous empiétez, ce qui n'est pas honnête, mais encore vous devenez bête. Je crois qu'on vient de s'en apercevoir. Vous devenez maladroit, gauche, bizarrement accapareur, indiscret, inquisiteur, impuissant et comiquement furieux de votre impuissance. Votre métier est de maintenir l'ordre matériel et de nous défendre, c'est-à-dire d'être à notre tête quand nous avons à nous défendre contre l'étranger. Il n'est pas de fonder des religions. Vous n'y entendez rien. Les religions ne vous regardent pas. Il n'est pas d'enseigner. Vous n'y entendez rien. L'enseignement ne vous regarde pas. Les religions sont des associations de fois, à reflet de répandre et de propager une doctrine religieuse. Les enseignements sont des associations de savoirs et de pensées à l'effet de répandre des lumières, des méthodes et des doctrines. Les bonnes religions, non pas ternes et languissantes, mais vivantes et fécondes, sont celles qui existent par des associations libres qui les soutiennent et qui vivent en elles comme celles-là vivent en celles-ci. Les bons enseignements, non pas timorés et paralysés, non pas « neutres, c'est-à-dire nuls », pour me servir du mot de Jules Simon, qui est presque vrai, mais vivants et féconds et pénétrants, sont ceux qui existent et qui s'exercent par des associations qui les ont créés, qui les soutiennent et dont ils sont l'expression.

Eugène Pelletan a très bien dit cela : « Qu'on rende à la France le droit d'association, et l'on verra centupler sa vie intellectuelle. L'association fera sortir du sol des universités libres ; une généreuse émulation remplacera partout la mise en règle des intelligences ; et ce n'est pas assez encore : il faut appliquer à l'enseignement le droit d'association. Donc, que chacun puisse fonder une école, un collège, une université, opposer méthode à méthode, perfectionnement à perfectionnement sous sa responsabilité personnelle et sous la garantie de l'opinion et des pères de famille. » — Il a dit encore : « Pour ramener complètement la paix dans les âmes, la liberté doit reconnaître à tous les citoyens non seulement le droit de régler souverainement leur foi intérieure ; mais encore et surtout de mettre leur croyance en commun, de fonder une famille spirituelle avec quiconque partagera ou viendra plus tard partager la même conviction ; de faire appel, aujourd'hui, demain, du haut de leur idée, à l'humanité tout entière, de donner ouvertement par la parole leur vérité en communion au dernier passant ; car la plus sainte ambition de l'homme, sa plus grande gloire sous le soleil, c'est d'agir sur l'homme pour l'édifier, pour l'améliorer, le régénérer, l'élever en piété et en connaissance. » — Il a dit encore, répondant d'avance à ceux qui n'admettent pas la liberté de l'erreur : « Il ne saurait y avoir de liberté du vrai où il n'y a pas la liberté du faux ; car *c'est précisément cette alternative qui constitue l'essence de la liberté.* La vérité n'existe qu'à la condition de l'erreur, comme la vertu qu'à la condition du vice, et la Providence a créé l'homme libre précisément pour faire son choix entre l'un et l'autre et pour avoir le mérite de sa préférence. »

Il disait encore, répondant d'avance à ceux qui assurent que du moment qu'une loi est votée elle est sacrée et qu'on ne peut parler de tyrannie quand on parle de la loi : « La loi a-t-elle tout dit quand elle a dit : je suis la loi ? Personnifie-t-elle par cela même la justice ? N'a-t-elle pas encore quelque autre condition à remplir pour justifier sa prétention et pour commander l'obéissance ? Mais, chaque fois que l'injustice a voulu prendre un nom respectable, elle a pris la forme de la loi pour frapper sa victime. Mais c'est la loi à la main que le vainqueur a toujours proscrit le vaincu, et si l'on prenait tel code de circonstance, rédigé sous prétexte de salut public, on en ferait jaillir le sang comme d'une éponge. »

Il disait encore : « Si le despotisme de race a disparu de la scène, il pourrait bien toutefois avoir laissé après lui un bâtard qui ne demande pas mieux que de recueillir sa succession. Ce bâtard c'est le salut public. Le salut public a naturellement pour mission de sauver le peuple, de le sauver de toute façon, de le sauver tantôt au nom de la liberté, tantôt au nom de l'ordre, peu importe, pourvu qu'il le sauve et qu'il paye convenablement le mérite du sauveur. »

Ainsi parlait Eugène Pelletan dans son beau livre *les Droits de l'homme.*

Son très digne fils, brillant héritier, soutien et défenseur des traditions paternelles, a tenu le même langage avec autant de fermeté et même d'intransigeance : « La liberté consiste à pouvoir ouvrir des écoles et non pas à les faire rétribuer par le budget. » (*Justice*, 27 février 1880.) — Il disait encore : « Si le gouvernement, pour combattre les envahisseurs catholiques, emploie les moyens autoritaires, au lieu d'employer les moyens de la liberté, nous serons les premiers à l'attaquer sur ce point. » (*Justice*, juillet 1880.) — Il disait encore : « Pour notre part, nous combattrions de toutes nos forces une loi qui détruirait, au sujet des ordres religieux, le principe de la Révolution française. » (*Justice*, 28 janvier 1880.) — Il disait encore : « Faire sonner tous les tambours et toutes les trompettes comme pour une immense croisade contre la théocratie, et aboutir à quoi ? à une nouvelle édition des ordonnances de Charles X, c'est une lourde chute. » (*Justice*, 8 mars 1880.) — Il disait encore : « Nous croyons que pour combattre sérieusement l'Eglise, il faut d'autres moyens que ceux de l'autorité. » (*Justice*, 9 août 1880.)

Ainsi ont parlé tous les républicains de principes, tant qu'ils n'ont pas été au pouvoir, quittes à être, quand ils se sont trouvés au gouvernement, éclairés des lumières nouvelles que le pouvoir donne toujours à ceux qui le détiennent et que par conséquent on m'excusera de ne point connaître.

Les partisans de l'enseignement d'Etat répondent avec douleur et effroi : « Mais livrer l'enseignement du pays à l'initiative privée et collective, c'est le livrer au clergé catholique ; c'est le livrer aux Jésuites et aux Oratoriens ! » Je réponds : Et aux protestants et aux francs-maçons et aux juifs. C'est le livrer à tout le monde, à tous ceux qui voudront enseigner et qui tiendront à enseigner, c'est-à-dire qui auront des convictions profondes et une ardeur d'apostolat, et il est probable que c'est cela qu'il faut pour enseigner avec puissance et avec fruit.

— Mais encore faut-il s'organiser, donc s'associer : l'enseignement sera toujours aux mains d'associations catholiques, protestantes, juives, maçonniques, etc. — Evidemment l'enseignement sera toujours aux mains d'associations enseignantes ? Eh bien, associez-vous ! Vous n'êtes ni catholiques, ni protestants, ni juifs, ni maçons. Soit. Moi non plus. Vous m'êtes plutôt agréables. Eh bien, associez-vous, pour donner un enseignement qui ne soit que de l'enseignement. Vous me prendrez pour professeur. Je retiens part.

— Mais cet enseignement qui n'est que de l'enseignement, c'est précisément l'Etat qui le donne, qui peut le donner, qui peut seul le donner, et c'est pour cela que nous avons voulu et que nous voulons un enseignement d'Etat, neutre au milieu de tous les enseignements confessionnels, ou plutôt planant au-dessus de tous les enseignements de partis.

— Il y a du vrai dans ce que vous dites, et je l'ai reconnu dans mon article sur Guizot qui plaidait cette thèse avec éloquence ; il y a du vrai dans ce que vous dites ; seulement ce n'est pas vrai. C'est assez vrai en théorie, encore qu'il y eût beaucoup à dire ; mais en pratique vous savez bien que ce n'est pas vrai du tout ; que c'est vrai pendant quelque temps, peut-être, que cela cesse d'être vrai sitôt que le gouvernement se dégrade et se corrompt, et un gouvernement a tôt fait de se dégrader et de se corrompre. Un gouvernement n'est pas neutre entre les partis, puisqu'il est un parti ; il ne plane pas au-dessus des partis, puisqu'il est un parti, et par conséquent, forcément, dès qu'il se sent menacé, et un gouvernement se sent toujours menacé, il veut que son corps enseignant lui soit une armée, enseigne surtout le dévouement au gouvernement et les idées du gouvernement et les passions du gouvernement. Il veut, non seulement que son corps enseignant soit d'un parti, mais qu'il soit l'état-major même du parti du gouvernement, et il dit avec la douce candeur qui lui est habituelle : « S'il ne me sert pas, à quoi sert-il ? » Ce qui se passe au moment où j'écris en est une preuve suffisante.

Si le gouvernement ne veut d'enseignement que donné par ses professeurs, ce n'est pas sans doute pour mettre dans son corps enseignant la liberté d'enseignement qu'il proscrit ailleurs ; c'est pour, débarrassé d'une concurrence gênante ou d'une contradiction désagréable, faire prêcher par ses professeurs, *qui seront forcés de rester chez lui*, l'amour du gouvernement despotique et le mépris des droits de l'homme. L'enseignement sera donc toujours jours pénétré de l'esprit de parti, qu'il soit donné par des associations ou qu'il soit donné par l'Etat. Si vous voulez un enseignement exempt d'esprit de parti, associez-vous entre gens exempts d'esprit de parti, et créez un enseignement qui vous ressemble.

— Mais nous n'avons pas l'instinct d'association et nous ne savons pas nous associer.

— Ah ! nous voilà au point. Les pays qui ont l'enseignement d'Etat sont des pays où une masse très considérable, formant, même, la majorité, mais sans volonté, sans initiative, sans énergie, sans idée nette, languissante et amorphe, désire vaguement un enseignement non confessionnel, impartial et modéré, ne sait pas s'organiser et s'associer pour le faire et charge le gouvernement de le créer en s'engageant à le payer pour cela. Seulement il arrive que le gouvernement, aussitôt qu'il a créé cet enseignement, ou presque aussitôt, en fait un *instrumentum regni*, parce que les gouvernements ont une tendance bien naturelle à faire un *instrumentum regni* de tout ce qu'ils ont dans la main ; et la masse languissante et amorphe a précisément, au lieu de l'enseignement impartial qu'elle désirait, un enseignement de parti, très net, très accusé, parfois violent,

Émile Faguet

comme celui, en France, des instituteurs, et tout juste le contraire de ce qu'elle désirait. Il est rare que l'on n'ait point justement le contraire de ce qu'on désire quand on fait faire ses affaires par les autres au lieu de les faire soi-même.

C'est ainsi, en France, qu'une partie considérable de la bourgeoisie, au milieu du XVIIIᵉ siècle, se détacha du catholicisme, du protestantisme, du jansénisme, devint vaguement spiritualiste et déiste, et se proclama philosophe. Il n'y avait rien de plus légitime et il n'y avait pour elle qu'une chose à faire immédiatement : s'associer, s'organiser pour créer un enseignement « philosophique », un enseignement qui ne fût ni catholique, ni protestant, ni janséniste, ni juif. C'est la première chose à quoi un Anglo-Saxon eût songé. Elle, non. Ses guides, Voltaire, Diderot, Rousseau, d'accord sur ce point, ne lui recommandèrent qu'une chose : persuader au gouvernement d'arracher l'enseignement aux catholiques et de le donner lui-même ; persuader au gouvernement d'être « philosophe » ; persuader au gouvernement d'avoir une philosophie d'Etat et de créer un enseignement d'Etat pour la répandre. Car on sait que Voltaire, Diderot et Rousseau sont les apôtres de la liberté.

Qu'arriva-t-il ? Jésuites, Oratoriens et autres furent dépossédés de l'enseignement. Napoléon établit un enseignement d'Etat et la France eut une liberté de moins. Elle en fut enchantée, naturellement. Seulement un siècle après, quand d'une part on supprime l'enseignement libre qui s'est tant mal que bien reconstitué et quand on supprime définitivement la liberté d'enseignement, et quand d'autre part la bourgeoisie se trouve en face d'une Université radicale et socialiste et qui sera de plus en plus radicale et socialiste, sincèrement d'abord, et ensuite pour plaire au gouvernement dont elle dépend, la bourgeoisie fait quelque grimace et est moins satisfaite que du temps de Napoléon Iᵉʳ, de Louis-Philippe et de Napoléon III. Elle croyait que l'enseignement d'Etat serait toujours à son image, à sa dévotion et à son profit. Pourquoi serait-il à tout cela ? Il est à qui le gouverne, le protège, l'avance, le destitue, le paye et l'a dans sa main. Pour avoir un enseignement à votre image, à votre dévotion et à votre profit, il fallait le faire vous-même.

La solution donc, ici comme en affaires de religion, pour les peuples qui ont de l'initiative, qui ne s'abandonnent pas et qui craignent les déboires que l'abandonnement amène après lui, est dans la liberté.

Chapitre xi. — De la liberté d'enseignement

L'Etat n'a rien à voir dans les choses d'enseignement, non plus que dans les choses de religion. Il a seulement à savoir si un collège pratique les règles de l'hygiène, n'est pas un lieu de séquestration et n'est pas un refuge d'immoralité. A ces égards il y peut entrer, comme dans une maison particulière, comme chez moi, comme chez vous. Passé cela, son droit s'arrête. Il n'a rien à voir dans les choses d'enseignement, parce qu'elles ne regardent ni la police ni la défense. Il n'a rien à voir dans les choses d'enseignement, parce qu'il n'est ni un professeur, ni un philosophe, ni un père de famille.

Il n'a rien à voir dans les choses de l'enseignement, parce que, quand il s'en mêle, il est le plus souvent très maladroit et assez souvent ridicule. Comme il est nommé pour faire de la politique et qu'il n'est qu'un homme politique, il ne voit dans l'enseignement que de la politique et n'y fait que de la politique, et toutes ses pensées en cette affaire se ramènent à ce point : « Mon corps enseignant me fera-t-il aimer et me préparera-t-il des électeurs ? » Il est impossible à un gouvernement de voir dans ses fonctionnaires autre chose que des agents électoraux ; il ne peut donc voir dans ses professeurs que des agents électoraux, et Dieu sait quels professeurs peuvent être des professeurs qui sont, qui veulent être ou qu'on veut qui soient des agents électoraux ! Soit obéissants, soit rebelles, ils sont également anxieux, angoissés, nerveux, et point du tout à leur affaire.

Et voyez le grand maître du corps enseignant que peut donner un tel régime. Il est quelquefois un excellent homme ; il est quelquefois même, par rencontre, un homme supérieur. Mais le plus souvent un petit politicien de petite sous-préfecture prend en mains les destinées de l'enseignement d'un grand pays. Il est absolument incapable de voir autre chose dans les questions d'enseignement, de pédagogie, de haute science et de liante curiosité, que des questions politiques ; il gorgera les programmes d'instruction civique, d'histoire de la Révolution et de morale laïque et indépendante ; il multipliera les chaires de sociologie ; jamais son corps enseignant ne s'occupera assez de politique, pourvu que ce soit de la politique favorable au gouvernement. Il fera apprendre par cœur la *Déclaration des Droits de l'homme*, qu'il a peu étudiée, mais dont il a beaucoup entendu parler, et s'apercevra après coup que c'est le plus terrible pamphlet contre le gouvernement dont il

Émile Faguet

est et contre le régime qu'il représente qui ait jamais été écrit sur la planète et qu'autant vaudrait faire apprendre par cœur aux jeunes élèves les articles des journaux de l'opposition.

Il sera infiniment gêné dans le maniement de ses fonctionnaires. Les uns, peu favorables au gouvernement, feront strictement leur métier, le feront très bien du reste, le feront d'autant mieux qu'ils se sentiront suspects. Ils lui seront en horreur ; mais comment les frapper ? D'abord ce ne serait pas juste ; mais ceci est peu important ; ensuite les familles seraient mécontentes, ce qui, s'il reste un lambeau d'enseignement libre dans le pays, est assez grave, ce qui, même s'il ne reste dans le pays, en dehors de l'enseignement d'Etat, que l'enseignement domestique, est grave encore ; ce qui, même si l'enseignement domestique lui-même est interdit, a encore l'inconvénient de désobliger des gens qui sont électeurs. Il est difficile de frapper un excellent professeur qui n'est pas dans les idées du gouvernement, encore que, s'il n'est pas dans les idées du gouvernement, à quoi sert-il ?

D'autres professeurs seront dans les idées du gouvernement ; mais ils y seront un peu trop. Ils devanceront, ce qui est encore n'avoir pas « l'esprit de suite ». Sous un gouvernement anticlérical, mais spiritualiste, ils seront athées ; sous un gouvernement radical, ils seront socialistes ; sous un gouvernement qui sera socialiste sans savoir ce que cela veut dire, ils seront collectivistes parce qu'ils sauront, eux, ce que parler veut dire ; sous un gouvernement socialiste, ils seront anarchistes ; sous un gouvernement antimilitariste, ils seront pour la suppression de la patrie. Ceux-là sont les plus gênants. On les aime, on les craint, et, tout en les complimentant parce qu'on les aime, on les frappe parce qu'on les craint. Et s'insurgent immédiatement tous ceux, ou qui revendiquent la liberté absolue du professeur quoique fonctionnaire, ou qui accusent le gouvernement de tirer sur ses troupes et de faire le jeu de ses plus détestables ennemis.

Au milieu de tout cela le petit politicien de petite sous-préfecture est en posture mauvaise et fait figure triste. Il ne peut ni traiter absolument ses professeurs comme ses commissaires de police, ni s'habituer à cette idée qu'il doit les traiter autrement, et que ses professeurs ne sont pas des commissaires de police spirituelle.

Chapitre xi. — De la liberté d'enseignement

Quant au corps enseignant d'un enseignement d'Etat, il se peut qu'il soit très bon, le métier par lui-même étant honorable et attrayant. Seulement il serait meilleur s'il n'était pas corps enseignant d'un enseignement d'Etat, Tout corps enseignant d'un enseignement d'Etat sera infesté de politiciens qui, tout naturellement, songeront à avancer, et qui ne compteront pour avancer que sur la politique, et qui flatteront le gouvernement précisément en cette manie qu'il aura toujours de considérer ses fonctionnaires, quels qu'ils soient, comme des serviteurs, non de l'Etat, mais du pouvoir, et non comme des hommes de confiance du pays, mais comme des agents du ministère. C'est ce qu'on appelle familièrement gratter quelqu'un où cela le démange. Dans un des pays où il y a enseignement d'Etat, je rencontre, dans une rue de la capitale, un professeur assez agréable, assez instruit, parlant assez bien, bref, de moyen mérite : « Je pars.

— Avant la fin des vacances ? Où allez-vous ?

— Chez moi, à cause de l'élection de R...

— C'est dans quinze jours. Vous serez toujours à temps pour voter.

— Oh ! mais la campagne électorale ! R... est très contesté. Il a besoin d'un coup d'épaule. »

Il brandissait la sienne. Evidemment il s'inquiétait beaucoup plus des élections que de ses cours. S'il avait été de l'opposition, les rapports de son recteur eussent porté : « Un peu négligent en son service. Ne s'occupe guère que de politique. » Mais il n'était pas de l'opposition. Il voulait devenir recteur. J'ai le plaisir d'apprendre au lecteur qu'il l'est devenu.

Inutile de dire que dans les pays de ce genre le corps des instituteurs ne peut être qu'une armée d'agents électoraux. Tout les y pousse. Leur propre passion ; car ils sont naturellement au moins les rivaux du curé, par ce seul fait que, sans le curé, l'instituteur serait l'homme le plus influent de la commune (aimeriez-vous mieux que l'instituteur fût subordonné au curé ? — Nullement ! Je voudrais que curé et instituteur fussent indifférents l'un à l'autre) ; leur éducation, qui est irreligieuse et qui dans des cerveaux qui ne sont pas d'une extrême finesse produit naturellement des idées et des tendances antireligieuses ; la nécessité enfin et surtout, le

Émile Faguet

moment arrivant toujours où le préfet qui est leur vrai chef et le recteur de tout à l'heure leur demandent de donner un coup d'épaule à R... qui est très contesté. Dans les pays à enseignement d'Etat le corps enseignant a beaucoup trop de raisons de s'occuper beaucoup plus de politique que d'enseignement.

— « Tant mieux ! » dira un député. Les députés ne raisonnent pas autrement, et quand ils sont candides ne parlent pas d'autre sorte.

Supposez que le corps enseignant soit la création et l'œuvre d'une ou plusieurs associations de citoyens libres. Supposez que par exemple en France la bourgeoisie philosophe ait, vers la fin du XVIIIᵉ siècle, créé un enseignement laïque tout aussi indépendant des Jésuites, des Oratoriens et des évêques que du gouvernement. Le gouvernement, qui alors ne se mêlait pas du tout d'enseignement, et l'on sait que l'ancien régime était beaucoup plus autoritaire que les gouvernements modernes, n'aurait pas songé à un moment donné, à créer de toutes pièces un enseignement laïque, et nous aurions en France un corps enseignant laïque, puissant, rival de l'enseignement ecclésiastique, ce qui est un bien ; mais qui ne serait pas entre les mains du gouvernement, qui ne serait pas intoxiqué de politique, qui ne serait pas composé de quelques adversaires du gouvernement paralysés par la suspicion, de beaucoup d'ambitieux portés à se faire les agents du gouvernement pour avancer et d'une grande majorité enfin qui n'étant ni de ceux-ci ni de ceux-là, fait nonchalamment son métier parce qu'elle sait que ce n'est pas le bien faire qui mène d'ordinaire à quelque chose ; un corps enseignant, enfin, qui serait maintenu par ses fondateurs et appuis dans les voies moyennes et particulièrement dans ce à quoi ses fondateurs et appuis tiendraient le plus, dans la pratique scrupuleuse de son métier et dans le culte désintéressé de la science, des lettres, de la philosophie, de l'histoire, des arts, de la vérité et de la beauté. Il aurait quelques inconvénients, je le crois ; mais non point ceux que je viens de dire, qui sont les plus graves qui se puissent.

— Mais nous n'avons pas l'esprit d'association ni l'art de s'associer.

— Les pays où n'existent pas l'esprit d'association ni l'art de s'associer sont les pays où naît tout naturellement et où se développe tout naturellement le despotisme, comme en son terrain.

Et voyez où vous en êtes. Comme il n'existe en France que

l'enseignement d'Etat et l'enseignement ecclésiastique, quand la question de la liberté d'enseignement se pose, elle a l'air de se poser entre eux, et du reste en pratique elle se pose entre eux. Alors ; si, par instinct, vous êtes du côté de la liberté, on vous dit : « Vous êtes donc Jésuite ? » et vous vous dites : « C'est pourtant vrai que je suis Jésuite. Je ne m'en doutais pas. » Et vous êtes ébranlé dans vos convictions libérales par la considération de ceux à qui elles profitent. Et vous sentez que vous ne défendez « les Jésuites » que par respect et amour du principe ; mais vous êtes très fâché que défendre le principe n'aille et ne puisse aller pour le moment qu'à soutenir les Jésuites. El vous êtes dans un état d'esprit très douloureux et très misérable. Pourquoi ? Parce que vous n'avez pas su vous-même aimer la liberté jusqu'à la pratiquer, et n'avez pas fondé un enseignement libre fait à votre image et pénétré de votre esprit. Restez libéraux quand même, alors que le libéralisme ne profite qu'à des gens que vous n'aimez point ; d'abord parce que le libéralisme consiste précisément à respecter le droit chez ses adversaires ; ensuite parce que ces gens que vous n'aimez pas se trouvent pour le moment représenter le principe que vous aimez ; enfin, parce que si vous laissez prescrire le principe, prescrire le droit « imprescriptible », il ne renaîtra jamais et vous ne pourrez jamais l'invoquer ni le pratiquer à votre profit ou à votre gré.

En résumé, trois conceptions : l'Etat seul enseignant ; l'enseignement libre sans aucun enseignement d'Etat ; un enseignement libre à côté d'un enseignement d'Etat. La meilleure est la dernière, et j'espère qu'elle sera, et je souhaite qu'elle soit celle de l'avenir. La seconde est acceptable : elle maintient et elle sauve le droit. La première est détestable, et elle est contraire en soi et par tous ses effets aux principes de 1789 et de 1793.

CHAPITRE XII. — De la liberté des fonctionnaires

Il paraît étrange qu'un auteur écrivant un petit traité sur les libertés nécessaires intitule un de ses chapitres « de la liberté des fonctionnaires ». Les fonctionnaires, semble-t-il au premier abord, ne devraient avoir aucune liberté, précisément en compensation de la puissance qu'ils détiennent. Ils sont les agents du pouvoir central ; ils n'ont du côté du public, dans la limite de leurs attributions, qu'à commander ; ils n'ont du côté du gouvernement qu'à obéir.

Ce serait la vérité même si l'ensemble des choses était ce qu'il devrait être, était normal, si l'Etat n'était que ce qu'il devrait être et ne faisait que ce qu'il doit faire, s'il ne s'occupait que de la police intérieure et de la défense extérieure. En ces deux choses, « en sa sphère », comme a dit Constant, « il ne saurait avoir trop de pouvoir, » et il doit avoir un pouvoir absolu, et par conséquent ses fonctionnaires ne doivent que lui obéir. Voyez-vous un commissaire de police délibérant sur les ordres qu'il reçoit du ministère de l'intérieur, un colonel discutant les ordres de son général, un ambassadeur, car les relations extérieures font partie de la défense, ayant sa politique personnelle — cela s'est vu, mais ce n'en est pas meilleur — et non pas celle de son ministre. En ces choses le gouvernement doit avoir un pouvoir absolu. Il doit, dans son propre intérêt, et nullement pour respecter la liberté de ses fonctionnaires, consulter ses subordonnés ; mais il doit exiger d'eux, quand il a pris son parti et qu'il commande, une obéissance passive.

S'il y a pourtant à parler de la liberté des fonctionnaires et si c'est même une question qui s'impose et qui est assez délicate à traiter, c'est que, encore et toujours, l'Etat ayant pris l'habitude de se mêler de ce qui ne le regarde pas, il a sous ses ordres un certain nombre de fonctionnaires *qui ne devraient pas l'être*, qu'il a tendance à traiter comme les autres, qui pourtant sont d'une nature essentiellement différente et qui doivent être soumis à un régime tout particulier. L'Etat *est chargé* normalement de la police et de la défense. Tous les fonctionnaires qui sont employés par le gouvernement à ces deux offices sont des *agents du gouvernement* ; l'Etat s'est chargé de la religion, de l'enseignement, de la perception des impôts, de l'administration de la justice, de vendre du tabac, d'administrer la poste, de transporter des voyageurs et des marchandises, etc. Soit ; mais il est évident que les hommes qu'il emploie à tout cela sont des *fonctionnaires de la nation* et non des agents du gouvernement. Ils sont chargés d'un service public, non au service du gouvernement. Ils sont les hommes de l'Etat et non du pouvoir, à preuve que ce n'est pas son pouvoir que l'Etat exerce par eux, mais des services pour le bien général qu'il leur demande. Le gouvernement n'est ici qu'un intermédiaire entre la nation et eux, qui sont les serviteurs de la nation et non de lui. Il les nomme, au nom du pays, et le pays les paye par les mains du gouvernement ; et voilà tout. Il serait étrange, aux yeux mêmes du bon sens vulgaire, que le gouvernement demandât à un prêtre un dévouement personnel à l'égard du préfet du département. Pourquoi ? Parce que l'on sent bien que les fonctions du prêtre, si fonctionnaire que le gouvernement entende qu'il soit, ne sont pas du tout de la même nature que celles du commissaire central. Qu'est-ce à dire ? que M. le Commissaire central est un fonctionnaire du gouvernement et M. le Curé un fonctionnaire de la nation.

Il faut donc très précisément distinguer ces deux catégories. Il y a les agents du gouvernement, préfets, sous-préfets, hommes de police, officiers, soldats, diplomates. Ceux-ci doivent obéir sans discuter, ne donner leur avis que quand on le leur demande, et n'ont aucun droit à critiquer les actes ni même les doctrines du gouvernement.

Il y a les fonctionnaires de l'Etat ou de la nation qui, n'étant aucunement des agents du gouvernement, conservent, dans une mesure que j'indiquerai plus loin, leur liberté de pensée, de parole et d'écritures, ont parfaitement le droit de voter contre le gouvernement et d'engager à voter contre lui, etc.

C'est ce que les gouvernements ne comprennent pas, ou plutôt ne veulent jamais comprendre. Ils ont toujours tendance à confondre les fonctionnaires de la nation avec leurs agents à eux et à exiger des fonctionnaires de la nation la même obéissance passive, quelquefois même les mêmes services politiques que des agents du gouvernement. Comme ils nomment et comme ils payent les uns et les autres, ils confondent volontiers les uns et les autres. Qui n'a pas entendu la phrase célèbre : « Les curés sont en insurrection contre le gouvernement qui les paye ! » Elle est courante dans tous les clubs, cénacles et cafés de France ressortissant au parti démocratique. Elle est stupide. Elle l'est même pour les agents proprement dits du gouvernement, attendu que ce n'est pas le gouvernement qui les paye, mais la France, et qu'être rémunéré par la France n'oblige qu'à être fidèle à la France. Elle l'est encore plus pour ceux des fonctionnaires qui, très évidemment, n'ont pas à se mêler du gouvernement ni à y être mêlés, et qui ne sont que les serviteurs du pays payés par le pays par l'intermédiaire du gouvernement. « Ils doivent avoir les idées du gouvernement qui les paye » équivaut à dire : « Ils doivent demander ce qu'il faut qu'ils pensent à M. le Trésorier payeur général. »

Il est vrai qu'ils sont nommés par le gouvernement. Sans doute ; mais le gouvernement, là aussi, n'est qu'un intermédiaire. Est-ce le gouvernement qui peut savoir et qui sait que M. un Tel est assez bon théologien pour être prêtre ou assez bon botaniste pour être professeur de botanique à la Faculté des sciences de X… ? Pour tous les fonctionnaires de ce genre, il y a des examens et des concours, et celui qui nomme, c'est le gouvernement, sans doute, mais celui qui désigne avec compétence et par conséquent celui qui nomme moralement, c'est le jury d'examen. Il en résulte qu'en ce cas le gouvernement n'a pas réellement le droit de nommer ; il n'a que le droit de ne pas nommer. Il n'a qu'un droit de *veto* sur le candidat, nommé réellement par un jury, mais désagréable au gouvernement. Dans ces conditions le fonctionnaire du pays qui n'est pas un agent du gouvernement, peut dire à très bon droit qu'il n'a pas été nommé par le gouvernement, mais par le pays ; qu'il n'a pas été nommé par le gouvernement, mais seulement accepté par lui, agréé par lui ; mais seulement *non repoussé* par lui.

A ce compte il n'est nullement l'homme lige, le vassal et le féal du gouvernement. Il lui doit du respect et non du dévouement. Le gouvernement qui lui imposerait des obligations particulières en dehors de son service et qui le révoquerait parce qu'il ne les remplirait pas sortirait absolument de son droit. Logiquement ce qu'il faudrait pour révoquer un fonctionnaire qui n'est ni de l'administration du ministre de l'intérieur, ni de celle du ministre de la guerre, ni de celle du ministre des affaires étrangères, ce serait un plébiscite. Pratiquement, aucun fonctionnaire de ce genre ne devrait être révoqué que sur jugement, soit de la magistrature proprement dite, soit d'une magistrature particulière à son corps, constatant que c'est pour fautes professionnelles qu'il est révoqué.

Est-ce à dire que le fonctionnaire du pays non agent du gouvernement, n'ait pas plus de devoirs envers le gouvernement qu'un autre citoyen et doive jouir d'une liberté aussi large qu'un autre citoyen ? Ce serait une erreur assez grave. D'abord les libertés

Chapitre xii. — De la liberté des fonctionnaires

se limitent non seulement les unes par les autres, mais encore par les cas où l'exercice de la liberté deviendrait purement et simplement une pure et simple anarchie.

Par exemple, il est loisible à un simple citoyen d'être Tolstoïste et de penser et de dire et d'écrire qu'il faut abolir la justice, les armées et les patries. Mais je suppose qu'un juge dise et écrive que la justice est une impiété et les juges des bandits. Il aura beau protester qu'il ne dit et n'écrit cela qu'en dehors du palais et que là la manifestation de ses opinions doit être libre, on lui fera observer, selon moi avec beaucoup de bon sens, qu'un homme ne peut pas se couper en deux à ce point ; que la manifestation de ses opinions comme homme libre lui enlèvera toute autorité comme magistrat, et qu'on a besoin que le magistrat ait de l'autorité.

Je suppose qu'en dehors de sa carrière, un officier déclare que le métier militaire est un métier d'assassins. On lui tiendra avec beaucoup de raison le raisonnement de tout à l'heure.

Je suppose, et le fait s'est produit l'année dernière, qu'un professeur d'histoire, en dehors de sa classe, écrive contre l'idée de patrie. Il aura beau soutenir qu'en dehors de sa classe il est un homme libre comme un autre, on lui fera observer qu'ayant pour mission, comme professeur d'histoire, et du reste ce serait la même chose comme professeur de littérature et comme professeur de philosophie, d'entretenir les enfants dans l'idée de patrie et dans le culte de la leur, ses opinions de journaliste, ne pouvant guère être ignorées de ses élèves, enlèveront beaucoup de poids à ses leçons de professeur, et qu'il est impossible qu'on ne soit pas dans ce cas obligé de choisir.

Un prêtre confessant une de ses fidèles et l'entendant s'accuser d'être joueuse, tonne véhémentement contre la passion du jeu : « Mais, dit la pénitente, perdant un peu patience, Monsieur le Curé, c'est avec vous que je joue.

— Quand je joue, je joue ; et quand je confesse, je confesse. »

On ne peut guère admettre une pareille cloison étanche entre deux parties du même homme et entre ce qu'il fait en un lieu et ce qu'il fait en un autre. La liberté du fonctionnaire ne peut donc aller, ni jusqu'à ne pas avoir dans son métier et même au dehors, l'esprit de son métier et la conviction de son métier, ni jusqu'à se séparer et se détacher *du pays*, qui, lui, le nomme bien, qui, lui, le paye, qui, lui, le distingue et lui donne une position à certains égards privilégiée,*du pays*, dont il est très réellement un serviteur, un homme de confiance et comme un ministre.

D'autre part, même à l'égard du gouvernement et non plus du pays, le fonctionnaire, je dis celui qui n'est pas agent du gouvernement, mais seulement fonctionnaire du pays, a encore des devoirs, très restreints à mon avis, mais des devoirs encore. Le gouvernement *n'est pas son chef*, je crois l'avoir démontré ; mais il est en quelque sorte son *président*. La société est organisée de telle sorte que beaucoup de citoyens qui ne sont nullement des agents du gouvernement, sont des serviteurs attitrés de la nation et sont à ce titre acceptés par le gouvernement, consacrés par le gouvernement, maintenus dans leurs charges et défendus dans leurs privilèges par le gouvernement, payés *par les soins* du gouvernement. Ils lui doivent donc le respect. Comme ils le suivent dans les cérémonies publiques ils doivent faire acte de déférence envers lui partout où ils le rencontrent. Ils peuvent, je dirai même qu'ils doivent discuter ses doctrines et ses actes comme tous les autres citoyens ; mais il est évident qu'ils ne peuvent pas les discuter sur le même ton que n'importe quel autre citoyen. Personne ne peut admettre qu'un fonctionnaire, non pas même un curé ou un vicaire, si peu fonctionnaire qu'il soit, puisque son traitement n'est réellement qu'une indemnité, traite le président de la République, ou même un ministre, avec la même désinvolture que les traite un rédacteur de l'*Intransigeant* ou de la *Libre parole*. Il y a là une question de nuances qui n'est qu'une question de tact.

En résumé, là comme ailleurs, mais avec une affaire de mesure en plus, l'Etat souverain « dans sa sphère » et exigeant dans sa sphère une obéissance absolue ; l'Etat, hors de sa sphère naturelle, arrêté par la liberté individuelle et par les droits de l'homme et du citoyen. En conséquence, distinction bien nettement établie entre les fonctionnaires qui sont des agents de la puissance gouvernementale et les fonctionnaires qui ne sont que des serviteurs du pays : ceux-là étroitement assujettis, ceux-ci parfaitement libres, tous également respectueux à l'égard du gouvernement qui commande aux uns et qui préside les autres.

Chapitre XIII. — De la liberté judiciaire

Il n'y a pas de liberté plus essentielle dans une nation que la liberté judiciaire ; car elle est la sanction de toutes les autres. Les auteurs de la *Déclaration des Droits* de 1789 et les auteurs de la *Déclaration des Droits* de 1793 l'ont oubliée et bien à tort. Quoique élèves de Montesquieu, car les deux Déclarations ne sont presque en entier que du Montesquieu tout pur, ils ne se sont pas assez souvenus de ses écrits sur la séparation des pouvoirs.

Je dis *pas assez*, parce qu'ils n'ont pas laissé de les rappeler et même avec une précision très suffisante. *Déclaration des droits* de 1793, Art. XVII : « *Toute société dans laquelle la garantie des droits n'est pas assurée, ni la répartition des pouvoirs déterminée,* n'a point de constitution. » — Ce qui veut dire : La garantie des droits de l'homme, la sanction des droits de l'homme doit être quelque part dans la constitution, sans quoi la *Déclaration des Droits* ne serait qu'un article de journal. Cette garantie est dans la séparation des pouvoirs, c'est-à-dire dans l'indépendance du pouvoir législatif à l'égard du gouvernement, et dans l'indépendance du pouvoir judiciaire à l'égard du gouvernement et du pouvoir législatif. L'indépendance judiciaire est donc la sanction des droits de l'homme tous tant qu'ils sont. Les Constituants et les Conventionnels ont donc implicitement proclamé la nécessité de la liberté judiciaire. Ils ne l'ont pas proclamée assez formellement et en y insistant et en la montrant comme la sanction nécessaire et indispensable des droits qu'ils déclaraient.

Ils disent à l'article XXXV de la Déclaration de 1793 : « Quand le gouvernement viole les droits du peuple, l'insurrection est pour le peuple et pour chaque portion du peuple le plus sacré des droits et le plus indispensable des devoirs. » — Rien de plus juste, et c'est là la sanction suprême, le dernier recours. Mais dans l'état normal, dans le jeu régulier des institutions, quelle est la sanction, non violente et tumultuaire, mais quelle est la *sanction permanente* et la *garantie permanente* des Droits de l'homme ? Ils l'ont dit, c'est la répartition des pouvoirs et l'indépendance judiciaire. Ils ne l'ont pas dit, à mon sens, assez lumineusement.

Quand le pouvoir législatif par une loi, quand le pouvoir exécutif

Émile Faguet

par un acte, a violé les droits de l'homme, qu'est-ce que l'homme peut bien faire ? S'insurger. Oui, *s'il est plusieurs*, s'il est en nombre considérable. On ne se révolte pas tout seul, voilà une sanction très vaine. Refuser l'impôt ? Oui, s'il est plusieurs. Un citoyen isolé qui refuse l'impôt est saisi ; on vend ses meubles et il n'en est que cela. Voilà une sanction bien vaine. Contre une loi violatrice des Droits de l'homme, il n'y a qu'une garantie des droits de l'homme, c'est la justice organisée, c'est la magistrature judiciaire.

C'est pour cela qu'aux Etats-Unis un tribunal a le droit de refuser d'appliquer une loi qu'il juge contraire à la *Common Law*, à la constitution et généralement — car *Common Law* ne veut pas dire autre chose — aux principes généraux du droit politique américain. Au fond il se refuse à appliquer une loi qui ne lui plaît pas. Il y a appel. Alors intervient la *Cour suprême*, qui décide si ce refus d'appliquer la loi est conforme en effet à la *Common Law*, en d'autres termes si la loi en question est conforme ou non à la *Common Law*. Bref, la Cour suprême *a le droit de condamner la loi*.

Ce droit qui en France, pays monarchique, paraît exorbitant à souhait, est tout simple. Droits de l'homme supérieurs à la loi et que, probablement, on ne proclame que pour marquer que la loi ne doit pas y toucher. Ils sont bons là ! Et si quand la loi y touche il n'y a aucun moyen de l'en empêcher ! Ils n'existent plus ; ils ne sont que sur un papier. Certainement il faut un pouvoir qui ait le droit de permettre aux citoyens de ne pas obéir à la loi quand elle viole les droits de l'homme et qui frappe, par conséquent, de caducité et de nullité la loi qui les viole.

Quand le pouvoir exécutif par un acte viole le droit d'un citoyen, qu'est-ce que ce citoyen peut faire ? S'insurger ? Voir plus haut. Refuser l'impôt ? Voir plus haut. Quoi donc ? S'adresser aux tribunaux et exposer son grief. Il faut un pouvoir qui défende le citoyen contre un acte du gouvernement attentatoire aux droits de l'homme. Sans ce pouvoir dépositaire des droits de l'homme et du citoyen et qui les défend, ne fussent-ils violés qu'en la personne d'un seul individu, et contre la loi si elle les viole et contre le gouvernement s'il les viole, il n'y a d'autre recours que l'insurrection, qui n'est pratique que si l'on est très nombreux et qui n'est que le droit de la force.

Chapitre xiii. — De la liberté judiciaire

Ce pouvoir dépositaire et défenseur des Droits de l'homme doit donc exister. Il est naturel que ce soit la magistrature judiciaire.

Seulement, pour qu'elle puisse exercer ce droit et remplir cet office, il faut qu'elle soit indépendante. Voilà le grand point. Comment peut-on avoir dans un pays libre une magistrature indépendante ?

Il n'y a que trois moyens. Ou la magistrature sera propriétaire de ses charges et par conséquent absolument libre ; ou la magistrature se recrutera par l'élection ; ou la magistrature se recrutera elle-même.

La première solution était celle de l'ancien régime. Un magistrat était sous l'ancien régime ce qu'est de nos jours un notaire. Il fallait qu'il eût passé un examen de capacité, il fallait qu'il fût agréé par le gouvernement. Mais il n'était pas nommé par le gouvernement. Il était magistrat parce qu'il avait acheté sa charge de magistrat ou qu'il l'avait héritée, comme un notaire est notaire parce qu'il a acheté son étude ou l'a héritée. Il en résultait que la magistrature était indépendante et que les citoyens trouvaient en elle une garantie de leurs droits. Cela existait depuis François Ier ; mais le principe de l'indépendance de la magistrature remontait bien plus haut ; car, si loin que l'on cherche, on trouve que dans l'ancienne monarchie le roi ne nommait pas absolument les membres des Parlements. Il était tenu de choisir entre trois candidats qui lui étaient présentés par le Parlement qu'il s'agissait de compléter, en telle sorte que le Parlement pouvait toujours, en éliminant de sa liste de présentation le candidat que le roi eût désiré nommer, ôter en vérité au roi son droit de nomination. La magistrature a toujours été indépendante sous l'ancien régime. La subordination de la magistrature au gouvernement est une des conquêtes de la Révolution. En même temps qu'elle proclamait les Droits de l'homme, elle en supprimait le dépositaire et elle en paralysait le défenseur. Une grande infirmité de l'homme, c'est qu'il ne peut penser à tout à la fois.

Il est possible, comme cela a eu lieu sous la monarchie, que le mauvais état des finances amène le régime actuel à mettre en vente les offices de magistrature. Ce serait un progrès considérable sur l'état actuel.

Une seconde solution serait l'élection des magistrats par le

Émile Faguet

suffrage universel. C'est ainsi que les choses se passent aux Etats-Unis, et ce système n'y donne pas de trop mauvais résultats. Il est certain qu'une magistrature élue par le peuple est absolument indépendante du pouvoir législatif d'une part et du pouvoir exécutif de l'autre, et réalise le rêve de Montesquieu, qui est du reste celui de tout libéral. Une magistrature élue par le peuple, ici comme en Amérique, ne sera pas intimidée par la majesté du corps législatif et ne se privera nullement, ici comme là-bas, de « condamner une loi » qu'elle jugera attentatoire aux droits de l'homme et du citoyen. Une magistrature élue par le peuple, ici comme en Amérique, ne sera nullement subordonnée au gouvernement, n'attendant de lui aucun avancement, ne redoutant de lui aucune défaveur. Une magistrature élue par le peuple ressemblera au président Magnaud, dont je suis loin de partager toutes les idées et d'approuver tous les jugements, mais qui est le type même de l'indépendance. Pourquoi est-il indépendant ? Parce que, président de tribunal à Château-Thierry, il veut rester président du tribunal de Château-Thierry. Dans ces conditions, un magistrat, même en France, est aussi indépendant que possible. Un magistrat en France est absolument indépendant quand il ne veut pas avancer. C'est dire qu'il y a en France un petit nombre de magistrats indépendants.

Voilà de bonnes raisons en faveur du système américain. — Il a des défauts et assez graves, même là-bas, et qui seraient, je crois, plus graves encore en France.

D'abord le juge élu n'est pas aussi indépendant qu'il en a l'air. Il l'est du côté du pouvoir législatif, soit ; il l'est du côté du pouvoir exécutif, à peu près seulement, comme nous allons voir. Mais il ne l'est pas du côté de ses électeurs. S'il fait de la magistrature sa carrière, ce qui est assez naturel et ce qui est fort bon, car un magistrat devient meilleur en vieillissant, il est forcé de compter tous les quatre ans, tous les cinq ans, c'est-à-dire toujours, comme un député, avec ses électeurs. Il en arrivera ainsi, comme un député, à être sous leur dépendance, et comme les votes du député sont subordonnés aux intérêts de sa réélection, les jugements du juge seront subordonnés aux intérêts de la réélection du juge. Le juge ménagera l'électeur influent et il ménagera *le gouvernement lui-même* pour être candidat officiel aux prochaines élections judiciaires. Ce juge élu n'est pas aussi indépendant qu'on aurait pu croire. — Il arrivera ceci, c'est que les jugements de première instance seront entachés de favoritisme, ceux de cour d'appel moins. mais encore trop, et seuls ceux de la cour de cassation presque à l'abri de tout soupçon ; parce que le juge élu de Castel-en-Lanternois ne songera qu'à se faire réélire par les naturels de ce pays-là ; le juge de Tours, élu aussi, mais par un collège plus vaste, sera un peu plus indépendant du côté de ses électeurs, et le juge de cassation, nommé sans doute par toute la France, n'aura point d'influences locales à ménager. Toutes les affaires seront donc poussées jusqu'en cassation comme vers les seuls bons juges. Voilà beaucoup de besogne pour les conseillers à la cour suprême, et les voilà dans l'impossibilité de faire de bonne besogne.

Notez encore que le rôle (particulier, mais qui est celui que nous cherchons en ce moment à leur donner), le rôle des juges étant de protéger les droits des individus contre le pouvoir, en un pays de suffrage universel, où le gouvernement est l'expression des idées et volontés de la majorité, ces juges nommés au suffrage universel seront eux aussi l'expression des idées et des volontés de la majorité ; ils seront nommés par les mêmes passions que le gouvernement, et, probablement, ils les partageront. Or, la séparation des pouvoirs n'est réelle que si le gouvernement, le pouvoir législatif et le pouvoir exécutif ne sont pas élus par les mêmes gens, ne sont pas nommés par les mêmes passions. Montesquieu dit que « si le même homme ou le même corps de magistrature réunit les troispouvoirs, il n'y a pas de liberté ». Ce ne sera pas le cas ; mais ce sera un cas analogue. Ce ne sera pas le même homme qui réunira en lui les trois pouvoirs ; ce ne sera pas le même corps de magistrature ; mais ce sera le même parti. Le même parti, celui qui aura la majorité dans le pays, fera la loi au corps législatif, l'exécutera place Beauvau et l'appliquera et rendra la justice dans les tribunaux. Dans un grand nombre, au moins, de tribunaux de France, vous serez jugés par les hommes liges du parti vainqueur. Figurez-vous que vous ayez pour juges, aujourd'hui, les membres de la majorité du corps législatif. Il n'y a pas là peut-être une garantie suffisante d'impartialité.

Autre chose, qui n'est pas contradictoire à la précédente, mais qui présente une autre face, non point meilleure, de la question. Dans la plupart des tribunaux de France vous serez jugés par les féaux du parti vainqueur ; mais dans d'autres parties de la France où le parti vaincu aura la majorité locale, vous serez jugés par le parti vaincu. Ce n'est pas meilleur en soi, et cela aura pour conséquence que la justice française sera multicolore, multiforme et *multanime*. Il y aura une justice anticléricale dans le Midi, une justice cléricale en Bretagne et une fustice nationaliste à Paris. Je ne suis pas fanatique d'uniformité, mais il en faut dans la justice pour que l'idée de justice soit entourée d'un certain respect et pour qu'elle subsiste dans l'esprit des populations et pour que celles-ci n'en viennent pas à demander qu'on tire les jugements aux dés, comme faisait le bon juge de Rabelais. Vous êtes un peu scandalisés déjà de ce que, à cause du jury, une femme — c'est arrivé l'année dernière — condamnée à vingt ans de détention à Paris, et faisant appel, soit, à Versailles, condamnée à mort. Plaisante justice que six lieues changent ! Avec les juges élus par le suffrage universel, vous en verriez bien d'autres, en d'autres affaires même que criminelles.

Somme toute, le juge élu ne sera pas indépendant : il ne le sera pas du côté des électeurs ; il ne le sera pas du côté du gouvernement ; il ne le sera guère que du côté de la loi, et quoique je sois d'avis que le juge doive avoir une certaine mesure d'indépendance même du côté de la loi, en soumettant la loi au contrôle de la constitution et des droits imprescriptibles, encore est-il que l'on reconnaîtra et que je reconnais qu'un juge très dépendant du côté de ses justiciables, assez dépendant du côté du gouvernement et indépendant seulement du côté delà loi, c'est un singulier juge.

Si le président Magnaud est le type du juge indépendant, c'est qu'il ne veut pas avancer et que par cela il est indépendant du gouvernement ; mais c'est aussi parce qu'il n'est pas nommé par ses justiciables, et que, par cela, il est indépendant des gens qu'il juge. Dès lors, de tous les côtés, il est libre comme l'air. Les juges élus par ceux qu'ils auraient à juger et rééligibles par eux ne le seraient pas tant que cela.

Mais pourquoi cela va-t-il bien en Amérique ?

D'abord en Amérique cela ne va pas admirablement. On s'y plaint beaucoup des juges élus. On s'y défie assez fort de leur justice. Cela n'a guère qu'un bon résultat, relativement bon ; c'est que l'on y évite les procès. Ensuite ce qui fait que le système des juges élus en Amérique n'est pas désastreux, c'est l'instabilité des carrières.

Chapitre xiii. — De la liberté judiciaire

L'instabilité des carrières est ici un admirable correctif. Ce juge qui a été élu juge par ses concitoyens, croyez-vous qu'il tienne à rester juge ? Point du tout. Il est juge aujourd'hui. Dans trois ans il vendra du porc salé. Dès lors, il ne tient pas du tout à être réélu : « Point réélu ? Je m'en moque. Je vendrai des salaisons. » Du moment qu'il se moque d'être réélu, il est indépendant de ses justiciables, et il peut être un très bon juge, et souvent il l'est.

Mais en France le juge élu voudra rester juge et par conséquent être réélu. Dès lors vous savez les conséquences. Ou bien, selon les idées de Jean-Jacques Rousseau en cette matière, il ne considérera sa judicature que comme un premier échelon et un premier degré vers de plus grands honneurs : « J'ai réussi aux élections pour la préture, je puis réussir aux élections pour le consulat. » Il songera à devenir député ou sénateur. Quand il aura cette, idée dans la tête, ce sera pire que dans le cas précédent, et il faudra voir quelle justice il rendra ! — Décidément je ne suis pas partisan de la magistrature nommée au suffrage universel.

Je le serais d'une magistrature se recrutant elle-même. Tout compte fait, se nommer soi-même est la seule façon de ne dépendre que de soi et d'être indépendant de tout le monde, ce qui est absolument nécessaire pour que la justice soit bien rendue. La magistrature, forcée par sa nature même d'être souvent un arbitre entre les citoyens et le pouvoir, ne doit être subordonnée ni aux uns ni à l'autre, ne doit tenir son origine ni de l'un ni des autres ; il reste qu'elle soit par soi-même, ce qui n'a rien d'anarchique, comme on va le voir.

Il suffit de combiner dans sa constitution le principe d'élection et le principe de nomination pour les supérieurs.

Comment ? Comme ceci par exemple. Tous les magistrats de France éliraient la cour de cassation et la cour de cassation nommerait tous les magistrats de France.

Les magistrats de France éliraient les conseillers à la cour de cassation au fur et à mesure des extinctions. Ceux-ci seraient donc : 1° nommés par des gens compétents ; 2° indépendants du côté du pouvoir ; 3° indépendants du côté des partis politiques ; 4° nommés par les magistrats de toute la France et par conséquent résumant bien en eux l'esprit général de la magistrature de toute la

France. Le grand tort et le grand malheur des anciens Parlements, c'est qu'ils avaient l'esprit local. C'est pour cela que Calas, qui du reste était coupable, je crois, mais dont le crime n'était pas assez prouvé, a été roué.

Je crois qu'une cour suprême ainsi composée serait excellente. Notez que les électeurs ne seraient pas forcés de nommer à la cour suprême seulement des magistrats. Ils pourraient y appeler de grands avocats arrivés à la fin de leur carrière, de grands avoués, de grands notaires. Un Dufaure, un Denormandie eussent été, s'ils l'avaient voulu, de la cour de cassation avec ce système.

La cour de cassation ainsi composée nomme tous les magistrats de France, les avance, les déplace, fait à leur égard tout ce que fait actuellement le ministre de la justice. Il me semble qu'elle est très compétente pour le faire et pour le faire bien. Elle n'est pas inspirée dans ses choix par des idées politiques et par le souci de conservation et de défense personnelle, comme le gouvernement l'est toujours. Elle n'est pas un garde des sceaux qui a à tenir compte des désirs, des instances, de la pression et quelquefois même des injonctions du président du conseil et du ministre de l'intérieur. Elle n'a pas à s'inquiéter de plaire ou de déplaire à tel ou tel parti politique. Elle ne songe et vraiment elle ne peut songer qu'à la bonne composition du corps judiciaire et qu'à la bonne administration de la justice. Elle n'a absolument aucun intérêt à mal faire. Il faut toujours compter que les hommes feront mal quand ils auront intérêt à mal faire, sauf exceptions tellement insignifiantes qu'elles ne doivent pas entrer dans le calcul ; mais il faut toujours compter que les hommes feront bien quand ils n'auront pas intérêt à mal faire, sauf exceptions absolument accidentelles.

Un tel système donnerait une excellente magistrature, excellemment administrée et gouvernée. Remarquez que nous n'y retrouvons plus l'inconvénient de la magistrature élue. La magistrature n'est pas plus décentralisée avec ce système qu'avec le système actuellement en vigueur. Nous n'avons pas un parlement de Bretagne clérical et un parlement de Toulouse anticatholique. La cour suprême nomme les magistrats pour toute la France comme fait maintenant le gouvernement, et conserve ainsi l'unité et l'uniformité générale de l'esprit judiciaire. Seulement elle n'obéit pas, comme actuellement le gouvernement, à des préoccupations extrajudiciaires.

Par comparaison du petit au grand, ce système ressemblerait à la nomination du conseil de l'ordre des avocats par tous les avocats et à la désignation des avocats d'office par le bâtonnier et à la comparution des avocats devant le conseil de l'ordre pour fautes professionnelles, etc. Je ne vois pas qu'on ait découvert un inconvénient à ce système, à cette organisation à la fois naturelle et ingénieuse où l'autorité vient de l'élection et où à son tour elle retombe sur l'électeur. L'ordre est ainsi un tout bien composé, un organisme où les parties nourrissent le centre et où le centre gouverne les parties. Je crois que ce système répond à toutes les nécessités et exclut tous les inconvénients.

Je n'ai pas besoin d'ajouter, car le lecteur aura déjà fait de lui-même cette généralisation, qu'en doctrine libérale tous les corps de fonctionnaires, où les fonctionnaires sont des fonctionnaires de l'Etat, de la Nation, et non pas les agents du pouvoir (voir plus haut), devraient se recruter et s'organiser selon ce système : clergé, enseignement, etc. Seulement ce qui serait un bien, selon moi, pour tous ces ordres de fonctionnaires, est pour la magistrature une nécessité, à cause de sa situation d'arbitre entre l'Etat et l'individu, qui exige qu'elle soit absolument indépendante et d'un côté et de l'autre.

A tout cela il y a une objection redoutable : « Ce système est bien aristocratique ! »

Il y a en France deux « *Tarte à la crème* », c'est à savoir : « c'est aristocratique ! » et « c'est clérical ! » Considérant que les gens qui font continuellement ces deux objections sont enchantés d'être gouvernés, avec tous les procédés du despotisme, par des hommes qui représentent environ le quart des électeurs inscrits, et par des hommes qui renouvellent à leur profit toutes les doctrines du plus mauvais temps du catholicisme triomphant et dominateur, je suis aussi insensible à la première de ces objections qu'à la seconde et à la seconde qu'à la première.

CHAPITRE XIV. — Du droit des minorités

Émile Faguet

C'est comme un axiome de droit public dans les pays de démocratie que les minorités n'ont aucun droit. « La loi est l'expression de la volonté générale » (*Déclaration des Droits* de 1789) ; elle est « l'expression libre et solennelle de la volonté générale » (*Déclaration des Droits* de 1793). — Cette volonté générale, c'est la volonté de la moitié plus un des votants, et dès qu'un parti a la moitié plus un des votants, c'est-à-dire le tiers environ des électeurs, c'est-à-dire le dixième environ des habitants, car les femmes, les enfants et les soldats ne votent pas, il se croit absolument tout permis, lui, représentant du dixième des habitants, contre les neuf autres dixièmes. La minorité n'a pas de droit.

C'est même par un accident qu'elle est représentée. Si, en France, toute la France nommait tous les députés, en un grand scrutin de liste, sans division par circonscriptions, le parti qui aurait quatre millions cinq cent mille voix dans le pays aurait à la chambre tous les députés ; le parti qui aurait quatre millions quatre cent cinquante mille voix n'en aurait pas un. On n'a pas adopté ce système. J'ai toujours : cru qu'on l'adopterait un jour.

On y tend toutes les fois qu'on fait des circonscriptions électorales plus grandes et qu'on use du scrutin de liste. Si dans un département il y a trois circonscriptions radicales et deux circonscriptions modérées, avec le scrutin d'arrondissement ce département nomme trois radicaux et deux modérés, avec le scrutin de liste il nomme cinq radicaux. Pour avoir une représentation relativement exacte et par respect des minorités, il faut conserver le scrutin uninominal. Il n'existe en France que pour les députés ; le scrutin de liste est usité pour les sénateurs. Aussi la majorité parlementaire représentant la majorité du pays est-elle plus compacte au Sénat qu'à la Chambre, et elle est évidemment disproportionnée.

On a cherché plusieurs moyens d'arriver à une représentation équitable des minorités. Je n'entrerai pas dans le détail de ces procédés. Je ferai remarquer seulement qu'ils comportent tous un inconvénient assez grave. Je ne crois pas qu'il y ait moyen d'arriver à la représentation des minorités autrement qu'en recourant au scrutin de liste, et alors on retombe dans les défauts ou dans les périls du scrutin de liste.

Par exemple on dit aux électeurs d'un département appelé à

nommer six députés, et où les deux tiers des électeurs sont bleus et un tiers gris : « Vous avez six noms chacun à mettre sur votre bulletin. Si les bleus mettent six noms bleus et les gris six noms gris, le résultat sera : élus six bleus. Mais si l'on vous accorde le droit de mettre deux fois, trois fois, autant de fois que vous voudrez, Jusqu'à six fois, le même nom sur votre bulletin, en vous entendant, vous pouvez arriver à accumuler les suffrages sur deux candidats gris et à leur faire autant de voix qu'en auront les quatre plus favorisés de la liste bleue. Et vos deux candidats passeront. Et il y aura quatre députés bleus et deux députés gris dans ce département, ce qui est proportionnel, ce qui donne une représentation exacte. »

C'est le moins compliqué des procédés proposés. Je ne le condamne point ; il est équitable. Cependant il a, fatalement, les inconvénients du scrutin de liste. Il supprime la circonscription uninominale où l'on vote pour quelqu'un que l'on connaît bien ; il force à *s'entendre* d'un bout d'un département à l'autre, ce qui veut dire en bon français qu'il remet le soin de faire l'élection à un comité du chef-lieu, aux meneurs urbains, et qu'il donne l'influence à la ville au détriment de la campagne. Je crois que c'est Lamartine qui a dit : « le scrutin de liste c'est l'intrigue. » Il y a du vrai.

Ce procédé renforce même les défauts du scrutin de liste ; car il force à *s'entendre* bien davantage qu'avec le scrutin de liste proprement dit. Il force à se dire : « Ce n'est pas trois noms qu'il faudra mettre sur le bulletin, non, nous serions battus ; c'est deux qu'il y faut mettre ; ce n'est pas cinq noms qu'il faut mettre, c'est quatre... » Il force à se dire cela et à répandre le mot d'ordre. Se dire cela après longues délibérations et répandre le mot d'ordre, cela ne se peut qu'au chef-lieu, en comité bien organisé et autoritaire et impérieux. Je n'aime pas beaucoup le comité de chef-lieu bien organisé, autoritaire et impérieux. Ce système ôte au suffrage universel de sa spontanéité. Il discipline et enrégimente le suffrage universel. Je n'aime pas beaucoup cela.

De plus il ankylose, si l'on me permet de parler ainsi, le suffrage universel. Il ne lui permet pas ces brusques revirements qui, je le reconnais, sont fort rares ; mais qui se produisent dans certaines circonstances et qui doivent se produire et qui, indiquant soit une révolte, soit simplement un changement de l'opinion publique, sont très intéressants à étudier et sont ce qu'il y a de plus important

Émile Faguet

dans les manifestations du suffrage universel. Or le système que j'expose ne permet pas ces revirements.

Que fait-on en effet ? Dans chaque collège électoral on table sur les statistiques des dernières élections qui ont été faites, comme s'il n'y avait pas eu de changement ou comme s'il y avait eu un changement insensible, et il est certain qu'on ne peut pas faire autrement ni tabler sur autre chose. Il en résulte que, le revirement possible, on l'empêche d'avoir lieu. Les gris, dans ce pays, avaient eu, aux dernières élections, 33 0/0 des voix. On ne peut que leur conseiller d'accumuler leurs suffrages sur deux candidats pour les faire passer, soit deux sur six. Mais il y a eu changement dans l'opinion, et ces deux candidats sont nommés avec 55 0/0 des voix. Cela veut dire qu'on aurait pu faire passer quatre gris au lieu de deux. Mais on ne s'en aperçoit que l'élection faite. Cette indication ne servira qu'aux élections prochaines, c'est-à-dire quatre ans trop tard. C'est ce que j'appelais ankyloser le suffrage universel, en retarder et en ralentir les manifestations, lui ôter de sa souplesse, et, tout compte fait, le fausser.

Il y a bien des inconvénients dans ce système, qui est peut-être le meilleur, qui en tous cas est le moins contestable.

Il y en a un autre qui n'a pas comme celui-ci le défaut d'être préventif et préalable, mais qui est très difficile à mettre en pratique. Il consiste dans l'institution des députés adjoints. Ce n'est plus avant l'élection qu'on procède ; c'est après. On compte les voix exprimées dans tout le pays. On constate que les suffrages gris ont monté à un tiers, mais que, par suite de l'imperfection de l'instrument électoral, ce tiers de la nation n'est représenté à la chambre que par un cinquième des députés. L'opinion grise a donc droit à tant de députés en plus. Eh bien, on les nomme et on les adjoint aux députés proclamés le jour du scrutin, et ils sont députés au même titre que tous les autres.

Fort bien, et il n'y a rien de plus juste ; mais qui nommera-t-on ainsi ? Ceux qui dans tout le pays ont obtenu le plus de voix après les élus ? Cela semble juste. Ce ne l'est pas du tout, parce que selon que les circonscriptions sont plus ou moins grandes, tel *premier non élu* a eu beaucoup plus de voix que tel autre *premier non élu*, sans que cela signifie rien. J'ai, dans une circonscription des

Basses-Alpes, obtenu 2.487 voix contre mon concurrent qui en a eu 2.503. Je suis un quasi élu ; je devrais être député adjoint. Je ne le serai jamais, parce qu'il y a une centaine de quasi élus dans toute la France qui ont obtenu des quatre, cinq, six mille voix. Ce n'est pourtant pas ma faute si je suis de Forcalquier.

Si je passais en revue les différents systèmes de représentation des minorités je me heurterais à des difficultés pareilles. Je souhaite qu'on en trouve un bon. J'accepte du reste n'importe lequel, le plus mauvais constituant, j'en suis sûr, un progrès sur la brutalité du système actuel.

Mais le véritable correctif de la loi du nombre, la véritable représentation des minorités devrait être ce dont on n'a pas la moindre idée en France, c'est à savoir le respect des minorités. C'est une affaire de mœurs parlementaires et de mœurs gouvernementales plutôt que de chiffres. Il devrait être entendu que toute opinion qui compte en France un nombre considérable de partisans a droit à de grands égards, à de grands ménagements et à ce qu'on ne fasse rien contre elle. Nous sommes en France quatre millions de protestants. Nous sommes une minorité. Il n'en faut pas conclure qu'il faut nous opprimer. Il faut en conclure, au contraire, que nous sommes une partie très importante de la nation française, et qu'il faut nous protéger contre les vexations privées ou locales qui peuvent nous atteindre, et que nous opprimer ou nous laisser opprimer serait de la part de la France aussi intelligent que se couper un bras. Louis XIV ne l'entend pas ainsi. Il a trop de souci de « l'unité morale » de la France. De nos jours tous les gens qui font partie du gouvernement ou de sa suite raisonnent comme Louis XIV.

Une minorité a des droits par cette bonne raison qu'après tout ce n'est que par patriotisme qu'elle n'émigre pas. Elle est mal vue dans son pays, elle n'a pas accès aux honneurs, elle n'a point part aux faveurs du pouvoir. Elle serait mieux ailleurs ; et elle n'émigre pas ; il faut lui tenir compte de cela. Rappelons-nous les principes d'où nous sommes partis au commencement de ce volume. Les grandes patries ne sont pas *naturelles*. Elles se sont constituées d'un grand nombre de petites patries qui se sont groupées ou qui ont accepté d'être groupées pour être plus fortes contre un ennemi. L'Etat commun qui prétend en opprimer sept ou huit sur vingt,

Émile Faguet

sous prétexte d'unité morale, ou parce que tel est son bon plaisir, commet un abus de pouvoir flagrant. Il profite, contre l'intérieur, d'une situation, d'une organisation qui n'a été désirée ou acceptée qu'en considération de l'étranger. Il fait « en grande patrie » ce qui ne serait permis, naturel, tolérable au moins « qu'en petite patrie », comme je l'ai dit plus haut. Dans un petit pays où il n'y a guère qu'une manière de penser, de croire, de se conduire, où il y a mêmes idées, mêmes opinions et mêmes mœurs, ne pas tenir compte de la minorité qui est toute petite, de la minorité qui est presque une excentricité, est raisonnable, à la rigueur. Mais dans un grand pays composé de vingt pays différents, c'est une tyrannie d'imposer la même toise et comme le même moule à *vingt peuples*, qui, à la vérité, qui, certes, veulent bien être le même peuple contre l'ennemi présent ou possible, veulent bien obéir aux mêmes lois pour que le corps de l'Etat soit consistant veulent bien obéir au même gouvernement pour que la force nationale soit aisément et rapidement mobilisable ; mais voudraient conserver quelque autonomie locale et des habitudes traditionnelles qui leur sont chères et des opinions et croyances qui leur sont sacrées. A cause de cela il faut donc dans un grand pays un seul gouvernement et une seule loi ; oui, certes ; mais un gouvernement beaucoup plus tolérant et une loi beaucoup plus large et compréhensive que dans un petit pays.

Vous, par exemple, gouvernement français, vous voulez déchristianiser la France. J'ai dit ailleurs que ce n'était pas du tout votre affaire, ni votre rôle, ni votre office, ni votre métier, ni votre droit ; mais il s'agit maintenant d'autre chose. Vous voulez déchristianiser la France. Or la Bretagne, pour prendre un exemple, est très chrétienne. Vous dites : « Qu'est-ce que cela nous fait ? La Bretagne est une minorité, elle se soumettra. » Il n'y a rien de plus inique que ce langage. La Bretagne est un pays qui a été libre, qui a accepté d'être partie de la France pour se défendre et la défendre contre l'Angleterre, qui est très française, mais qui a le droit d'avoir ses croyances, ses opinions et de faire élever ses enfants par gens qui lui plaisent.

Vous voulez — autre aspect de la même question — déchristianiser la France ; mais il y a, non plus deux ou trois provinces, mais, disséminés sur tout le territoire, quinze millions d'individus, hommes et femmes, qui tiennent beaucoup à la religion chrétienne. Vous dites : « Qu'est-ce que cela nous fait ? Ils sont minorité, ils se soumettront. » Il n'y a rien de plus inique que ce langage ; c'est comme un langage de barbares vainqueurs dans un pays vaincu. Ces quinze millions sont si nombreux qu'ils pourraient former un peuple, voisin du nôtre. Diriez-vous dans ce cas : « Je les conquiers pour les déchristianiser. J'en ai le droit, parce que nous sommes plus nombreux qu'eux. Ils n'ont pas le droit d'être chrétiens, puisque par rapport à nous ils sont une minorité, » Ce ne serait pas autre chose que le droit de la force ; et précisément la théorie de la majorité souveraine en toutes choses, et le mépris absolu de la minorité n'est pas autre chose que le droit de la force, et appliqué à des compatriotes. C'est absolument monstrueux.

Et cela a une bien jolie conséquence. Ce système inventé, pour constituer l'unité morale du pays, *tend précisément à la détruire.* Comment voulez-vous que restent bons Français des gens qui trouvent dans la France un pays hostile, aussi hostile que le serait un pays étranger ? Ils se désaffectionneront très rapidement et auront à l'égard du gouvernement les sentiments d'un peuple vaincu pour uu peuple vainqueur, puisqu'ils seront traités exactement comme l'est par un peuple vainqueur un peuple vaincu. Le gouvernement ne veut pas qu'il y ait « deux Frances ». Il ne le veut pas ; et *c'est lui qui les fait.* Et plus il en trouve deux, faites par ses soins, plus il s'acharne à prendre des mesures qui en feront deux toujours plus distinctes, plus séparées et plus hostiles. Voilà les beaux fruits de la politique qui consiste dans le mépris des minorités.

Il ne faut pas s'y tromper. Dans un grand pays le libéralisme est une nécessité de conservation, et par conséquent le libéralisme est patriotisme. Le libéral n'est pas un songe-creux, un homme à idées générales, un idéologue, un abstracteur ; c'est un patriote. C'est un homme qui est effrayé de « l'émigration à l'intérieur » que produit toute victoire de parti et de passions de parti. C'est un homme qui aime mieux que quelques millions de Français n'aient pas ses idées, que non pas qu'ils cessent ou se déshabituent d'aimer la France.

L'homme de parti, au contraire, quelque fanatique qu'il soit ou qu'il croie être de « l'unité morale » du pays, est un homme qui n'aime pas son pays, ou qui n'y songe pas, ce qui est une manière, et la pire, de ne pas l'aimer. C'est un homme qui aime mieux que quelques

Émile Faguet

millions de ses compatriotes aiment moins la France (qu'est-ce que cela fait ?) que non pas qu'ils aient et qu'ils manifestent des idées contraires aux siennes, ce qui est une chose bien autrement grave, puisqu'elle est criminelle. L'égoïsme et l'infatuation de l'homme de parti sont choses merveilleuses. Il s'y complaît ; mais en attendant il crée tous les jours quelques Français indifférents à la France et qui s'en détachent. Il n'y a rien de changé. Il n'y a que quelques Français de moins. Un « réactionnaire » me disait en plaisantant, mais en plaisantant avec amertume : « Ce que je souhaite ? Mais, je ne sais pas trop… l'annexion à la Belgique. » Que voulez-vous ? Il y a du vrai, ou, si vous voulez, il y a du logique. On tient à son pays ; mais si l'on trouve dans son pays des gênes et des vexations sans la moindre utilité ni compensation, des gênes et des vexations qui ne profitent point au pays, mais seulement à un parti vainqueur qui agit comme en pays conquis, on arrive assez naturellement à souhaiter d'être d'un autre, où l'on ne vous demanderait que les sacrifices nécessaires ou utiles au maintien de l'Etat.

Il faut donc respecter les minorités, considérer qu'elles n'ont pas le droit de commander, mais qu'elles ont droit à la vie, qu'elles ont le droit d'être et qu'elles sont quelque chose dont on a le devoir de tenir compte.

Le moyen, il est bien simple ; c'est de revenir aux principes et de croire que l'Etat n'étant institué que pour la police et pour la défense, toutes les lois qu'il édicté et toutes les mesures qu'il prend en dehors de ces deux offices, ne sont, au fond, que des démarches et des actes de parti, de parti devenu Etat et se conduisant, devenu Etat, comme s'il était resté un parti ; ne sont que des démarches et des actes destinés à molester un adversaire ; et que, par conséquent, ces démarches et ces actes, il n'y a qu'à ne pas les faire ; ces mesures il n'y a qu'à ne pas les prendre ; ces lois il n'y a qu'à ne pas les édicter. Un président d'assemblée, M. Deschanel, comprenant très bien son rôle, disait un jour : « Mais, Messieurs, le premier devoir d'un président est de protéger la minorité. » Trop souvent le gouvernement dit, au contraire : « Le premier devoir du gouvernement est de protéger la majorité. » C'est une erreur et une erreur très funeste aux intérêts du pays. C'est contre cette erreur qu'Eugène Pelletan a encore protesté avec éloquence : « On prend, de part et d'autre, en allant à l'élection, l'engagement tacite que le

124

scrutin respectera toujours la liberté de pensée. Le parti vaincu à l'élection doit toujours pouvoir dire au vainqueur : Nous avons comparu, toi et moi, devant le jury de la nation. Son verdict m'a condamné en première instance ; je me résigne à ma défaite ; mais je conserve toujours le droit de conquérir à mon tour la majorité en prouvant au pays que j'ai raison et en ramenant le nombre à ma croyance... Tout parti représente un élément de la société et correspond à un besoin de la société. S'il n'y avait que le parti du progrès, l'humanité ne prendrait jamais le temps de la réflexion ; s'il n'y avait que le parti du passé, l'humanité ne perfectionnerait jamais sa destinée. S'il n'y avait qu'un parti, l'humanité, sans regret comme sans désir, tomberait en léthargie. L'action et la réaction des partis les uns sur les autres, comme l'action et la réaction des organes les uns sur les autres dans le corps humain donnent à la fois le mouvement et la pondération du mouvement. La vie d'un peuple a d'autant plus d'intensité qu'il y a sur le sol de ce peuple plusieurs principes en concurrence, par la même raison que les sentiments religieux vibrent davantage là où il y a différents cultes en présence. L'uniformité tue, l'émulation vivifie. Il ne faut pas plus nous en indigner ou nous attrister que du flux et du reflux des saisons. Mais chaque fois qu'un gouvernement de fraîche date vient à monter au pouvoir par le marchepied d'un parti, il tient l'existence de tout autre parti pour une attaque à la constitution, et il songe à le détruire, comme si un bras de chair avait la puissance d'anéantir un fait nécessaire, inhérent à la nature même de la société. Mais chercher à détruire un parti, c'est vouloir effacer de la carte un tiers, un quart, peu importe, de la nation ; car il n'y a pas un parti qui ne possède sa vérité relative et ne contribue ainsi à la puissance du pays, ne fût-ce qu'en forçant le parti adverse à déployer plus d'intelligence. Depuis soixante ans tous les partis ont successivement passé au pouvoir : tous ont également proscrit leurs rivaux sous prétexte de salut public ; tous ont également prétendu sauver la société en persécutant les hommes de la veille ou les hommes du lendemain. Ils ont succombé à la tâche, grâce au ciel ; mais que serait-il arrivé, si, par impossible, ils avaient réussi dans leurs prétentions ? Que la France mutilée, réduite à une seule croyance et à une idée fixe, en quelque sorte, aurait cessé d'exister, ou aurait existé sans la puissante variété de son génie. »

Émile Faguet

Le droit des minorités est fondé sur les droits de l'homme et sur le bien général du pays. Il a été formellement reconnu par la *Déclaration des Droits* de 1793 ; car si cette déclaration, comme celle de 1789, affirme, avec raison, que « la loi est l'expression de la volonté générale », elle n'entend point du tout par la « volonté générale » l'oppression brutale du plus petit nombre par le plus grand ; elle entend par « volonté *générale* », ce qu'on entend en bon français par volonté générale, c'est à savoir, certainement la volonté signifiée par le plus grand nombre de voix, mais dans laquelle on tient compte des autres quand elles sont nombreuses, à moins de nécessité absolue de prendre un parti. Vous êtes membre d'un cercle. On propose une modification importante, mais qui n'est pas marquée de caractère de nécessité, à l'organisation ou au fonctionnement de cette société. Cette proposition obtient 100 voix contre 90. Vous n'y donnez pas suite. Vous considérez que la volonté générale ne s'est pas dégagée, ou bien plutôt vous considérez, en très bons psychologues et hommes de bon sens, que la volonté générale est flottante sur la question. Vous ne passez outre que dans deux cas : s'il y a nécessité et urgence de prendre parti, ou si vous, les 100, vous êtes passionnés. Le lendemain tout le monde dit : « Il y a eu de la passion dans cette affaire », et en effet il y en a eu.

Voilà comme il faut entendre le mot de « volonté générale », et c'est comme la *Déclaration* de 1793 l'entendait. N'en doutez pas, car si elle dit que « la loi est l'expression de la volonté générale », elle dit aussi (article XXVI) : « Aucune portion du peuple ne peut exercer la puissance du peuple entier », ce qui doit faire réfléchir. La *Déclaration* ne dit pas : « Une minorité ne peut pas exercer la puissance du peuple entier, » ce qui serait une simple condamnation de l'oligarchie, du « pays légal », de « classe censitaire », du gouvernement de Louis-Philippe. Elle dit : « Aucune portion... » et cette portion peut être la plus grande portion et donc la déclaration dénie à la majorité, le droit de se considérer comme le peuple entier.

Evidemment il n'en faut pas conclure que l'unanimité seule peut faire la loi ; il faut interpréter ce texte en bon sens et en sens pratique ; mais il signifie très bien que la majorité est tyrannique quand, simple majorité, assez faible, peut être réellement minorité si l'on tient compte de ce que les deux tiers seulement des citoyens, d'ordinaire, prennent part aux scrutins, simple « portion du peuple », par conséquent, elle s'empresse d'agir comme si elle était le peuple entier. — Oui, la *Déclaration* de 1793 l'entend ainsi, puisqu'elle ajoute (article XXXIV) : « Il y a oppression contre le corps social, *lorsqu'un seul de ses membres est opprimé* ; il y a oppression contre chaque membre lorsque le corps social est opprimé. » Le droit des minorités ne peut pas être proclamé plus haut ni plus fort. Le droit des minorités est en toutes lettres dans la Déclaration de 1793. On ne la tire pas à soi, on reste *en deçà* de ce qu'elle proclame, quand on se contente d'affirmer que les minorités ont droit à être ménagées, ont droit à être respectées, ont droit à ce qu'on tienne compte d'elles, et ont droit à être protégées par le pouvoir central, au lieu d'être écrasées par lui. Rappelez-vous toujours ce mot charmant, écrit en toute bonhomie familière par un bon jacobin, M. Henry Maret : « *Moins les minorités seront représentées, moins la marche des affaires sera contrariée.* » — M. Henry Maret a le sens exquis du despotisme.

CHAPITRE XV. — Des ennemis de la liberté

La liberté a des ennemis de plusieurs sortes ; elle en a même d'innombrables ; car elle n'est aimée que de ceux qui n'aiment ni à être opprimés ni à opprimer les autres, et si ceux-là sont très nombreux, ceux-ci sont infiniment rares. La liberté compte donc ses ennemis par légions. Les principaux, à se tenir dans la sphère des idées, sont le Monarchisme, l'Aristocratisme, le Socialisme, l'Egalité, la Souveraineté nationale, le Parlementarisme,

§ I. — LE MONARCHISME

Le monarchisme déteste naturellement la liberté, puisque son principe c'est la domination de tous par un seul, et sa tendance pousser cette domination aussi loin que possible.

Le monarque est un homme que les circonstances ont placé à la tête d'un peuple qu'il gouverne sans contrepoids, sans frein et sans limites. Cet homme, s'il est à tendances mystiques, s'imaginera facilement que, représentant Dieu sur la terre, non seulement il a le droit, mais il a le devoir de penser pour tout son peuple, d'agir pour tout son peuple et de ne point permettre que personne de son peuple agisse ou pense par lui-même. Il a charge d'âmes devant Dieu.

S'il est seulement homme de grande volonté, il pensera exactement de même ; et vous avez remarqué ce que sont dans une famille les hommes ou les femmes de grande volonté : ils n'admettent pas d'autre pensée que la leur.

S'il est homme de grande intelligence, il souffrira à la pensée que d'autres que lui pensent, délibèrent et résolvent dans son empire, remarquant que bien souvent ils pensent, délibèrent et résolvent des sottises.

Et s'il est un imbécile, ce sera bien pire ; car alors il sera orgueilleux comme un imbécile, et toute contradiction à ses idées et toute limite à son autorité le rendront absolument furieux.

Pour toutes ces raisons, il est aussi difficile qu'un monarque absolu, ou même quasi absolu, soit libéral qu'il l'est qu'un câble passe par le chas d'une aiguille.

Et pourtant, à supposer un roi, même absolu, qui serait intelligent et qui ne serait ni trop volontaire ni trop orgueilleux, rien ne serait plus raisonnable à lui que d'être très libéral. Un roi peut s'accommoder du libéralisme, et le libéralisme peut s'accommoder d'un roi. Un roi pourrait et devrait se dire :

« Je suis chargé par la Providence ou par l'histoire, par la succession des faits, de faire régner l'ordre matériel dans ce pays, de le défendre d'avance par diplomatie, à un moment donné par les armes, contre l'étranger. Du reste je puis faire tout autre chose et toute autre chose. Mais en limitant à cela mes préoccupations et mes soins, je remplis évidemment tout mon devoir ; je me borne à ne pas m'en créer de nouveaux ; et peut-être rendrai-je ma tâche beaucoup plus simple, beaucoup plus facile et beaucoup plus agréable. — Qu'ai-je à faire de m'occuper d'éducation ? Que les pères élèvent leurs enfants et prennent qui ils voudront pour les aider à les élever. Je ne suis pas le père de mes sujets. Il me suffira de constater que les maisons d'éducation ne sont pas des rendez-vous de débauche. Je gagnerai à cela de n'avoir pas à prendre parti dans la querelle des Universaux, ce qui est une abstention agréable. — Qu'ai-je à faire de m'occuper de religion ? Je ne suis pas un pape. Je ne tolérerai pas une religion qui pratiquera des sacrifices humains, ou qui défendra de se plier au service militaire. Evidemment ; ces choses sont d'ordre matériel ou de défense nationale. Mais toute religion qui aboutira à une morale sociale non destructrice de l'Etat, je ne songerai nullement à l'inquiéter ni du reste à la protéger, ni à la soutenir. C'est à ses fidèles à la soutenir et aux fidèles des autres religions à la discuter. Je gagnerai à cette abstention de n'avoir pas à prendre parti dans la querelle sur la bulle *Unigenitus*, s'en mêler devant être difficultueux et fatigant, sans grand profit sans doute pour l'Etat, — Qu'ai-je à faire de museler les pamphlétaires et les écrivains ? Ils se neutralisent les uns les autres en se contredisant, d'où il suit qu'ils ne seront pas très dangereux pour personne. Et ici il me semble que je gagne beaucoup ; parce que si je les tracasse, ils m'attaqueront, moi, et pourront détacher mes sujets de moi ; tandis que si je les laisse tranquilles, je veux dire agités, ils s'attaqueront, eux, les uns les autres, et me laisseront indemne. — Ainsi de suite. Décidément je ne m'occupe que de police, d'armée et de diplomatie. Là, par exemple, j'entends être le maître. C'est mon métier. »

Un roi pourrait très bien raisonner ainsi, et c'est pour cela que j'ai dit qu'un roi peut s'accommoder du libéralisme et que le libéralisme peut s'accommoder d'un roi. Seulement j'ai supposé un roi qui fût très intelligent et qui ne fût ni volontaire ni orgueilleux. Voilà pourquoi j'ai dit aussi que le monarchisme était un ennemi naturel de la liberté.

§ II. — L'ARISTOCRATISME

Ici il faut bien s'entendre, car nous marchons sur des contresens. J'appelle aristocratie l' aristocratie. J'appelle aristocratie l'oligarchie ; j'appelle aristocratie un petit groupe de citoyens qui gouverne et qui administre à l'exclusion des autres citoyens (Venise), ou une classe nombreuse qui exerce seule le pouvoir politique à l'exclusion des autres citoyens (France, 1815-1848). Je ne me servirai pas du mot aristocratie dans un autre sens.

Mais, depuis 1730 environ, le mot aristocratie est employé, abusivement ; improprement, dans une signification toute différente. Les hommes à tendances démocratiques ont appelé « aristocratie » ou « aristocratique » tout ce qui dans une nation se distingue du fond commun, de la foule, par une certaine cohésion, tout ce qui s'est groupé et forme groupe, toute association, tout faisceau, tout ce qui n'est pas « des individus ». L'Eglise, même depuis qu'elle n'est plus ordre de l'Etat avec privilèges politiques et pouvoir de judicature, est pour eux une aristocratie ; l'armée, qui précisément est dépouillée des droits politiques qui appartiennent aux autres citoyens, est une aristocratie ; la magistrature une aristocratie, la haute banque une aristocratie, etc.

Ce ne sont pas des aristocraties du tout, puisqu'elles ne gouvernent pas ; ce sont des « aristies », si l'on veut, ou plutôt ce sont des « corps constitués » au milieu de la masse amorphe ; ce ne sont pas du tout des aristocraties.

Ces deux choses sont si différentes qu'elles sont contraires. J'ai souvent essayé de prouver que les « corps constitués », que les « aristies », qui, du reste, ne participent pas au pouvoir, sont des ferments de liberté, des conservatoires de liberté, et des appuis de la liberté : d'abord en ce qu'elles en donnent l'exemple, vivant d'une vie autonome et enseignant à vivre ainsi ; ensuite limitant le pouvoir central et lui opposant une barrière plus ou moins solide, mais plus ferme que celle des individus isolés ; enfin ayant une tendance naturelle, puisqu'elles vivent de liberté, à se solidariser avec tout ce qu'il y a d'éléments de liberté dans le pays et avec tout ce qui est libéral d'esprit et de sentiment dans le pays. — Voilà ce qu'il faut dire des « aristies », des corps constitués indépendants et autonomes, qu'ils soient du reste de haute classe (académies, associations littéraires, scientifiques, morales, compagnies industrielles) ou populaires (syndicats, sociétés coopératives, etc.).

Mais l'aristocratie proprement dite, l'oligarchie, le gouvernement de tous par quelques-uns, n'est pas libérale de sa nature et doit être comptée parmi les ennemis de la liberté. Elle peut l'être plus, elle peut l'être moins que la monarchie ; mais elle l'est toujours. En général elle l'est davantage. Il suffit qu'un roi soit généreux, il suffit qu'il soit intelligent pour qu'il soit libéral. Cela arrive très rarement ; mais cela arrive. Pour qu'une aristocratie fût libérale, il faudrait, elle aussi, qu'elle fût généreuse et intelligente, mais cela est beaucoup plus difficile à une classe qu'à un homme. Un homme ne dépend que de lui, chaque homme d'une classe dépend des autres hommes de sa classe ; et des gens investis du privilège de gouverner n'aiment pas beaucoup que rien échappe à leur autorité et à leurs prises. Ce sont plusieurs rois, et des rois ils ont l'orgueil de race, la prétention à l'infaillibilité, le mépris de tout ce qui n'est pas de leur sang ou de leur monde, la tendance à l'omnipotence et à l'omnipossession, bref toutes les maladies royales. Ce sont plusieurs rois, et dès lors, tandis que le roi ne peut pas tout faire et se résigne quelquefois à ne pas tout faire et à laisser des volontés indépendantes de la sienne, isolées ou associées, faire quelque chose ; eux se partagent entre eux toutes les choses à faire sur le territoire et ne laissent rien à ce qui n'est pas eux, si ce n'est l'obéissance.

Ils réussissent quelquefois, pour un temps, mais assez court, comme on voit en somme par l'histoire, parce qu'ils sont dans une situation très instable, et comme sur le tranchant d'une lame, et qu'à eux plus qu'à tout autre gouvernement s'applique l'axiome que les gouvernements périssent par l'excès ou par l'abandon de leur principe. S'ils sont aristocratie fermée, ils s'étiolent, et au bout de quelques générations ils ne fournissent plus l'état-major nécessaire à la nation pour la conduire, et ils s'effondrent dans leur impuissance. S'ils sont aristocratie ouverte, la brèche s'élargit peu à peu et assez vite, la démocratie les envahit, l'aristocratie devient quasi démocratie — c'est ce qu'elle était à Rome du temps de Marius — et l'élément démocratique détruit les restes de la citadelle où il a pénétré.

Ce n'est que dans la période intermédiaire, celle où l'aristocratie n'est qu'entr'ouverte, qu'elle peut faire, et à la condition d'être intelligente et généreuse, de bonnes et grandes choses. Ce temps est en général assez court.

Quelle qu'elle soit, l'aristocratie est peu favorable à la liberté. Chez nous, par exemple, de 1815 à 1848, elle a gouverné sagement, prudemment, avec économie et adresse ; donnant à la France un bon régime financier ; elle s'est fait regretter, et personne plus que moi ne respecte et ne comprend ces regrets ; mais elle a eu terreur et horreur de la liberté. A ce point de vue elle ne différait point du tout de Napoléon 1er, dans le lit de qui, soit Restauration

Émile Faguet

soit gouvernement de Juillet, elle s'était couchée. Elle n'a admis, malgré certaines promesses des chartes, ni liberté de pensée, ni liberté de parole, ni liberté de réunion, ni liberté religieuse, ni liberté d'enseignement, sinon dans une mesure si restreinte et avec de telles entraves que ce n'étaient point des libertés, et de si mauvaise grâce encore qu'on ne peut vraiment ni l'incriminer sur son libéralisme, ni l'en louer.

Il est vrai qu'elle était française et que les Français ne sont pas libéraux. Disons alors qu'elle avait deux raisons pour n'être pas libérale, dont l'une était qu'elle était française et l'autre qu'elle était aristocratie.

§ III. — LE SOCIALISME

Le socialisme, étant une transformation du monarchisme, ne peut guère être libéral. Il est même la forme aiguë de l'antilibéralisme. Il consiste en son fond, et en quelque variété ou sous-variété qu'on le considère, à désirer que tout soit fait par l'Etat, que tout soit réglé par l'Etat et qu'il n'y ait que l'Etat. C'est précisément l'idéal de la monarchie et c'est le sien.

Il n'y a d'autre différence entre la monarchie et lui que celle-ci, qu'en monarchie tout le monde est la chose d'un roi et qu'en socialisme tout le monde est la chose de tout le monde. Cette différence serait considérable si elle était réelle ; mais, bien entendu, elle ne peut être et elle n'est qu'apparente ; car comme il faut que quelqu'un de défini gouverne, tout le monde gouverne *par l'intermédiaire d'un ou de plusieurs délégués*, et ainsi, sous prétexte de gouvernement qui est la chose de tout le monde, tout le monde est gouverné soit par un représentant de tout le monde, soit par plusieurs représentants de tout le monde, et nous retombons soit dans la monarchie, soit dans l'aristocratie.

Et de plus on a ce désagrément que l'on vit sous un régime qui n'admet que l'Etat et qui ne supporte pas qu'autre que l'Etat agisse, ni que quoi que ce soit se fasse d'autre manière que socialement.

Donc, en dernière analyse, forme supérieure et définitive de la monarchie, forme absolue de la monarchie absolue, le socialisme asservit l'individu jusque-là qu'il le supprime. La monarchie l'enchaînait, le socialisme l'annihile.

Qu'est l'industrie ? C'est chose sociale, comme on disait chose du roi. Qu'est le commerce ? C'est chose sociale, comme on disait chose du roi. Qu'est la religion, si elle n'est pas supprimée ? C'est institution sociale, comme on disait établissement du roi. Qu'est l'enseignement ? C'est chose nationale, comme on disait chose du roi. Qu'est l'agriculture ? Le sol appartient à tous comme il appartenait au roi, et il est cultivé en commun sous la direction de l'Etat. L'agriculture est chose d'Etat, comme on disait chose du roi.

Et donc, industriel, qu'êtes-vous ? Un fonctionnaire. Commerçant ? Un fonctionnaire. Prêtre ? Un fonctionnaire. Professeur ? Un fonctionnaire. Ouvrier ? Un fonctionnaire. Paysan ? Un fonctionnaire.

Jusqu'aux plus petits détails. On demandait récemment : « Si vous supprimez les congrégations et associations qui reçoivent de la main gauche de l'argent des riches et qui le donnent de la main droite aux pauvres, qui secourra les pauvres ? » M. Jaurès répondit immédiatement : « Eh bien, mais, l'Etat ! » C'est-à-dire : le gouvernement interdira la charité individuelle, mais il fera la charité socialement, de manière à ne la faire qu'à ses amis et à faire des indigents même ses salariés et ses sportulaires. Les indigents eux-mêmes seront fonctionnaires à leur façon, pour qu'eux aussi ne soient pas indépendants, l'indépendance, même à ce point relative, étant chose que l'Etat ne peut pas supporter.

Le socialisme supprime donc l'individu, n'admet pas qu'il existe. Un homme est un rouage de la machine-Etat. Et, à la tête de la machine, il y a un ou plusieurs ingénieurs qui pensent pour tous les rouages, les placent où il faut, les mettent en mouvement, les déplacent, les graissent et les huilent tant qu'ils peuvent servir, et les mettent de côté, avec les égards dus à de vieux serviteurs, quand ils sont cassés.

— C'est plutôt une aristocratie qu'une monarchie.

— J'ai dit, en effet, que le gouvernement socialiste pouvait être, soit une aristocratie, soit une monarchie. Cependant il serait le plus souvent une monarchie. Le seul gouvernement socialiste qu'on ait connu, le gouvernement des Jésuites au Paraguay, était apparemment une aristocratie et réellement une monarchie ; apparemment une aristocratie, puisqu'il était composé d'un groupe de la Société des Révérends Pères, réellement une monarchie, puisque ces Révérends Pères eux-mêmes obéissaient strictement à un général unique, et traitant leurs sujets *perinde ac cadavera*, étaient *perinde ac cadavera* eux-mêmes entre les mains de leur général. — Dans le gouvernement socialiste il est seulement probable, mais il est très probable que le gouvernement serait césarien. La machine-Etat si compliquée, embrassant exactement toute la nation, ramenant à soi et concentrant en soi toutes les activités du pays, exigerait vite une direction unique et une direction dictatoriale, ayant autour d'elle des conseils, à la vérité, mais qui ne seraient que les premiers de ses sujets, de ses fonctionnaires, de ses agents, de ses courroies de transmission et de ses rouages.

Le socialisme, c'est une bureaucratie universelle ; rien n'y est laissé à l'initiative privée isolée ou privée collective ; tout y est bureaucratisé ; le pays entier est une administration : or, on ne voit guère une administration dirigée par un groupe, une collectivité, une classe, un parlement. Il faut un chef unique entouré de conseillers, mais qu'il appelle à lui à titre seulement consultatif. C'est le césarisme. Le césarisme me paraît la forme naturelle et quasi nécessaire du gouvernement socialiste.

Au reste, il s'agit ici de la liberté et de ses ennemis et non de la forme future du gouvernement socialiste. Sous sa forme présumée aristocratique, ou sous sa forme présumée césarienne, le socialisme serait également destructif de toute liberté, puisqu'il est l'antilibéralisme lui-même, puisqu'il considère toute liberté comme une déperdition de forces sociales et comme une forme de l'anarchie, puisqu'il veut *tout concentrer pour ne rien perdre* ; puisqu'il veut réaliser l'unité morale, l'unité intellectuelle, l'unité industrielle, l'unité commerciale, l'unité agricole ; puisqu'il est le despotisme en soi.

§ IV. — L'ÉGALITÉ

Quand les Conventionnels (et non pas les Constituants) ont mis l'égalité au nombre des droits de l'homme, ils ne se sont pas aperçus, et je l'ai déjà dit, mais je vais examiner la question à un autre point de vue, qu'ils mettaient l'eau à côté du feu et une antinomie irréductible au fond même de leur déclaration de principes, de leur théorie, de leur système. Il est curieux de voir quelle place tient l'égalité dans la *Déclaration* de 1789 et quelle dans la, *Déclaration* de 1793 et quel progrès cette idée a fait en quatre ans au cours de la Révolution française.

Commençons par dire que ni les Constituants ni les Conventionnels n'ont songé un moment à l'*égalité réelle* de Babeuf et des collectivistes. Robespierre, la rencontrant à un moment donné sur sa route, l'a même méprisée et moquée très rudement dans un de ses discours. Les uns et les autres ne songent : 1° qu'à l'égalité des droits — quels droits ? il faut entendre, comme on le verra très nettement par les textes, les droits *politiques* ; — 2° qu'à l'égalité devant la loi ; 3° qu'à l'égalité d'admissibilité aux emplois publics. C'est tout. C'est absolument tout.

Seulement les Constituants : 1° n'ont point placé l'égalité dans l'énumération des droits de l'homme (article II) ; 2° ils ont, à la vérité, parlé d'égalité dans d'autres articles, mais toujours avec réserve et avec des réserves.

Les Conventionnels : 1° ont placé l'égalité au nombre des droits de l'homme dans l'énumération précise et limitative qu'ils en font (article II) et même ils l'ont placée au premier rang : « Ces droits sont l'égalité, la liberté, la sûreté, la propriété » ; 2° toutes les fois qu'ils parlent de l'égalité dans les autres articles, c'est avec une sympathie et une prédilection visibles et c'est avec des formules qui ouvrent la porte et frayent le chemin vers les théories et les doctrines de l'égalité réelle.

La *Déclaration* de 1789 dit : « Les hommes naissent libres et égaux en droits. » (Article I.) Cela veut dire qu'ils doivent être égaux en droits politiques et relativement à l'admissibilité aux emplois publics, comme le contexte immédiat le met en lumière : « Les distinctions sociales ne peuvent être fondées que sur l'utilité commune. » (Même article.) — La Déclaration de 1789 dit : « La loi est l'expression de la volonté générale. Tous les citoyens ont droit de concourir personnellement ou par leurs représentants à sa formation (article 6), c'est-à-dire égalité (ou quasi-égalité) de droits politiques. Il ne semble pas nécessaire que tous les citoyens *concourent également* à la formation de la loi ; mais *tous* doivent y *concourir*. Un législateur qui ne serait pas l'élu à un degré ou à un autre du suffrage universel, qui n'aurait pas le suffrage universel comme à sa base proche ou lointaine, ne serait pas un législateur légitime ; il faut qu'on puisse dire au plus humble citoyen français : « Vous avez fait la loi directement, ou vous l'avez faite par vos représentants ou par les représentants de vos représentants. Vous y avez concouru. C'était votre droit. Il est sauf. C'est une quasi-égalité, c'est une égalité relative. — Il faut convenir que c'est une manière d'égalité. C'est plus égalitaire que le système du « pays légal » où les uns concourent à la formation de la loi et les autres n'y concourent nullement.

Les Constituants n'ont pas été plus loin sur ce point. La *Déclaration* de 1789 dit, même article : « La loi doit être la même pour tous, soit qu'elle protège, soit qu'elle punisse. Tous les citoyens étant égaux à ses yeux… » — C'est l'égalité devant la loi. Comme la loi est faite par tous, de même elle doit être faite pour tous et pour tous la même.

Et enfin la *Déclaration* de 1789 dit, même article : « Tous les citoyens sont également admissibles à toutes les dignités, places et emplois publics, selon leur capacité et sans autre distinction que celle de leurs vertus et de leurs talents. » — C'est l'égalité d'admissibilité aux emplois publics déjà visée à l'article I, spécifiée et définie ici.

C'est tout : égalité de droits politiques ou plutôt non-exclusion des droits politiques ; égalité devant la loi protectrice ou réprimante ; égalité d'admissibilité aux emplois publics. C'est tout.

Quant à la *Déclaration* de 1793, elle dit : « Les droits de l'homme sont l'égalité, la liberté, la sûreté, la propriété. » — Elle met l'égalité dans la liste des droits et elle la met en tête.

La *Déclaration* de 1793 dit : « Tous les hommes sont égaux par la nature et devant la loi. » (Article III.) — Elle considère l'égalité comme étant dans la nature même de l'homme. C'est bien faux d'abord, de quelque façon qu'on interprète ; car si cela veut dire que la nature fait les hommes égaux en force et en intelligence, c'est idiot ; et si cela signifie que la nature les fait égaux en droits, ce n'est guère moins vain ; car la nature ne donne à l'homme naissant aucun droit ; c'est la famille qui lui en reconnaît, de sa grâce, et c'est la société, soit pour obéir à un instinct généreux, soit en considération de son propre intérêt, qui admet qu'il en a.

C'est donc bien faux d'abord ; ensuite cela *ouvre la porte.* Si l'égalité est naturelle, il va se trouver bien des gens pour vouloir qu'elle soit réelle, qui diront qu'il est injuste que les uns aient plus que les autres, qui diront que c'est la société qui fait des riches et des pauvres, qui diront que la *Déclaration des Droits* l'a reconnu en affirmant que les hommes sont égaux par la nature, ce qui est assurer qu'ils ne sont inégaux que par la société, et qui concluront que le collectivisme est contenu implicitement dans l'article III de la *Déclaration des Droits* de l'homme.

La *Déclaration* de 1793 dit : « La loi est la même pour tous, soit qu'elle protège, soit qu'elle punisse. » — C'est la répétition de l'article VI de la *Déclaration* de 1789.

La *Déclaration* de 1793 dit : « Tous les citoyens sont également admissibles aux emplois publics. Les peuples libres ne connaissent d'autres motifs de préférence dans leurs élections que les vertus et les talents. » — C'est la répétition de l'article VI de la *Déclaration* de 1793 avec les mots « dans leurs élections » ajoutés, parce qu'il était dans l'esprit de 1793 que tout emploi public fût donné à l'élection. C'est tout.

Les deux *Déclarations* reconnaissent l'égalité comme un droit de l'homme, mais la seconde formellement et avec solennité, la première indirectement en quelque sorte et avec réserves ou hésitations. Celle de 1793 fait comme un pas vers l'égalité réelle ou plutôt dirige un instant, par une maladresse de rédaction, les esprits de ce côté-là. La première ne fait aucune démarche et n'a aucune tendance, même apparente, dans ce sens. Toutes les deux n'entendent par égalité que l'égalité (tout au plus) des droits politiques, l'égalité devant la loi protectrice ou réprimante, l'égalité d'admissibilité aux emplois. On ne peut pas reprocher aux *Déclarations des Droits* d'avoir été témérairement et dangereusement égalitaires.

Cependant ce faible germe de doctrine égalitaire, déposé dans les 'Déclarations, *devait se développer* de telle sorte qu'il offusquât et même qu'il étouffât tout ce qui l'entourait. C'est que l'égalité et la liberté sont des goûts plus ou moins forts l'un que l'autre selon les pays, et qu'en France le goût de l'égalité est incommensurablement plus puissant que celui de la liberté, qui, en vérité, y existe à peine. Très vite cette idée ou ce sentiment fut à peu près unanime chez les partisans de la Révolution française : « La Révolution, c'est l'égalité. » De là le *processus* de l'égalité légale à l'égalité politique, de l'égalité politique à l'égalité réelle (partage ou collectivisme), et même encore de l'égalité réelle à l'égalité absolue (effacement des différences naturelles entre les hommes, force morale et force intellectuelle, par le fait de n'en pas tenir compte et de leur préférer leurs contraires).

A travers tout le XIXᵉ siècle, le développement et le progrès de l'esprit révolutionnaire n'a guère été que le développement et le progrès de l'esprit égalitaire, et l'esprit de liberté n'a guère été invoqué que par les adversaires mêmes de la Révolution, ou plutôt, selon les régimes, il a été invoqué tantôt par les uns, tantôt par les autres, l'étant toujours par ceux qui étaient en minorité, jamais par ceux qui étaient vainqueurs, jamais du reste sincèrement ni par les uns ni par les autres et le libéralisme étant successivement l'hypocrisie de tous les partis.

— Ceci est un fait ; mais en quoi, en logique, en quoi, essentiellement, en quoi, par soi-même, l'égalité est-elle un des ennemis de la liberté ?

— C'est précisément l'objet particulier de ce paragraphe. L'égalité est l'ennemie intime de la liberté, parce que tous les exercices de la liberté gênent l'égalité. Vous ne pouvez être libre qu'en théorie si vous ne voulez pas me gêner horriblement, moi égalitaire. Vous ne pouvez pas exercer un seul droit de liberté sans me gêner, moi égalitaire, d'une façon insupportable.

Vous exercez la liberté de l'enseignement. Qu'est-ce à dire ? Que vous, homme instruit, vous vous associez à quelques autres hommes instruits pour élever et instruire des enfants. Je sais parfaitement ce que vous faites. Vous créez des surhommes ; vous créez des *aristes,* qui vont dépasser de plusieurs longueurs de tête le niveau commun ou la moyenne, qui me mépriseront et à qui il viendra certainement à l'esprit de me gouverner, de m'asservir, de m'exploiter d'une façon ou d'une autre ; qui en tous cas me dépassent, me surpassent et m'humilient. Il ne faut pas d'instruction ; ou il faut l'instruction donnée la même à tous, entière à tous, « l'instruction intégrale ». Or qui donnera l'instruction la même à tous, qui la dispensera et la mesurera de telle manière que pas un enfant dans le pays, quelque riche qu'il soit, n'en recevra plus qu'un autre et que pas un enfant dans le pays, si pauvre qu'il soit, n'en recevra moins qu'un autre ? Qui ? l'Etat seul ; et l'Etat à la condition qu'il n'ait point de concurrents, lesquels choisiraient eux, selon la fortune ou selon ce qu'ils appelleraient le rang, ou selon ce qu'ils appelleraient des aptitudes extraordinaires, ou selon leurs sympathies personnelles ; et lesquels, notez ce point, pourraient donner une instruction supérieure à celle que donnerait l'Etat et créer ainsi des aristes, une classe, une caste, des supériorités, c'est-à-dire des supérieurs. Il ne faut pas qu'il y ait, par définition il ne peut pas y avoir de liberté de l'enseignement dans un pays égalitaire.

Vous prétendez exercer la liberté religieuse. C'est à peu près, au point de vue égalitaire, comme à tous les points de vue, du reste, la même question que celle de la liberté de l'enseignement. Vous prétendez exercer la liberté religieuse. Qu'est-ce à dire ? Que vous voulez pratiquer un culte non réglé par l'Etat, non payé par l'Etat, non asservi à l'Etat. Cela, c'est une association, et une association pour quoi faire ? Pour vous distinguer des autres citoyens ou pour marquer que vous êtes depuis longtemps distinct d'eux. Ne vous suffit-il pas d'être comme moi, pareil à moi, égal à moi ? Rappelez-vous l'article premier de la *Déclaration* de 1789 : « Les distinctions sociales ne peuvent être fondées que sur l'utilité commune. » Quelle utilité commune voyez-vous à pratiquer un culte particulier, distinct de celui de l'Etat, ou simplement à pratiquer un culte, si l'Etat n'en pratique aucun ? Non, vous voulez bien vous distinguer, établir « une distinction sociale qui n'est pas fondée sur l'utilité commune ». La preuve, c'est que vous instaurez, organisez, payez un clergé, c'est-à-dire quoi ? Un corps de chefs qui ne sont pas des chefs nommés par le gouvernement ou élus par le peuple. Ah ! cette fois vous êtes bien convaincu d'aristie. Quand bien même vous démontreriez que ce n'est pas vous distinguer de moi que de pratiquer un culte que je ne sens nullement le besoin de pratiquer, vous conviendrez bien que c'est créer une distinction, une élite, une aristie et même une aristocratie, que d'*inventer*

Émile Faguet

des chefs, que d'inventer des magistrats particuliers dans la cité ! L'Empire romain, l'Etat strictement égalitaire, qui est mon idéal, à moi égalitaire, a combattu le Christianisme pour cela, par instinct d'égalité et volonté très arrêtée qu'il y eût un niveau au-dessus duquel personne, si ce n'est lui et ses fonctionnaires, ne s'élevât. Des individus et César servi par ses agents ; et rien de plus. Or, d'un côté, ces gens qui n'adorent pas Jupiter qui est le Dieu de César et qui se font un culte particulier, se mettent à part dans la cité ; et se mettre à part c'est toujours faire de l'aristocratie ; c'est toujours attirer vers soi les yeux de ceux qui ne sont pas contents du gouvernement et constituer un groupe qui se sépare nettement des obéissants. Les Jansénistes du XVIIᵉ siècle ont parfaitement l'opinion qu'ils sont le sel de la terre de France et qu'ils sont une élite morale. Les chrétiens du IIIᵉ siècle font de même. — D'autre part, ils se donnent des chefs à eux, des chefs particuliers qui ne sont pas des fonctionnaires de César ; et cela d'abord c'est un Etat dans l'Etat, ce qui ne peut se souffrir, et ensuite c'est une aristocratie qui s'élève en pays démocratique. César ne peut pas admettre pareille chose. Avait-il raison l'Empire romain ? Il l'avait tellement que ce clergé est précisément devenu plus tard une aristocratie et la plus oppressive et la plus insolente qui ait été. Dans un Etat égalitaire il ne faut pas un atome de liberté religieuse. L'égalité est exclusive de la liberté religieuse.

J'ai à peine besoin de dire maintenant comment l'égalité est ennemie de la liberté d'association ; car je viens, chemin faisant, de l'indiquer. Une association est toujours une élite ou croit l'être, ce qui revient au même pour nos répugnances, et les hommes ne forment une association que précisément pour former une élite, un faisceau de forces, une fédération de volontés, à l'effet d'être plus puissants que les individus dissociés ou associés seulement dans la vaste association de l'Etat. Toute ligue constituée pour ceci, pour cela ou pour autre chose, devrait être interdite au moment qu'elle naît, avant qu'elle ne naquît. Car qu'est-ce qu'elle veut ? Poursuivre un dessein particulier qui n'est pas celui de l'Etat. Eh bien, ce n'est pas permis. C'est dire que l'Etat ne songe pas à tout. C'est faire déjà la critique et une critique insolente, je ne dis pas seulement du gouvernement, mais de l'ensemble de la nation à qui l'on semble dire qu'elle a besoin d'être éclairée et dirigée par

Chapitre xv. — Des ennemis de la liberté

d'autres que le gouvernement qu'elle s'est donné. Qu'est-ce qu'elle veut encore, cette ligue ? Surtout se distinguer de la foule, *avoir un nom particulier*, une devise particulière, des insignes *distinctifs*. Un nom particulier quand on s'appelle citoyen français ! Des insignes distinctifs quand on n'est pas fonctionnaire ! C'est absolument contraire à l'égalité démocratique. Je ne parle pas des ambitions lointaines de cette ligue. Pour le moment elle ne nous entretient que de l'objet particulier, très modeste, qu'elle s'est proposé. Mais vienne le succès, elle prétendra que l'on compte avec elle d'une façon générale, elle prendra une importance sociale. Il faudra l'avoir pour soi dans les élections ou dans tout autre mode de fonctionnement de la machine nationale. Toute association qui naît, c'est un « ordre de l'Etat » qui commence, qui peut avorter, mais qui peut grandir, se développer et devenir puissant. Toute association qui naît porte en elle une aristocratie qui veut naître. Il ne faut aucune liberté d'association dans un Etat égalitaire. L'égalité redoute, repousse et proscrit toute liberté d'association.

Elle ne repousse pas moins cette extension de la liberté individuelle qu'on appelle la propriété individuelle. Ici il n'y a pas besoin d'insister. La propriété est tellement une « aristocratie » ; elle est tellement une supériorité et visible au premier regard, palpable et offensant la vue, que l'esprit égalitaire l'a en horreur. Le socialisme, qui n'est au point de vue politique qu'une forme du monarchisme, au point de vue social qu'une forme de l'égalitarisme, est beaucoup plus fort en ce qu'il est un instinct d'égalité que par ses considérations sur la déperdition des forces, des efforts et des richesses et sur l'anarchie concurrentielle. Ceci n'est que le vernis scientifique. Au fond, il est indifférent à l'égalitaire que l'Etat soit ruiné ou qu'il soit prospère. La preuve, c'est qu'il adopte une foule de mesures conformes à ses passions qui obèrent terriblement un Etat déjà à demi ruiné. Les vues économiques du socialisme sont donc pour le socialiste paroles d'apparat et « style de notaire ». Le socialiste est un économiste à qui l'économie politique est indifférente. Le fond vrai du socialisme c'est : « Il est insupportable que quelqu'un possède plus qu'un autre, parce que c'est une supériorité. » C'est pourquoi le gros des socialistes a oscillé si longtemps et oscille encore entre le partagisme et le collectivisme. Il ne lui serait pas désagréable que les choses fussent possédées individuellement,

Émile Faguet

pourvu que chacun en possédât autant qu'un autre, pourvu que personne n'en possédât plus que quiconque. L'absurdité du partagisme, son impossibilité pratique a seule amené le gros des socialistes au collectivisme qui est : « Eh bien ! soit ! alors, que personne ne possède rien ! » La propriété individuelle choque tellement l'égalité que proclamer l'une c'est abolir l'autre. Jamais le peuple n'a pu comprendre autrement, et en comprenant ainsi il est logique. La première année de la Révolution a vu proclamer l'égalité, une toute petite égalité, l'égalité des droits devant la loi, et a vu brûler les châteaux. C'était la logique du peuple qui traduisait. Egalité, soit. Les légistes peuvent interpréter cela au sens étroit ; mais l'égalité vraie, c'est que la terre, ni quoi que ce soit du reste, ne soit pas à quelques-uns. L'égalité est absolument contraire à cette extension de la liberté individuelle qu'on appelle la propriété individuelle.

Elle n'est pas moins opposée au fond à ce qu'on nomme les libertés intellectuelles, c'est-à-dire les libertés de la pensée, de la parole et de la plume. C'est moins évident au premier abord, parce qu'ici il y a un passage d'un point à un autre, il y a une ligne de démarcation à franchir, en deçà de laquelle l'égalité ne semble pas opposée à la liberté, ne croit pas l'être et en somme ne l'est pas précisément ; au delà de laquelle l'égalité est absolument antipathique aux libertés intellectuelles et ne saurait les souffrir.

Vous avez une façon particulière de penser et de croire et de raisonner. L'égalité n'est point choquée, l'égalitaire ne vous en veut pas. Chacun est libre. « Que chacun dans sa foi cherche en paix la lumière. » C'est du Voltaire, qui était égalitaire, en tant que césarien, mais qui n'était point du tout libéral. Vous publiez un livre où vous vous montrez intelligent. L'égalitaire n'est pas très content, toute supériorité l'irritant parce qu'elle l'offusque ; mais il vous reconnaît le droit de publier un livre et de vous y montrer intelligent. Il préférerait seulement que vous vous y montrassiez médiocre.

Mais vous réunissez un certain nombre d' auditeurs et vous leur communiquez votre pensée. Vous réunissez un certain nombre de collaborateurs et vous publiez un journal qui a un certain nombre de lecteurs. Ici l'égalitaire dresse l'oreille et il a parfaitement raison. Ce que vous venez de faire, le savez-vous ? Vous venez de créer une réunion, qui peut devenir une association, qui peut devenir congrégation, qui peut devenir une ligue ou une église. Une réunion suivie d'autres réunions, c'est une association. Un journal, c'est une association très nette des rédacteurs et des abonnés avec le directeur et du directeur avec les rédacteurs et les abonnés. Cette association d'orateurs et d'auditeurs, cette association d'écrivains et de lecteurs peut devenir une *aristie*, une classe, un ordre, un Etat dans l'Etat, etc. L'égalitaire a parfaitement raison de s'inquiéter.

Cela veut dire que les libertés intellectuelles rejoignent à un certain moment, très vite venu, la liberté d'association ; cela veut dire que les libertés intellectuelles ont leur instrument naturel et leur développement naturel dans la liberté d'association, et que par conséquent, non suspectes, en soi, à l'égalité, elles lui deviennent suspectes dès qu'elles prennent corps, organes et outils, ou pour mieux dire dès qu'elles sont vivantes. Un égalitaire sincère et logique dirait : « J'aime beaucoup les journalistes, à la condition qu'ils n'aient pas de lecteurs, les prédicateurs, à la condition qu'ils n'aient pas de fidèles, et les orateurs, à la condition qu'ils ne soient pas écoutés. » L'égalité n'a rien à redouter des isolés. Ils lui ressemblent. Ils sont des individus dissociés ou non associés. Dès qu'ils ont créé une association autour d'eux, ils sont reconnus par l'égalité comme ses ennemis naturels en tant que créateurs d'association.

Mais un penseur, un orateur, un écrivain ne pense jamais, ne parle jamais, n'écrit jamais que pour communiquer sa pensée et former un groupe d'hommes pensant comme lui. Il n'est donc en réalité un danger pour l'égalité que quand il a fait des prosélytes ; mais il l'est en puissance, il l'est même en dessein, dès qu'il écrit, dès qu'il parle et dès qu'il pense. L'égalité n'est pas sans s'en apercevoir ou sans s'en douter ; et si elle déteste le penseur qui a réussi, elle se méfie, quand elle est intelligente et prévoyante, même du penseur qui n'a pas réussi encore. Napoléon avait en horreur tous les idéologues et ne distinguait pas entre ceux qui avaient de l'influence et ceux qui n'en avaient pas ; car tous, à un moment donné, pouvaient en avoir. A mesure que l'égalité prend des forces et prend conscience d'elle-même, elle tient pour obstacles ou pour dangers tous ceux qui pensent librement, parce qu'ils peuvent faire des *sécessions* dans l'Etat, et que les uns en font de très réelles et qu'il peut arriver que les autres en fassent un jour. La liberté de la pensée, la liberté de la parole, la liberté de la presse sont inconciliables avec l'égalité, à

Émile Faguet

moins qu'elles soient sans effets. Or elles ne sont jamais sans effets que quand elles sont exercées par des sous-médiocres. Un César ou un égalitaire qui serait un peu goguenard dirait avec beaucoup de raison : « Liberté de la parole, liberté de la presse ; mais oui. Je les accorderais volontiers aux imbéciles. Les autres, c'est une autre affaire. » En soi, les libertés intellectuelles sont indifférentes à l'égalité. Dès qu'elles sont actives, elles lui sont contraires et elles lui sont odieuses.

Il n'y a qu'une liberté, une seule, qui puisse s'accommodera l'égalité et dont l'égalité puisse s'accommoder ; c'est la liberté strictement individuelle ; c'est la liberté d'aller et de venir, de vivre à sa guise, de se loger comme l'on veut et d'être maître chez soi comme le charbonnier. De ceux qui en usent et qui n'usent que de celle-là je dirai ce que je disais du penseur isolé : ils ne sont pas odieux à l'égalité parce qu'ils lui ressemblent. Ils sont, comme les égalitaires, des individus dissociés, non associés et qui ne veulent pas être associés. Ils sont les hommes selon le cœur des égalitaires. Il n'y a pas à dire le contraire : l'égalité fait assez bon visage à la liberté individuelle.

Et encore ! De celle-là comme des libertés intellectuelles, et pour les mêmes raisons, l'égalité permet d'user, mais n'aime pas beaucoup qu'on abuse. Je faisais remarquer au commencement de ce volume que, *dans ses mœurs*, le Français est très ennemi de la liberté individuelle. Ce n'est point précisément parce qu'il est égalitaire, c'est tout simplement parce qu'il est sociable. La sociabilité exige l'uniformité des mœurs et habitudes, et par conséquent ne permet pas une façon de vivre indépendante. Cependant, même au point de vue politique, un peuple égalitaire a quelque éloignement pour la liberté individuelle. Rappelez-vous Rousseau et son rêve éternel de repas en commun, divertissements en commun, promenades en commun, etc. Voyez la trace qu'a laissée cette idée dans les plans de vie nationale des révolutionnaires disciples de Rousseau (Robespierre, Saint-Just) et chez les Fouriéristes et Saint-Simoniens. Cette idée de défiance à l'égard de celui qui vit à sa guise et non à la guise de tout le monde, cette idée de *Væ soli*, elle vient bien un peu, et plus qu'un peu, de ce sentiment que qui s'isole se distingue et peut-être veut se distinguer. Certes, il n'est pas dangereux, puisqu'il ne s'associe pas ; il n'y a que les associations qui font courir un danger à l'égalité ; il n'est pas un aristocrate, puisqu'il n'est pas le noyau d'une ligue, d'une église, d'une agglomération, ni même d'un groupe quelconque ; mais il est un ariste, ou prétend l'être ; il est quelqu'un qui est à part, ce qui, sans rompre l'égalité, y met en quelque sorte une fausse note. Cet homme ne domine pas ; mais il détonne. Il n'est pas contre l'égalité, mais il est contre l'uniformité qui est le signe et l'uniforme de l'égalité. — Et il peut être exemple. D'autres peuvent l'imiter, et, n'en doutez pas, ils formeraient une association, ce qui est le fléau de l'égalité. — En somme, il est de l'essence encore de l'égalité que tout homme, non seulement ne soit pas au-dessus de tout le monde, mais soit comme tout le monde. Défiez-vous de ceux qui usent un peu fortement, un peu apparemment, de leur liberté individuelle. Il se peut qu'ils soient de simples indépendants, ce qui, à la condition qu'on le soit isolément, est permis ; mais il se peut qu'ils soient des orgueilleux, des contempteurs. Or dans tout contempteur, dans tout orgueilleux il y a une belle graine d'aristocrate.

Ainsi même de la liberté qui lui est la plus inoffensive, même de la liberté qu'elle tolère le plus aisément, l'égalité a encore défiance, et une défiance qu'il serait difficile et qu'il serait irrationnel qu'elle n'eût point. L'égalité est l'ennemie-née de toute espèce de libertés, sans qu'il faille tout à fait en excepter une seule. Il n'y a rien pour moi qui soit plus certain ni plus évident.

Les rédacteurs des Déclarations des *Droits de l'homme*, qui ont fait une part si grande à la liberté et qui en ont fait une si petite à l'égalité, sont tombés dans une erreur qui est très commune. Ils ont laissé dans leurs théories ce qu'ils ne mettaient pas du tout dans leurs actes ; ils ont laissé très sincèrement, dans leur croyance, ce qu'ils ne mettaient pas du tout dans leur conduite. Ils ont pris part à un grand acte historique qui se faisait moitié par leurs soins, moitié en dehors de leurs prévisions et de leurs efforts, et qui était la suppression de ce qui restait de libertés dans l'ancienne constitution, l'établissement de l'égalité politique, la concentration, l'acheminement vers l'égalité réelle et l'égalité absolue dans le despotisme absolu. C'est cela même qui est la Révolution française ; c'est ce qu'elle était dans les desseins de Dieu, ou, si l'on veut, dans les suites nécessaires de l'histoire. Ils y ont collaboré par leurs actes

Émile Faguet

de tout leur pouvoir. On dirait que *faire Napoléon Ier* est le dessein continu, quotidiennement et minutieusement poursuivi de l'immense majorité des révolutionnaires. — Seulement ils étaient « quand même » des élèves de Montesquieu. Quand ils agissaient, ils étaient des précurseurs et des préparateurs de Napoléon ; quand ils pensaient, ils restaient des disciples de Montesquieu ; et ainsi ils ont mis dans leurs déclarations quelques textes qui étaient timidement dans le sens de leurs actes et une foule de textes qui étaient dans le sens de leurs pensées ; et ils se trouvent avoir rédigé deux manifestes qui contredisent la plupart de leurs actes , qui sont approuvés aujourd'hui surtout par leurs adversaires et qui embarrassent surtout leurs successeurs.

A travers ces contradictions, ordinaires à la nature humaine, et qui sont faites pour le divertissement de l'humoriste, il reste ceci, c'est que l'égalité et la liberté sont parfaitement antinomiques, et que qui fonde celle-là ruine celle-ci et que qui est passionné pour celle-là ne pourra jamais supporter l'autre.

On me dira : D'où vient que tel peuple, le peuple américain, est égalitaire et est le peuple le plus libre de la planète ? — Cela vient d'une chose assez simple. Cela vient de ce que le peuple américain n'est pas du tout égalitaire.

Il ne l'est pas du tout. Il l'est, si l'on veut, dans les limites et dans les mesures de la *Déclaration des Droits de l'homme* ; il est partisan de l'égalité des droits politiques, de l'égalité devant la loi protectrice et réprimante, de l'égalité d'admissibilité aux emplois publics. Etre égalitaire dans cette mesure c'est ne l'être guère ; c'est ne l'être presque qu'en apparence. Mais pour ce qui est de l'être véritablement, non il ne l'est point du tout.

On ne le voit pas s'irriter des égalités naturelles qui existent entre les hommes, et je n'ai point entendu dire qu'il y ait eu un Babeuf américain qui ait écrit qu'il fallait s'insurger contre ces distinctions que mettent parmi les hommes les capacités et les talents.

On ne le voit point s'irriter contre les inégalités que met entre les hommes l'accumulation des richesses dans certaines mains, et il n'y a pas de pays au monde où le socialisme ait un si petit nombre d'adeptes qu'aux Etats-Unis. L'Américain n'est ni monarchiste ni socialiste, ce qui est la même chose, et par conséquent il n'est pas

Chapitre xv. — Des ennemis de la liberté

égalitaire. Il est simplement républicain.

On peut même dire qu'il aime l'inégalité. Je ne vois pas qu'il l'aime théoriquement, comme pourrait faire un théoricien de l'aristocratie, Aristote ou Platon ou Nietzsche. Non ; mais il l'aime dans la pratique. Il aime qu'il soit bien entendu que dans le pays qu'il a l'honneur d'habiter, lui, homme de rien, né sans un dollar, peut devenir cent fois millionnaire, cinq cents fois millionnaire, millionnaire indéfiniment, et laisser des centaines de millions à chacun de ses enfants. Et c'est-à-dire qu'il aime qu'il soit bien entendu qu'il peut devenir furieusement aristocrate et formidablement créateur d'aristocratie, sans que personne ait rien à lui dire.

Et je dis créateur d'aristocratie. Sans doute ; car la classe des millionnaires américains est une aristocratie financière, économique et même politique, l'argent jouant là-bas un rôle politique au moins aussi considérable que chez nous.

Et remarquez, d'une part, que l'Américain pauvre n'a pas de haine ni de colère contre l'Américain riche, ou beaucoup moins, on en conviendra, que la chose n'a lieu partout ailleurs ; d'autre part, que le millionnaire américain n'obéit point dans le cours de ses destinées à des sentiments égalitaires comme fait le millionnaire français et européen. Le millionnaire européen, une fois devenu millionnaire suffisamment, s'arrête. Fils de millionnaire, il ne commence pas. Il semble que la fortune acquise doive se dépenser, se dissiper, soit par la prodigalité, soit par le non-accroissement. Le riche serait méprisé, notez bien cela, et se mépriserait un peu lui-même, s'il travaillait à l'accroissement d'une fortune déjà imposante. Cela veut dire que le riche Européen a ce sentiment vague que l'inégalité qui s'est créée doit disparaître, n'être qu'accidentelle, ne durer qu'une ou deux générations ; ou plutôt, ce qui est bien plus fort, cela veut dire qu'il vit dans un pays où règne ce sentiment-là et que, lui, il en reçoit la contagion ou est forcé par l'état des mœurs et par l'état des esprits à s'y conformer.

Or l'Américain n'a ni ces scrupules, ni ces délicatesses, ni ces pudeurs, ni ne trouve autour de lui une opinion qui les lui inspire ou les lui impose. Pauvre, il s'enrichit ; riche, il s'enrichit encore ; fils d'enrichi, il se surenrichit ; cela sans trêve, sans aucun relâche, comme sans aucun remords, et il ne trouve personne pour l'en blâmer, et il trouve presque tout le monde pour l'en admirer. Je n'examine point la chose au point de vue moral pour le moment. Je dis seulement que c'est antiégalitaire au premier chef ; que cela indique un état général d'esprit absolument antiégalitaire et qu'il n'y a aucun peuple au monde qui soit moins égalitaire que le peuple américain. — Quant à être libéral et libertaire, c'est une autre chose.

L'exemple des Etats-Unis ne me réfute donc pas quand j'établis ou plutôt quand je vois une antinomie entre l'égalité et la liberté ; seulement il me confirme.

§ V. — LA SOUVERAINETÉ NATIONALE

La liberté a encore un gros ennemi dans le principe de la souveraineté nationale. Sur ce principe, il est intéressant encore de voir les différences qui existent entre la *Déclaration des Droits* de 1789 et la *Déclaration des Droits* de 1793. La Déclaration de 1789 ne contient qu'un article, très affirmatif, du reste, sur la Souveraineté nationale.

Article III : « Le principe de toute souveraineté réside essentiellement dans la nation ; nul corps, nul individu ne peut exercer d'autorité qui n'en émane expressément. »

Il est à remarquer que par cet unique article les Constituants visent surtout le pouvoir exécutif et ne paraissent même pas songer à autre chose. Ils ne disent point que la souveraineté nationale s'applique à tout, que le peuple fait légitimement tout ce qu'il veut ; que la majorité, c'est-à-dire la moitié plus un des votants, c'est-à-dire le tiers des électeurs, c'est-à-dire le dixième de la nation, peut gouverner la nation arbitrairement, comme un tyran ; ils ne proclament point l'*absolutisme national*. Non ; ils disent seulement ou du moins ils n'ont songé à dire que ceci : le pouvoir doit émaner du peuple ; ni une monarchie tenant son droit de sa naissance ni une aristocratie tenant son droit de sa naissance n'est selon le droit. L'article III de la *Déclaration* de 1789 est républicain. — « Déjà ? » — Oui. Il est républicain ; il n'est pas démocratique. Il n'est pas formellement démocratique. Le gouvernement arbitraire de la

148

nation par la majorité de la nation ne semble pas être une idée des Constituants.

Elle n'est pas non plus une idée des Conventionnels, et même, et c'est ceci qui est bien curieux, la grande différence entre la *Déclaration* de 1789 et celle de 1793, c'est que celle de 1793, en même temps affirme plus énergiquement, plus solennellement et avec plus d'insistance la souveraineté nationale que n'avait fait la Déclaration de 1793 ; et en même temps prend des précautions contre l'abus que l'on peut faire du principe de la souveraineté et semble chercher à limiter l'application de ce principe. La *Déclaration* de 1793 dit avec la solennité un peu pompeuse qui est en quoi elle diffère littérairement de la *Déclaration de 1789* : « La souveraineté réside dans le peuple ; elle est une et indivisible, imprescriptible et inaliénable. » (Article XXV.) — « Inaliénable » et « imprescriptible » ne sont pas expliqués Il aurait fallu qu'ils le fussent, parce que « inaliénable » peut vouloir dire que le gouvernement du peuple par le peuple doit s'exercer directement, par plébiscite, *referendum* ou autre procédé, mais directement.

Il est certain que les Conventionnels ne l'ont pas entendu ainsi. Un tel texte ne peut pas être considéré comme signifiant l'illégitimité des députés, du moment qu'il est rédigé par des députés. « Inaliénable » veut simplement dire que la souveraineté nationale peut être déléguée, mais seulement pour un temps et non jamais indéfiniment, ce qui la *prescrirait* et c'est pour cela que « imprescriptible » est mis à côté de « inaliénable ».

Quant aux mots « une et indivisible », ils sont expliqués, eux, à l'article suivant : « Aucune portion du peuple ne peut exercer la puissance du peuple entier. » Cela veut dire que la nation ne peut pas être gouvernée légitimement par une classe. Cela vise l'aristocratie. Il n'y a certainement pas autre chose dans la pensée des rédacteurs. Seulement l'article est retourné contre les démocrates par les libéraux, qui font remarquer avec raison que « portion » ne veut dire ni majorité ni minorité, mais « portion » ; que la majorité qui opprime la minorité est une portion du peuple qui exerce la puissance du peuple entier et qu'elle viole l'article XXVI ; qui font remarquer d'autre part que la majorité qui sort des urnes électorales étant environ et d'ordinaire un tiers des électeurs et un dixième de la nation est une *petite* portion du peuple qui exerce la

Émile Faguet

puissance du peuple entier, et qu'elle viole bien plus manifestement que tout à l'heure l'article XXVI ; qui concluent enfin qu'il y a peu d'aristocraties plus aristocratiques que la démocratie ainsi entendue, et qu'au moins un très grand respect des minorités considérables et de très grands ménagements à l'égard de toutes les minorités seraient de bonne foi, de bonne fraternité, de bonne administration et conforme à l'article XXVI de la *Déclaration des Droits de l'homme* de 1793.

Mais, bien plus encore que dans cet article, d'où seulement « le droit des minorités » peut être tiré raisonnablement, les Conventionnels ont limité le principe de la souveraineté nationale et ont pris des précautions contre l'abus qu'on en pouvait faire dans leurs articles XXIII, XXXIII, XXXIV, XXXV.

Dans l'article XXIII, un peu obscur, mais très *intentionnel*, ce me semble, ils se sont attachés à montrer la souveraineté nationale comme garantie des droits de l'homme ; et comme c'est un peu sophistique, toute souveraineté, même nationale, étant un terrible danger pour les droits de l' individu et même les niant *a priori*, l'article ne pouvait pas être très clair ; mais l'intention en est bien d'affirmer à la fois la souveraineté nationale et les droits de l'homme et de montrer celle-là comme une garantie de ceux-ci. Article XXIII : « *La garantie sociale consiste dans l'action de tous pour assurer à chacun la jouissance et la conservation de ses droits ; cette garantie repose sur la souveraineté nationale.* » — Vous voyez assez le sophisme, qui n'est peut-être, qui n'est certainement qu'une naïveté. L'article veut très évidemment dire ceci : « : L'homme, l'individu, a des droits ; nous sommes en train de les énumérer. Ces droits, un monarque absolu a toutes les raisons et toutes les impatiences du monde de les violer, et il les viole toujours ; une aristocratie tout de même. Seul tout le monde, seul le peuple entier a intérêt et a goût à ne pas violer les droits de l'individu. Nous proclamons la souveraineté nationale *pour* garantir les droits de l'homme, *pour* garantir et défendre les droits de l'individu. »

C'était bien un peu mettre un souverain au service de quelqu'un, proclamer un roi en lui recommandant d'être un serviteur ; cela n'avait pas tout à fait le sens commun. Mais c'est de l'intention que nous nous occupons en ce moment ; elle est incontestablement de maintenir avec énergie les droits de l'individu en face de la souveraineté nationale, jusque-là qu'on veut que la souveraineté nationale *ne* serve *qu'à* protéger les droits de l'individu. L'article est peut-être gauchement libéral ; mais il n'y a rien de plus libéral que cet article.

Si ce n'est peut-être l'article XXXIII et les deux suivants. On connaît assez l'article XXXV, il est le plus fameux des deux *Déclarations des Droits* : « Quand le gouvernement viole les droits du peuple, l'insurrection est pour le peuple et pour chaque portion du peuple le plus sacré des droits et le plus indispensable des devoirs. » Mais on ne le lit pas en son contexte, avec les deux articles précédents, auxquels il est étroitement uni et avec lesquels il est évident qu'il forme un tout ; et, à le lire isolé, on l'interprète mal. Comme il contient ces mots « droits du peuple » et non « droits de l'homme », on croit généralement que c'est une énergique affirmation de la souveraineté nationale, que cela veut dire : « Le peuple est souverain ; quand il a exprimé sa volonté et que le gouvernement se refuse à y obéir (1830), l'insurrection du peuple est légitime et même obligatoire. » — Mais non ! L'article XXXV n'est pas une affirmation de la souveraineté nationale, il est une affirmation des droits *de l'homme*, ou, si l'on veut, en même temps, comme plus haut, comme en l'article XXIII, il est à la fois, par un syncrétisme fâcheux, une affirmation de la souveraineté du peuple et une affirmation des droits de l'homme. Car lisez les deux articles précédents en même temps que celui-ci :

« Article XXXIH : La résistance à l'oppression est la conséquence des *autres droits de l'homme*. » Donc il est un droit de l'homme pour les Conventionnels comme il l'était pour les Constituants (article II de la Déclaration de 1789}. — « Article XXXIV : Il y a oppression contre le corps social lorsqu'un seul de ses membres est opprimé ; il y a oppression contre chaque membre lorsque le corps social est opprimé. — Article XXXV : Quand le gouvernement viole les droits du peuple, l'insurrection... » — Il est bien évident que les trois articles font corps, doivent être considérés d'ensemble et expliqués et éclairés les uns par les autres. Il est bien évident aussi que, placés tout à la fin de la déclaration, ils sont donnés comme indiquant et exprimant la *sanction* de tous les droits de l'homme énumérés jusque-là. Cela ne fait pas de doute. Donc ces trois articles, complément de l'article XXIII, signifient que les

Émile Faguet

droits de l'homme sont mis sous la protection de la souveraineté nationale, qui doit les garantir, les protéger et les défendre ; que quand les droits de l'homme sont violés par le gouvernement ou par le législateur, il y a oppression contre le corps social, ces droits ne fussent-ils violés que dans la personne d'un seul homme ; que, quand il y a oppression, la résistance à l'oppression est un droit de l'homme, et que cette résistance à l'oppression doit s'exercer par l'insurrection qui est un droit et un devoir. Les articles XXIII, XXXV, XXXVI et XXXVII de la *Déclaration des Droits* de 1793 sont donc, à les grouper comme ils doivent être groupés, un code de libéralisme radical.

Il semble, et pour mon compte j'en suis sûr, que les rédacteurs de la *Déclaration* de 1793, mettant la souveraineté du peuple dans leur *Déclaration* plus précisément et plus formellement que les Constituants ne l'avaient mise dans la leur, ont senti le danger et ont, par compensation, renforcé le libéralisme de leur déclaration, renforcé leur affirmation des Droits de l'homme et voulu indiquer qu'ils n'acceptaient la souveraineté du peuple que *pour* la faire servir à la défense des Droits de l'homme, et sinon non ; et crié du haut de leur tête que, soit que la souveraineté nationale garantisse les droits de l'homme, soit qu'elle les lèse, les droits de l'homme restent intangibles, à ce point que l'insurrection est légitime s'ils sont violés même en un seul individu.

C'est cette double affirmation qui fait dire aux uns : « La *Déclaration* de 1793 est plus jacobine que la *Déclaration* de 1789 » ; aux autres : « La *Déclaration* de 1793 est plus libérale que la *Déclaration* de 1789 ; » et à moi : « La *Déclaration* de 1793 est d'un côté un peu plus jacobine, et de l'autre beaucoup plus libérale que la *Déclaration* de 1789. »

Toujours est-il qu'il s'est passé pour la souveraineté du peuple exactement ce qui s'est passé pour l'égalité, parce que l'égalité et la souveraineté du peuple ont ce même caractère qu'on ne leur fait pas leur part. Mettre l'égalité dans une *Déclaration* des droits, c'est, comme je l'ai dit, « ouvrir la porte » ; c'est habituer les esprits à une idée qui est négatrice et destructrice de toutes les libertés possibles, et si cette idée prend toute son extension, c'est avoir mis dans une déclaration des droits ce qui doit les détruire. Tout de même, mettre la souveraineté du peuple dans une déclaration des droits, quelques précautions qu'on prenne, quelque interprétation qu'on en fournisse et quelque destination qu'on lui attribue, c'est ouvrir la porte bien plus grande encore ; et si cette idée prend l'extension qu'il est tout naturel qu'elle prenne, c'est avoir mis dans une déclaration des droits ce qui doit les absorber en n'en faisant qu'une bouchée.

Une déclaration des droits ne devrait pas contenir un mot sur l'égalité, qui n'est pas un droit de l'homme, qui est un système d'organisation sociale, qui est peut-être un bien national, mais qui n'est pas un droit de l'homme. Et aussi une déclaration des droits devrait commencer par ces mots : « *Il n'y a pas de souveraineté. Il y a un gouvernement qui gouverne dans la sphère naturelle et rationnelle où il doit gouverner ; mais il n'y a pas de souveraineté.* Car s'il y en avait une, de roi, de classe ou de tout le monde, cela voudrait dire qu'il y a quelqu'un, roi, classe ou tout le monde, qui peut tout faire, et il n'y aurait plus un seul droit de l'homme. Considérant que nous croyons aux droits de l'homme, nous commençons par déclarer qu'il n'y a pas de souveraineté, ce qui est comme si nous déclarions qu'il y a des droits de l'homme. Il n'y a pas de souveraineté. Il y a des droits de l'homme que toute autorité, de roi, de classe, de législateur, de magistrat, de pouvoir exécutif, de tout le monde, doit respecter. Les voici… »

Si libérales, si profondément libérales qu'elles aient été, les deux *Déclarations* ne se sont pas avisées de cela, et elles ont admis une souveraineté, celle de tout le monde. C'était créer un despotisme, c'était remplacer un despotisme, relatif, par un autre, radical. Les Français, monarchistes jusqu'aux moelles, ont immédiatement *transposé*. Ils ont pris la Révolution pour une transposition. Toute la souveraineté qui était dans le roi et un peu plus et beaucoup plus, ils l'ont attribuée à tout le monde. Tout ce qui était de « roi » ils ont dit que c'était « de peuple », et ils n'ont vu ni plus loin ni autre chose. Après une révolution, un étranger, qui était venu voir, disait : « Je ne vois rien de changé, si ce n'est que partout où il y avait « royal » il y a « national ». Je ne vois rien autre. » Cet étranger était beaucoup moins superficiel qu'il ne paraît.

Dès lors, tout allait de soi et tout seul. Transposition générale. Le roi était seul législateur. Le peuple sera seul législateur, soit par lui-même, soit par ses délégués, et sa volonté sera la loi. Le roi était pouvoir exécutif absolu. Le peuple sera par son délégué pouvoir exécutif absolu. Le roi avait quelques prétentions, contraires du reste à la constitution, à être pouvoir judiciaire. Le peuple sera pouvoir judiciaire, soit en élisant les juges, soit en soumettant les juges au pouvoir exécutif émané de lui. Le roi avait quelques prétentions à être le chef ou le protecteur impérieux d'une religion nationale. Le peuple soumettra étroitement les clergés au gouvernement émané de lui. Le roi n'avait aucunes prétentions à être le chef de l'enseignement ; mais on peut assimiler les questions d'enseignement aux questions religieuses avec lesquelles elles ont un étroit rapport, et le peuple n'admettra que l'enseignement donné par lui ou par ses délégués à l'enseignement, étroitement subordonnés au gouvernement émané de lui. Le roi avait une prétention vague à la possession, à la propriété de toutes les terres de son royaume. Ce droit éminent de propriété, le peuple le revendiquera pour lui-même et prétendra que la terre est et doit être à tout le monde.

Voilà ce qu'est devenue l'idée de souveraineté nationale, simple transposition de l'idée de souveraineté royale. Le monarchisme royal est devenu un monarchisme populaire. La révolution s'est trouvée réduite à un changement de despotisme. On peut se demander quelquefois si c'était la peine de la faire.

De toutes les idées de la Révolution française les démocrates français n'en ont pris que deux, qui sont exactement tout leur *credo* : l'égalité et la souveraineté du peuple ; et ils les ont poussées à leurs conséquences naturelles et à leurs conséquences extrêmes. Profondément monarchistes encore en cela ; car l'idée, la maxime et la devise sont exactement les mêmes qu'autrefois. Louis XIV ne voulait que des égaux sous un souverain absolu qui était lui. Le peuple ne veut que des égaux sous un souverain absolu qui est lui. — Il y a cette différence ; indiquée plus haut et qu'il faut rappeler, c'est qu'un roi peut être libéral, par goût personnel, tandis qu'un peuple… peut l'être aussi, et c'est pour qu'il le soit que nous écrivons ; mais beaucoup plus difficilement. Le roi sent qu'il est une force factice, immense sans doute ; mais factice, en ce sens qu'elle dépend en somme de la fidélité de son peuple, de l'adoration séculaire dont son peuple l'entoure ; et il sent qu'il ne

Chapitre xv. — Des ennemis de la liberté

faut pas qu'il épuise, en quelque sorte, cette réserve de fidélité et d'adoration ; il sent qu'il doit tenir compte de l'opinion publique. Un peuple se sent force réelle, et il est parfaitement indifférent aux opinions particulières qui ne sont pas celles de la majorité, de la moitié plus un de lui-même.

C'est pour cela même, ou c'est une des raisons pourquoi il pousse, comme nous l'avons vu, ses prétentions plus loin même que la monarchie dite absolue, et établit ou est en train d'établir un despotisme plus complet que celui de la monarchie dite absolue.

De tous les ennemis de la liberté, et l'on voit qu'ils sont assez nombreux, l'idée d'égalité et l'idée de souveraineté nationale sont les plus formidables. Il en est un encore, cependant, très insidieux, parce qu'il a au premier abord toutes les apparences et comme l'habit du libéralisme, que nous avons encore à examiner.

§ VI. — LE PARLEMENTARISME

Le parlementarisme peut être un instrument de liberté. Il a même été inventé pour cela. Il consiste essentiellement à supprimer la souveraineté en la divisant.

D'une part il divise la puissance en trois pouvoirs, législatif, exécutif, judiciaire, qui doivent être indépendants les uns des autres, c'est-à-dire dont aucun n'a le droit de commander à l'un des deux autres; d'autre part il divise ou répartit le pouvoir législatif lui-même, comme étant le plus redoutable à la liberté, en le faisant exercer, non par le peuple lui-même, mais par des délégués du peuple, eux-mêmes partagés en deux chambres, dont l'une est aussi puissante que l'autre et qui encore ne produisent à elles deux une loi valable que si elle est promulguée par le pouvoir exécutif, et encore (en Amérique) tenue pour bonne par le pouvoir judiciaire.

Dans ces conditions, le système parlementaire peut être considéré comme une précaution que les Droits de l'homme ont prise pour se défendre contre la souveraineté. Il semble qu'ils aient voulu, pour que la loi ne fût pas violatrice des droits de l'homme, d'abord qu'elle ne fût pas faite par le pouvoir exécutif, qui la ferait pour lui et de manière à s'assurer la souveraineté ; ensuite qu'elle ne fût pas faite par le pouvoir judiciaire qui la ferait à son profit et qui deviendrait une aristocratie ; ensuite qu'elle ne fût pas faite par le peuple ; car alors ce serait la liberté ; mais la liberté selon Rousseau, c'est-à-dire l'oppression de la moitié moins un des citoyens par la moitié plus un, ce qui est une horrible tyrannie ; ou bien plutôt, étant donnés les indifférents et les empêchés, l'oppression des deux tiers du pays par un tiers ; ou bien plutôt, étant donnés les femmes et les enfants, l'oppression des quatre cinquièmes du pays par un cinquième ; — qu'ils n'aient voulu aucune de ces tyrannies ; mais qu'ils aient voulu que la loi fût faite par de simples délégués qui n'auraient pas la prétention d'être tout le peuple et qui seraient perpétuellement ramenés devant le peuple ; et qu'encore ces délégués ne fissent la loi qu'avec maturité, c'est-à-dire à travers beaucoup d'obstacles, obstacles dans leur propre domaine, la loi allant d'une de leurs maisons à une autre et devant être acceptée dans les deux pour être la loi, obstacles du côté du pouvoir exécutif, obstacles du côté du pouvoir judiciaire ; de telle manière que quand même une loi voudrait, ce qui lui est interdit, violer les droits de l'homme ; il lui fût à bien peu près absolument impossible de le faire.

Voilà les précautions prises par les Droits de l'homme contre la souveraineté, les précautions prises par les Droits de l'homme *pour que le législateur ne soit pas souverain* en faisant des lois tyranniques.

Ces précautions sont parfaitement illusoires dans un pays où ni les élus ni les électeurs n'ont ni le sens de la liberté ni le souci des Droits de l'homme.

Dans ce pays que je suppose, que doit-il arriver, qu'arrive-t-il ? Cette souveraineté qu'on voulait éviter se rétablit ; une nouvelle souveraineté se crée, la souveraineté parlementaire ; — ou plutôt deux nouvelles souverainetés se créent : la souveraineté parlementaire, la souveraineté nationale, c'est-à-dire la souveraineté d'un tiers environ de la nation sur les deux autres tiers ; — et ces deux souverainetés s'excitent l'une l'autre à être tyranniques et se poussent l'une l'autre à l'état aigu.

Examinons-les, l'une après l'autre.

1° Une souveraineté se crée, la souveraineté parlementaire. — En effet, vous mettrez toujours la souveraineté là où vous instituerez une puissance qui n'aura pas à rendre raison de ses actes. Des hommes sont nommés pour faire la loi et pour cela seul. Oui ; mais pendant quatre ans ils font la loi qu'ils veulent et, s'ils n'ont pas souci de la liberté, ils la font à leur profit et tyrannique. Personne ne peut les en empêcher, personne, si ce n'est un pouvoir judiciaire indépendant et gardien de la constitution intangible. Supposons que ce pouvoir n'existe pas ; personne ne peut les empêcher de faire une loi tyrannique.

De plus, loin d'être limités et arrêtés par le pouvoir exécutif, ils l'absorberont. Comme ils font toutes les lois, y compris la loi de finances, ils tiendront le pouvoir exécutif par la bourse et lui feront faire exactement tout ce qu'ils voudront. — Ils en viendront même très vite *à le nommer*, ce qui est concentrer en eux toute la souveraineté possible. Ils le nommeront, soit en exigeant des ministres responsables devant eux qu'ils casseront d'un geste et d'un signe, soit en s'attribuant la nomination du chef de l'Etat et par conséquent en supprimant le chef de l'Etat, en en faisant un simple président des cérémonies officielles ; soit encore en accumulant et en combinant ces deux procédés de domination.

Si, avec cela, comme je l'ai déjà supposé, ils donnent au pouvoir exécutif, qu'ils ont déjà absorbé, la nomination des magistrats, ils auront concentré en eux le pouvoir législatif ; le pouvoir exécutif et le pouvoir judiciaire, et ce sera la tyrannie pure et simple. Ils pourront s'appeler *La Seigneurie*, comme le Sénat aristocratique de certaines républiques italiennes.

Ils se mêleront même d'administration particulière et locale et seront même admirablement placés pour cela. Comme ils ne seront pas un Sénat romain, un Sénat central, un Sénat de capitale, mais un Sénat composé de gens nommés dans toutes les provinces et les plus petites, à la capitale ils concentreront les trois pouvoirs ; mais, chacun dans sa petite ville, ils se mêleront impérieusement d'administration pour se créer et se conserver une clientèle active, dévouée et tremblante ; et la nomination d'un agent voyer à leur dévotion ou à eux hostile sera pour eux chose intéressant trop directement leurs intérêts pour qu'ils ne s'en occupent pas de très près. Ils formeront ainsi une aristocratie complète, centrale et locale, de capitale et de municipe, tyrannique en grand et en petit, oppressive par les moyens larges et par les procédés minutieux, à la capitale concentrant tous les pouvoirs, dans tous les ministères, dans toutes les préfectures, et dans tous les petits bureaux

Émile Faguet

administratifs les exerçant.

Le pays que je suppose sera le type même du gouvernement aristocratique, impérieux, combattif, intolérant, pointilleux, tyrannique.

2° Une autre souveraineté se crée, la souveraineté nationale, c'est-à-dire l'oppression des deux tiers environ de la nation par le troisième tiers. — En effet, ces députés de tout à l'heure, qui exercent le gouvernement aristocratique en concentrant les trois pouvoirs, et c'est-à-dire qui exercent la tyrannie, ils sont pourtant, à certains intervalles de temps, forcés de se soumettre à la réélection, responsables devant les électeurs. Il s'agira donc pour eux de se créer une clientèle fidèle, solide, très attachée, qui dépendra d'eux. Ils feront leurs calculs : « Il nous suffit, pour avoir la majorité dans nos chambres souveraines, d'un tiers des électeurs, c'est-à-dire de quatre millions d'hommes environ sur quarante millions d'habitants. A la rigueur, cela suffit. C'est avec ces quatre millions d'hommes derrière nous que nous gouvernerons souverainement, absolument, comme un roi d'Afrique, tout le pays. Il s'agit de trouver quatre millions d'hommes qui ne se soucient nullement des Droits de l'homme, et qui aient intérêt à ce que nous soyons le gouvernement. Ce n'est pas très difficile. — D'abord beaucoup d'hommes n'ont aucun souci des Droits de l'homme, qui, après tout, s'ils intéressent généralement la nation, à ce point que toute nation qui en sera privée est destinée à périr, n'intéressent directement, individuellement, que des gens assez cultivés, et d'autre part ne sont compris comme intéressant la nation que par des gens plus cultivés encore, donc assez rares. Nous trouverons donc une masse assez considérables d'électeurs à qui les Droits de l'homme et toutes les questions de liberté seront très indifférentes. Premier point acquis de lui-même. — Second point : dans cette masse nous aviserons un certain nombre de citoyens que nous attacherons à nous par des places rétribuées par l'Etat, par des promesses d'allégement de charges, par de réels allégements de charges. Nous multiplierons les fonctions et les fonctionnaires ; nous promettrons de ne faire payer l'impôt que par les riches ; nous promettrons des diminutions du service militaire ; enfin nous diminuerons réellement pour les pauvres les charges de l'impôt et nous réduirons progressivement le service militaire. A ce jeu, il est évident que la nation elle-même périra. Mais, d'abord la plupart d'entre nous-mêmes ne sont pas assez éclairés pour le comprendre, ce qui supprime une difficulté ; ensuite, l'immense majorité de ceux à qui nous nous adressons est encore moins capable de s'en aviser, ce qui supprime toute difficulté ; et enfin, *nous ne sommes pas une aristocratie héréditaire*, vivant dans le passé, dans le présent et dans l'avenir ; nous sommes une aristocratie au jour le jour, une aristocratie pour une génération ou pour deux, une aristocratie qui dévore son règne d'un moment ; nous sommes la pire des aristocraties ; et par conséquent c'est de ce qui nous importe, et non pas de l'avenir plus ou moins lointain de la nation, que nous nous occupons. »

Ce raisonnement est juste de tout point. Il faudrait un patriotisme et un désintéressement patriotique extraordinaire pour que ne le fissent point ceux qui ont intérêt à le faire. Et pour que ceux à qui ils s'adressent ne l'acceptassent point, il faudrait, à eux, des lumières, un désintéressement et un patriotisme fabuleux. Donc il est bon de tous points, pratique de tous points ; donc il réussit.

Il se forme ainsi une souveraineté de quatre millions d'hommes, dite souveraineté nationale, qui ne songe qu'à ses intérêts présents, solidaire de la souveraineté parlementaire, laquelle ne songe qu'à ses intérêts présents ; et ces deux aristocraties, réciproquement clientèles l'une de l'autre, ont le plus grand intérêt à la souveraineté de toutes les deux, à ce que rien ne leur soit défendu à toutes les deux, à ce qu'aucune question de liberté ou aucun prétendu droit de l'homme n'arrête, ne limite, ni entrave ni l'un ni l'autre.

3° Et j'ai dit que ces deux souverainetés s'excitent l'une l'autre et se poussent l'une l'autre à l'état aigu. Cela va de soi. Il est bien entendu que le système parlementaire c'est la guerre civile régulière instituée comme régime normal dans un pays. Pour ne pas se battre, de temps en temps on se compte. Entre les époques où on se compte, on se bat par la parole, par la plume, par la propagande, par la pression, par l'intimidation, par la corruption, chaque parti faisant tous ses efforts pour diminuer les forces du parti contraire. C'est la guerre civile, régularisée, donc adoucie.

Au point de vue moral, cela a toutes sortes d'effets assez mauvais, dont je ne parlerai pas ici. Au point de vue politique, cela partage

Émile Faguet

la nation en deux grands partis, l'un celui qui a la majorité, l'autre qui est tous les autres réunis en un seul. Or, celui qui a la majorité n'est jamais libéral, n'ayant aucun besoin de la liberté. L'autre est toujours libéral, ayant besoin de liberté, des libertés, de toutes les libertés, pour sa propagande, pour son combat de parole, de presse, de réunion, d'association, de ligues, pour toute la campagne qu'il a à faire. De là ces revirements qui amusent les plaisants : tout homme est libéral une fois au moins en sa vie, quand il est battu ; tout parti est tour à tour libéral et autoritaire ; si l'on ne veut pas changer de parti, il faut souvent changer d'opinion ; si l'on ne veut pas changer d'opinion, il faut sans cesse changer de parti, etc.

Dans ces conditions, le parti qui est en majorité trouve toujours qu'il y a trop de liberté dans le pays et pousse furieusement à la destruction de tout droit de l'homme qui y peut subsister encore. Il ne trouve jamais qu'il ait assez d'armes dans la main ; il trouve toujours que son adversaire en a beaucoup trop dans la sienne. Donc la souveraineté parlementaire crie à la souveraineté des quatre millions d'électeurs qu'elle a derrière elle : « Ne soyez pas pour les droits de l'homme ! Ils ne sont favorables (et directement et personnellement et présentement, c'est vrai), ils ne sont favorables qu'à nos adversaires et aux vôtres ! Je suis perdu s'ils triomphent, et vous avec moi. Point de liberté de la presse, point de liberté d'association, point de liberté d'enseignement, point de liberté judiciaire, point de droit de résistance à l'oppression ! Ne donnez pas dans tous ces pièges ! »

Et la souveraineté des quatre millions d'électeurs crie de son côté à ses délégués : « Point de lois libérales, ou nous sommes perdus, vous et nous. Ce ne sont que des armes aux mains de nos ennemis communs. Plutôt des lois restrictives et oppressives Muselez-moi tous ces gens-là. S'ils peuvent parler, se réunir, s'associer, enseigner, avoir justice devant vos juges, résistera l'oppression, ils auront la majorité aux élections prochaines ! »

Ainsi les deux souverainetés se parlent et se répondent. Elles n'ont, bien entendu, aucune peine à se convaincre ; mais elles s'animent, s'excitent et se poussent l'une l'autre à l'état aigu. Pendant toute la durée du pouvoir d'un des deux partis qui se partagent le pays, les Droits de l'homme qui ont pu être proclamés et qui ont pu être acquis s'effritent et tombent en ruine singulièrement.

Et quand on songe que le parti en minorité, du jour où il deviendra parti de majorité et gouvernement, de ce jour même, sera dans le même état d'esprit que le précédent, raisonnera de la même façon, parlera de la même façon, procédera de la même façon et sera excité par sa clientèle avec la même véhémence et l'excitera avec la même ardeur, et ne reviendra jamais sur les résultats acquis au profit du gouvernement, qui le seront au sien, et poussera plutôt dans le même sens à l'assaut de ce qui pourra demeurer des libertés publiques, des Droits de l'homme et de leurs garanties ; on concevra facilement ce qui pourra subsister des libertés dans le pays au bout d'un certain temps de pratique régulière et normale de système parlementaire.

Le système parlementaire, s'il n'est pas pratiqué dans un pays où les Droits de l'homme et les libertés individuelles soient une religion nationale, est l'ennemi le plus redoutable des Droits de l'homme et de la liberté.

CHAPITRE XVI. — Que les libertés sont nécessaires à l'Etat

Et pourtant, si les libertés sont nécessaires à l'homme pour développer son activité et donner tout ce qu'il peut donner, elles sont encore plus nécessaires à l'Etat.

Elles ne sont contraires ou elles ne sont désagréables qu'aux partis, et c'est bien précisément le paradoxe du gouvernement parlementaire, qui est le gouvernement des partis, que dans ce système le gouvernement n'étant en réalité qu'un parti et étant par fiction l'Etat, le gouvernement par sa nature même fait tout ce qu'il y a de plus contraire à l'Etat ; et l'on a le spectacle d'un gouvernement qui, comme parti, se sert et, comme Etat, se ruine, et en dernière analyse d'un Etat qui est ennemi de l'Etat et destructeur de l'Etat.

Car les libertés sont nécessaires à l'Etat autant qu'à l'individu. Elles lui sont nécessaires d'abord parce qu'elles sont nécessaires à l'individu et que l'Etat a besoin de citoyens déployant toute leur activité et toutes leurs forces, ce qu'ils ne peuvent faire qu'en état de liberté. Elles lui sont nécessaires ensuite pour lui-même, pour qu'il soit agréable aux citoyens, *pour qu'il soit aimé*, et il n'est fort, et il n'est actif, il n'est fécond, il n'est valide, il ne peut faire quelque

Émile Faguet

chose, je dirai très exactement : il n'est réel, il n'est, que s'il est aimé.

Je dis que les libertés sont nécessaires à l'Etat en tant que nécessaires à l'individu, l'Etat ayant besoin de citoyens libres. En effet, il n'y a pas d'illusion plus saugrenue et plus stupide que celle qui consiste à croire que plus le citoyen est étroitement enchaîné à l'Etat, plus il lui est utile. C'est l'illusion à très peu près de tous les gouvernements ; mais c'est une ânerie. Au fond, le gouvernement voudrait que tous les citoyens fussent fonctionnaires du gouvernement. A la mollesse, à la nonchalance, à l'activité endormie, au petit train-train régulier et inoffensif, mais infécond, de l'immense majorité de ses fonctionnaires, l'Etat ne devrait-il pas s'apercevoir qu'il raisonne au rebours de la vérité ? Le citoyen utile, c'est le citoyen qui donne à l'Etat ce dont l'Etat a besoin, soit comme argent, soit comme services, et qui, en dehors de cela, se développe largement, énergiquement, puissamment, selon sa nature et selon sa loi, qui cherche, qui invente, qui découvre, qui s'applique à l'industrie, au commerce, à l'agriculture, à l'enseignement tel qu'il l'entend, à la recherche scientifique, philosophique, morale, religieuse, telle qu'il l'entend, qui s'associe pour une œuvre nouvelle, fausse peut-être, vraie et bonne peut-être ; qui se déploie dans toute l'ampleur qu'il peut avoir et atteindre.

Ce citoyen-là est la cellule vivante et vivace de l'Etat. Ne craignez donc rien : de son activité et des résultats de son activité il reviendra toujours quelque chose et beaucoup à l'Etat. Qu'il y ait quelques millions de ces citoyens-là dans un Etat, cet Etat sera le plus éclatant, le plus influent, le plus riche enfin de tous les Etats du monde.

Or cette activité de l'individu ne peut entrer en acte, ne peut s'exercer que dans la liberté, qu'avec toutes les libertés, qu'avec tous les droits de l'homme.

C'est ce qu'exprime admirablement M. Léon Bourgeois dans un passage justement célèbre de son livre très judicieux, *la Solidarité*. Il écrit : « Dans l'histoire des sociétés comme dans celle des espèces, la lutte pour le développement individuel est la condition première de tout progrès. Le libre exercice des facultés personnelles peut donner seul le mouvement initial ; *enfin plus s'accroît cette liberté de chacun des individus, plus l'activité sociale en peut et doit être accrue à son tour.* »

C'est la même idée qui inspirait au même homme d'Etat ces belles paroles dans son discours présidentiel du 10 juin 1902 : « La nation ne voit pas seulement dans la République la forme d'une constitution politique ; elle en attend des réalités bienfaisantes ; elle en veut faire l'instrument des réformes nécessaires à l'organisation d'une démocratie. Elle veut que la République soit une société vraiment équitable, où, dans un commun respect pour toutes les lois, le citoyen puisse avec sûreté jouir de tous ses droits, exercer toutes ses activités, trouver la juste récompense de son travail et de son mérite, *enfin développer en toute liberté sa conscience et sa raison sous la sauvegarde de la neutralité absolue de l'Etat.* »

Ceci, c'est le programme libéral lui-même, pensé par un homme qui se place surtout au point de vue de l'intérêt de l'Etat. Il me semble être la vérité sociale elle-même.

Je sais bien l'objection des autoritaires. Ils ne sont frappés — et qui pourrait s'en étonner ? — ils ne sont frappés que des emplois inutiles et stériles de cette activité libre que M. Léon Bourgeois et moi nous exaltons. Ils disent : « La liberté, cela ne sert qu'à quelques journalistes et à quelques orateurs de réunions publiques. Pour quelques mauvais écrivains qui n'écriront pas et quelques faiseurs de fautes de français qui ne parleront pas, le pays n'est pas affaibli, il n'est que plus tranquille. »

Il est vrai ; mais les emplois ridicules de la liberté ne sont que la rançon des excellents effets, plus obscurs d'abord, éclatants à la longue, qu'elle produit. Cette même liberté qui permet à ce raté d'écrire sur les choses du gouvernement et à ce maroufle d'exciter cinq cents alcooliques, elle permet à Descartes d'écrire, à la condition qu'il soit en Hollande ; elle permet à Spencer d'écrire, à la condition qu'il soit en Angleterre ; elle permet à Voltaire d'écrire, à la condition qu'il soit à Ferney ; elle permet à l'Encyclopédie de s'imprimer, à la condition qu'elle soit protégée par un ministre accidentellement libéral ; elle permet surtout à des milliers, à des millions d'hommes moins brillants, aussi énergiques, de tirer d'eux, par eux-mêmes, aussi par la communication libre, par l'entente libre, par la réunion libre, par l'association libre, parla propagande libre, tout ce qu'ils avaient en eux d'utile pour eux-mêmes d'abord

Émile Faguet

et pour le bien commun ensuite.

La liberté, c'est la fécondité. La liberté individuelle, c'est la fécondité individuelle ; la liberté de communication, d'entente, de réunion, d'association, c'est la fécondité individuelle multipliée. De la fécondité individuelle multipliée naît la prospérité générale de l'Etats. En frappant les libertés, l'Etat établit peut-être un niveau agréable à l'œil ; mais il tarit ses sources. Il évolue vers le désert. On a une certaine pudeur à rédiger des vérités si élémentaires ; mais je ferai remarquer que ce n'est pas ma faute si on les méconnaît.

Et je dis encore que l'Etat a besoin des libertés des citoyens pour lui-même, pour qu'il soit aimé, et qu'il n'est fort que s'il est aimé. Ceci est plus délicat, ceci n'est pas d'une vérité éternelle ; ceci n'a pas toujours été vrai. Dans les sociétés antiques il n'y avait aucune liberté, et certes l'Etat était fort. C'est ce qui « crève les yeux agréablement » aux gouvernements modernes. On peut dire que dans beaucoup de pays, en Russie, en Allemagne, en France, en Italie, ils sont hypnotisés par l'Etat ancien. « Que c'était beau ! Point de libertés ! Une seule âme, l'âme de l'Etat. Le citoyen ne vit que dans l'Etat. Il a la religion, les doctrines, les idées, les maximes, les mœurs de l'Etat. Il n'a rien à lui ; il n'a rien d'individuel. Il est dévoué à l'Etat, purement et simplement. Il vit pour lui, meurt pour lui. C'est tout. Et l'on ne dira pas que l'Etat fût faible ! O Rome ! »

En admettant pour un instant que le tableau soit rigoureusement exact, c'est un beau tableau ; ce n'est pas une raison. L'Etat est fort quand il est aimé, voilà ce qui est de vérité absolue, de vérité éternelle. Mais l'Etat ancien était aimé sans qu'il fût nécessaire que la liberté y régnât, et l'Etat moderne ne peut l'être que si la liberté y règne. Voilà la différence.

Cela tient à ce que les choses ne sont pas toujours la même chose et qu'il y a eu beaucoup de changements depuis deux mille ans. Parce qu'il n'y avait pas chez les anciens beaucoup de façons diverses de sentir, de penser, de croire ; parce qu'il n'y avait pas beaucoup de connaissances diverses, de notions scientifiques, philosophiques, morales, religieuse, produisant des caractères, des tempéraments, des âmes différentes les unes des autres ; parce qu'un Romain ressemblait à un Romain, non pas exactement et à les confondre, mais beaucoup plus, mais incomparablement plus

Chapitre xvi. — Que les libertés sont nécessaires à l'Etat

qu'un Français ne ressemble à un Français ou un Allemand à un Allemand ; pour ces raisons le Romain ne sentait pas ou ne sentait guère le besoin de liberté individuelle, ou de liberté d'enseignement, ou de liberté d'association, ou de liberté de la presse ; il *pensait socialement*, il croyait socialement, il agissait socialement ; et l'Etat lui était une religion ; et l'Etat, étant aimé et adoré, était fort, comme tout Etat aimé et adoré sera fort.

Depuis, la civilisation a marché un peu. Est-ce un bien ? est-ce un mal ? ce n'est pas le moment d'en délibérer ; mais c'est un fait qu'après le christianisme, qu'après le développement scientifique des xve, xvie xviie xviiie et xixe siècles, qu'après les développements philosophique et moral de la Réforme, qu'après le développement philosophique des xviiie et xixe siècles, dans toute nation il y a des tournures d'esprit, des états d'âme, des caractères essentiellement différents les uns des autres, des façons de penser, de sentir, de croire et en vérité des façons d'être, essentiellement diverses et même contraires. Or ces hommes si profondément différents les uns des autres, comment d'abord les faire vivre en paix dans le même Etat, ensuite, et c'est le plus important, faire qu'ils aiment l'Etat, pour que l'Etat soit fort, puisque l'Etat n'est fort que quand il est aimé ? voilà le problème. Il est évident que ce ne peut pas être de la même façon que dans l'Etat antique.

« Mais si ! répond quelqu'un, M. Hervieu par exemple, s'il fut sérieux dans le propos de lui que nous avons rapporté. Mais si ! que l'Etat nous force à tous penser comme lui. » — Il faut bien reconnaître cependant qu'il y aurait quelque difficulté à cela et que, par exemple, depuis trois cents ans l'Etat français s'épuise un peu à vouloir successivement rendre tous les Français catholiques, puis tous les Français déistes, puis tous les Français protestants ou libres penseurs ; qu'il s'épuise un peu à vouloir successivement que tous les Français soient royalistes, puis républicains, puis bonapartistes, puis royalistes, puis royalistes parlementaires, puis républicains, puis bonapartistes, et ainsi de suite, sans atteindre jamais un autre résultat que d'avoir pour lui la moitié du pays et contre lui l'autre moitié. Apprendre ou forcer les gens à être d'accord avec vous ou même entre eux n'est plus désormais très facile, et il est à peu près prouvé que cela ne dépend ni d'une école philosophique, ni d'une Eglise, ni même d'un gouvernement, si fort ou si prestigieux qu'on

Émile Faguet

le suppose.

A ce jeu ou à ce bel effort on ne réussit qu'à rendre le gouvernement odieux à la moitié au moins du peuple qu'il gouverne, et le gouvernement ne peut être fort que s'il est aimé.

Que faire donc ? Puisque les conditions sont le contraire de ce qu'elles étaient dans l'ancienne Rome, il est probable qu'il faut faire le contraire de ce qu'on faisait dans la Rome ancienne. Les choses se sont en quelque sorte retournées. Le citoyen ancien ne pouvait aimer son pays que dans le despotisme, c'est-à-dire dans l'absorption intime de l'individu par l'Etat. Le citoyen moderne ne peut aimer son pays que dans la liberté, qu'en tant que l'Etat lui assure la liberté et respecte sa liberté. Il aime l'Etat qui ne le gêne pas, qui ne lui demande pas le sacrifice de sa croyance, de sa pensée et de son activité personnelle. Il aime l'Etat en raison de la liberté dont il y jouit. Dès qu'il se sent gêné, molesté, opprimé, il demande pourquoi.

Il n'y a pas d'autre différence d'une part entre l'antiquité et les temps modernes, d'autre part entre l'ancienne monarchie et les modernes monarchies ou modernes républiques que ce « pourquoi ? » Mais elle est sensible. A Rome on obéissait au peuple, dans l'ancienne monarchie on obéissait au roi sans demander pourquoi. « Pourquoi obéissez-vous au peuple romain ? — Parce que j'aime Rome. — Pourquoi obéissez-vous au roi ? — Parce que je l'aime ; parce que Vive le Roi ! » Mais dès que l'obéissance au chef n'est plus une religion, elle raisonne, et le « pourquoi » intervient. Il est probable que le gouvernement actuel de la République française ne demande pas aux citoyens qu'ils lui obéissent par amour pour lui, par religion à l'égard de M. le Président de la République ou par dévotion à l'égard de M. le président du conseil.

Dès lors l'amour dans le despotisme n'existe plus ; mais l'amour dans la liberté peut exister. Dès lors le citoyen demandera : « Pourquoi obéir ? » Et toutes les fois que vous lui démontrerez que c'est dans l'intérêt évident de tout le monde, que c'est dans l'intérêt du bon ordre à l'intérieur ou de la défense à l'étranger, il obéira. Toutes les fois qu'il verra bien que c'est dans l'intérêt du gouvernement seul, c'est-à-dire d'un parti, il obéira, s'il le faut, mais avec irritation et sourde résistance, en sentant qu'il est lésé, qu'on abuse de lui, qu'on abuse contre lui de la force, qu'on le vole ; car c'est exactement la vérité ; qu'on soustrait au profit, non de tous, ce qu'il accepte, mais d'un groupe, d'une coterie, d'une camarilla, d'un syndicat, une portion de ses forces, de son bien et de son être. Résultat : il se désaffectionnera de l'Etat, comme on se désaffectionne d'une société financière où l'on est lésé au profit des directeurs.

Or l'Etat a besoin d'être aimé pour être fort. Si l'on croit que c'est fortifier l'Etat que de lui aliéner des provinces entières qui estiment, à tort ou à raison, qu'il faut donner aux enfants une éducation catholique, je crois qu'on se trompe.

Au contraire, dans un Etat qui ne demande aux citoyens que juste ce qu'il faut à l'Etat pour que l'Etat subsiste et ne craigne rien de l'étranger, le citoyen aime l'Etat. Il ne l'aime pas à la façon d'un Romain ou d'un Français du XVIIᵉ siècle. Cela, c'est fini. N'y comptez plus. Ne comptez plus que cela revienne. Il l'aime autrement, il l'aime à l'inverse, si vous voulez, mais profondément. Il y a aimer son pays et aimer l'Etat. On aime son pays pour des raisons de tradition, de communautés de souvenirs, de communautés de langue, de mœurs et d'habitudes. On aime l'Etat par religion pendant une certaine période de l'histoire, par reconnaissance seulement pendant une autre période de l'histoire qui est depuis longtemps commencée. Désormais on aimera les Etats en raison de la liberté, de l'aisance, du bien-être intellectuel et moral qu'on sera reconnaissant qu'ils vous assurent.

Faire du despotisme, c'est donc — oh ! comme c'est intelligent ! — créer des étrangers à l'intérieur.

Remarquez qu'à l'inverse, pratiquer la liberté dans un Etat, c'est rendre les conquêtes faciles. Je n'aime pas les conquêtes ; mais je dis cela parce que c'est la vérité. S'il est évident que les Etats-Unis s'agrandiront autant qu'ils voudront, c'est d'abord parce qu'ils sont forts ; mais c'est aussi, et s'il est évident qu'ils garderont facilement leurs conquêtes, c'est aussi, parce qu'il n'est pas très dur à un homme, quel qu'il soit et si attaché qu'il soit à son ancienne patrie, de devenir citoyen libre de la république la plus libre qui soit au monde. Qu'a-t-il à regretter ? Au point de vue sentimental beaucoup de choses, et la blessure sera vive au premier jour. Mais elle sera vite cicatrisée, parce qu'au point de vue de sa dignité d'homme et de sa liberté de citoyen, il n'a rien à regretter du tout et se trouve au contraire dans une situation meilleure.

C'est pour cela que les peuples qui se traînent dans les vieilles ornières boueuses du despotisme sont condamnés, d'abord à ne pas s'agrandir, n'exerçant aucune de ces attractions qui facilitent les conquêtes et presque les justifient ; ensuite sont condamnés à s'affaiblir et à décroître, faisant cette folie de créer des étrangers à l'intérieur et des hommes qui au sein de l'Etat n'aiment point l'Etat ; enfin, ainsi affaiblis et *dissociés*, sont condamnés à être la proie d'un ou plusieurs vainqueurs, avides, habiles ou heureux.

C'est ainsi qu'en dernière analyse le libéralisme, s'il est de la justice, s'il est de la charité, s'il est la vérité sociale, est aussi du patriotisme. Aux temps modernes, le libéralisme et le patriotisme se confondent. Le libéralisme c'est le patriotisme lui-même. Il ne l'a pas toujours été, non ; et c'est de cela qu'on abuse pour crier haro sur le libéralisme au nom de l'unité morale du pays et d'un patriotisme à la mode de 1630 ; mais aujourd'hui il ne peut y avoir de patriotisme que dans le libéralisme.

L'esprit despotique moderne consiste à gouverner pour un parti, pour un groupe de passions ou d'intérêts, pour un syndicat, et à lui sacrifier l'intérêt général du pays que l'on gouverne ; il est donc, comme forcément, le contraire même du patriotisme. L'esprit libéral, qui semble ne s'inquiéter que de l'individu, par ceci d'abord qu'il se met en dehors des partis et des syndicats, est sinon au-dessous d'eux, du moins aussi loin d'eux que possible, et qu'ils lui sont profondément indifférents ; par ceci ensuite qu'il rêve d'un Etat où chaque homme serait plus libre que dans tout autre Etat de l'univers, et par conséquent se trouverait bien dans cet Etat, et par conséquent l'aimerait d'une profonde reconnaissance et d'un profond amour ; *reconstitue dans la liberté le dévouement que le citoyen ou le sujet ancien avait pour son Etat dans le despotisme* ; — et ainsi il est patriote de la seule façon dont on doit l'être et dont on peut l'être dans les temps modernes, et en dernière analyse il est le patriotisme lui-même.

Je ne sais pas si je suis patriote parce que je suis libéral, ou si je suis libéral parce que je suis patriote. Je suis libéral certainement par amour de moi, pour avoir dans mon pays, quand j'ai donné à l'Etat ce dont il a besoin, la pleine disposition de ma pensée et de mes actes et le libre déploiement de mon activité physique, intellectuelle et morale ; mais je le suis aussi par amour de mon pays, pour que mon pays soit hospitalier et habitable et pour que le gouvernement y soit aimé, y soit considéré non comme un maître exigeant, tracassier et impérieux, mais comme un simple gardien vigilant de la rue, du champ et de la frontière.

Je suis patriote certainement par amour de mon pays, de ses habitants qui sont mes frères, de ses mœurs, de ses traditions, de ses souvenirs, de ses beautés, de ses grandeurs et de ses gloires ; mais je le suis aussi parce que mon pays, s'il n'est pas du tout le pays des Droits de l'homme, est du moins celui qui les a proclamés ; et, profondément patriote pour tout ce qui me reste d'existence, dès que mon pays abandonne les principes de liberté, je sens que je le suis moins ; dès qu'il empiète sur des droits à moi que d'autres pays respectent, je sens, malgré moi-même, que je le suis moins ; dès que, dans l'intérêt de quelques ambitieux bornés entourés d'une clientèle avide, il me gêne, m'inquiète et me froisse sans aucun profit pour l'intérêt général et au détriment de l'intérêt général, je sens que je le suis moins ; et je comprends qu'un homme plus jeune, moins attaché au pays par les liens de l'habitude, puisse arriver assez vite à ne l'être pas du tout.

Voilà comment, aux temps modernes, patriotisme et libéralisme s'enchaînent étroitement et ne font qu'un. Dans l'ancien régime le despotisme, accepté de tous, était le patriotisme ramassé en un seul homme. Aujourd'hui l'esprit despotique n'est et ne peut être que l'esprit d'un parti, d'un autre ou d'un troisième, qui veut imposer à toute une nation sa façon de penser, ou bien plutôt qui veut exploiter toute la nation à son exclusif profit. Je n'en vois ni la nécessité ni l'avantage et je ne suis d'aucun parti. Tout parti est un syndicat qui sait ou sent vaguement que l'intérêt du pays est la liberté, mais qui, sachant et sentant mieux encore que son intérêt à lui est dans le despotisme, préfère délibérément son intérêt à celui du pays et se préfère délibérément lui-même à la nation. Je n'en vois ni la nécessité ni l'avantage et je ne suis d'aucun parti. Tout homme de parti est, quelquefois sans le savoir, un antilibéral et un antipatriote ; est, quelquefois sans le savoir, disons le plus souvent sans le savoir, un ennemi à la fois de la liberté et du pays. Le libéralisme consiste à mépriser profondément tous les partis, excepté le parti libéral s'il arrive à exister, à n'aimer que la patrie et la liberté, la patrie pour elle-même et parce qu'elle a enseigné la liberté au monde, la liberté pour elle-même et parce qu'elle seule peut rendre la patrie forte et aimable, et grande — grande non pas pour dix ou quinze années éclatantes, mais pour toujours.

CHAPITRE XVII. — Des limites exactes de la liberté selon la situation différente des différents peuples

Voilà les principes et les idées générales qui dominent, en quelque sorte, cette question de la liberté et qui ne doivent jamais être perdus de vue, en quelque pays civilisé que l'on soit, de nos jours, sur toute l'étendue de la planète. Il va sans dire qu'il y a des différences d'application selon les lieux, selon l'étendue des pays, selon la situation des pays par rapport à leurs voisins, à leurs amis et à leurs rivaux.

Mais il ne faut pas s'imaginer que ces différences d'application soient très difficiles à trouver et presque impossibles à découvrir, comme tous les ennemis de la liberté ne manquent pas de l'assurer pour incliner les esprits à l'idée de la nécessité du despotisme.

Il suffit de s'attacher fermement au principe et de se laisser guider par lui. Quel est l'office de l'Etat ? D'assurer l'ordre matériel à l'intérieur et la sécurité à l'extérieur, de demander aux citoyens tout ce qu'il faut pour cela et rien de plus, d'être très fort *et même despotique* en cette sphère et de n'être rien en dehors de cette sphère.

Eh bien, la quantité de sacrifices que l'Etat peut et doit demander aux citoyens pour remplir son office et pour ne remplir que son office varie selon les pays et selon les circonstances ; c'est incontestable ; mais elle est très facile à déterminer selon les pays et selon les circonstances, d'une part en examinant les nécessités de protection et de défense dans tel pays, d'autre part en ne perdant jamais de vue le principe général que nous avons posé.

Par exemple nous sommes en France et nous regardons, je

suppose, les Etats-Unis d'Amérique. Pouvons-nous nous conduire d'après le principe américain ? Je réponds fermement : Oui. Pouvons-nous pousser l'application de ce principe aussi loin que les Américains et être aussi libres que les Américains et ne pas faire à l'Etat plus de sacrifices que les Américains n'en font ? Je réponds fermement : Non.

Les Américains n'ont pas de voisins ou n'ont que des voisins très faibles. Ils peuvent faire à l'Etat beaucoup moins de sacrifices que nous. Les nécessités d'ordre intérieur sont les mêmes, les nécessités de défense extérieure sont toutes différentes. Si les Américains du Nord étaient divisés en deux peuples, chacun de ces deux peuples serait précisément dans la même situation que nous et chacun de ces deux peuples serait forcé par les nécessités de la défense de faire à l'Etat plus de sacrifices et à restreindre sa quantité de libertés C'est bien pour cela que, passionnés pour la liberté, ils ont compris qu'il ne fallait pas, malgré les différences de races et les conflits d'intérêts économiques, se séparer en deux peuples. Ce qui a vaincu dans la guerre de Sécession, et surtout ce qui a fait qu'elle ne s'est point renouvelée, c'est d'abord le principe d'union et l'idée de la « plus grande Amérique » ; c'est aussi l'instinct de liberté.

Tels qu'ils sont et tels qu'ils semblent destinés à rester longtemps, les Etats-Unis sont donc le peuple moderne : 1° qui est le plus passionné pour la liberté ; 2° qui peut pousser le plus loin possible l'application du principe de liberté. Ils peuvent donc servir comme d'exemple et comme d'idéal pratique, cette réserve faite qu'il est impossible à aucun peuple européen de pousser aussi loin qu'eux l'application du principe libéral et de faire à l'Etat aussi peu de sacrifices qu'ils en font.

Mais ce n'est pas une raison pour tout brouiller et pour dire sommairement : « A eux la liberté, et à nous la servitude. » Il faut voir simplement, d'une part, en eux l'idéal pratique, d'autre part, ce que, évidemment, étant données nos nécessités de défense, nous ne pouvons pas imiter d'eux, et faire tout bonnement une soustraction. Ce qu'ils font et qui ne compromettrait nullement chez nous l'ordre matériel à l'intérieur et la sécurité à l'extérieur, faisons-le sans aucune crainte ; ce qu'ils font et qu' évidemment nous ne pourrions pas faire sans ouvrir nos frontières, ne le faisons pas. En d'autres termes, maintenons ici comme là-bas l'Etat dans

Émile Faguet

son office, dans sa sphère ; seulement son office est plus grand, sa sphère est plus étendue ici que là-bas.

Or donc aux Etats-Unis la liberté individuelle est absolue. Pourquoi ne le serait-elle pas ici ? Les nécessités d'ordre intérieur s'y opposent-elles ? Non. Les nécessités de défense s'y opposent-elles ? Non, excepté en cas de guerre. Conclusion : en temps de paix la liberté individuelle en France doit être absolue.

La liberté de la pensée, de la parole et de la presse aux Etats-Unis est absolue. Pourquoi ne le serait-elle pas ici ? Les nécessités d'ordre intérieur s'y opposent-elles ? Non. Les nécessités de défense s'y opposent-elles ? Non ; excepté en cas de guerre et, même en temps de paix, en ce qui concerne la révélation des secrets d'organisation militaire. Conclusion : en temps de paix, sauf la révélation des secrets d'organisation militaire, la liberté de la pensée, de la parole et de la presse, en France, doit être absolue.

Les libertés régionales et municipales aux Etats-Unis, sans être absolues, sont si étendues que chaque « Etat » (province) est presque un Etat dans l'Etat, s'administrant lui-même, ayant ses administrateurs élus par lui, son budget voté par lui, etc. Pourquoi n'en serait-il pas de même en France ? Il ne peut en être de même en France que partiellement. Il n'intéresse nullement la défense et il n'est que très utile au bon ordre et à l'expédition rapide des affaires que les choses locales se fassent en leur lieu, et les choses régionales en leur région, et que tout ne se fasse pas à Paris, et que par conséquent les pouvoirs des conseils municipaux, des conseils généraux et des maires soient beaucoup plus étendus qu'ils ne le sont. Mais il est certain qu'il ne faut pas laisser aux municipalités ni même aux régions une complète liberté budgétaire. Pourquoi ? Parce que les nécessités de la défense nationale sont là qui interviennent. Une richesse régionale est une partie du trésor de guerre, et il ne faut pas que cette partie du trésor de guerre soit gaspillée. Or ce n'est pas la municipalité ou la région qui peut calculer jusqu'où elle peut aller dans ses dépenses sans entamer la partie du trésor de guerre qu'elle contient en elle. Ce calcul, l'Etat seul peut le faire. Dans un pays sans cesse menacé de guerre comme le nôtre, il convient donc, il faut que l'Etat puisse fixer la limite des dépenses permises à une région, à un département, à une ville et même à un village. La liberté financière des régions et des villes doit donc être limitée. De toute autre liberté administrative, il n'y a absolument aucun inconvénient à ce qu'elle soit aussi étendue que dans le pays le plus libre du monde. Il est bien entendu qu'en cas de guerre, j'entends en cas de guerre sur le territoire ou très voisine du territoire, toutes les libertés sont suspendues et les libertés régionales et municipales sont suspendues comme les autres.

Aux Etats-Unis la liberté d'association est absolue. Pourquoi n'en serait-il pas de même en France ? Les nécessités d'ordre intérieur s'y opposent-elles ? Non. Les nécessités de défense s'y opposent-elles ? Pas davantage. Rien ne s'y oppose, si ce n'est les ambitions de l'Etat, qui prétend être la seule association permise sur la surface du territoire. Par cette prétention l'Etat sortant absolument de son rôle, de son office et de sa sphère, nous ne nous y arrêtons pas. La liberté d'association doit être absolue en France.

La liberté d'enseignement est absolue aux Etats-Unis. Pourquoi n'en serait-il pas de même en France ? Les nécessités d'ordre matériel intérieur s'y opposent-elles ? Non. Les nécessités de la défense s'y opposent-elles ? Aucunement. Rien ne s'y oppose, si ce n'est les ambitions du gouvernement, qui prétend penser pour tout le monde, comme s'il était souverain pontife. Par cette prétention l'Etat sortant de son office, de son rôle et de sa sphère, pour entrer dans celle du ridicule, nous ne nous y arrêtons pas. La liberté d'enseignement doit être absolue en France.

La liberté judiciaire est absolue aux Etats-Unis, à ce point même qu'elle est plus qu'une liberté, qu'elle est un pouvoir et un pouvoir qui empiète sur le pouvoir législatif, puisque les magistrats judiciaires ont le droit de frapper une loi de caducité, de nullité. Pourquoi n'en serait-il pas de même en France ? Les nécessités de l'ordre intérieur s'y opposent-elles ? Non, pas plus qu'en Amérique, et l'on ne voit pas que l'ordre soit troublé là-bas parce que les magistrats n'obéissent pas au gouvernement, ni même parce qu'ils refusent d'appliquer une loi qu'ils jugent contraire aux institutions fondamentales. Une loi qui aurait dû n'être pas votée est comme si elle n'avait pas été votée, voilà tout. — Les nécessités de la défense s'y opposent-elles ? J'ai beau chercher, je ne le vois pas. Conclusion : par un procédé ou par un autre, la liberté judiciaire devrait être absolue en France, et la magistrature devrait y posséder les mêmes pouvoirs que la magistrature américaine.

Émile Faguet

J'ai considéré le principe là où il est appliqué plus complètement que nulle part ailleurs ; j'ai tenu compte, pour l'application du principe, des différences de situation, des nécessités différentes résultant des situations différentes ; j'ai fait les soustractions. Ces soustractions faites, les libertés en France devraient être ce que je viens de dire qu'elles devraient être.

Mais il est remarquable à quel point nos démocrates français, ceux qui se targuent d'être les successeurs des citoyens qui ont proclamé les Droits de l'homme, raisonnent différemment. Ils raisonnent exactement à l'inverse. L'Etat étant institué uniquement pour l'ordre matériel à l'intérieur et la défense contre l'étranger, une république française au milieu de l'Europe monarchique devrait être une république libre pour tout ce qui est de l'intérieur et avoir un caractère monarchique assez marqué pour tout ce qui regarde l'extérieur. Elle devrait avoir un budget d'Etat sévèrement gardé contre les fantaisies provinciales ; une armée d'Etat très solide et très centralisée, comme celles des monarchies voisines et rivales ; un président de république très semblable à un roi pour ce qui regarde l'étranger et véritable chef de la diplomatie ; elle devrait avoir enfin un gouvernement très fort et très armé contre tout ce qui est au delà de la frontière, sévèrement restreint à son rôle de gardien de l'ordre public pour tout ce qui est de l'intérieur. Ainsi serait réalisée la formule de Constant : « Le gouvernement ne doit avoir aucune force en dehors de sa sphère, dans sa sphère il n'en saurait trop avoir. »

Tout au contraire, nos démocrates, pour la plupart, souhaitent un budget provincialisé et décentralisation non seulement administrative, ce qui est désirable, mais financière, ce qui est dangereux ; ils souhaitent l'abolition de l'armée nationale, de l'armée d'Etat, de l'armée centralisée et son remplacement par des milices, ou par rien ; ils souhaitent l'abolition de la présidence de la République et, en attendant, ils font le président de la République aussi petit et aussi faible, à tout égard, qu'il soit possible.

Enfin ils veulent, et ardemment, un gouvernement fort, en quoi ils ont parfaitement raison ; mais *fort contre qui ?* Non pas contre l'étranger, mais contre quelque chose à l'intérieur, et c'est ce qui pour le moraliste est trop naturel et pour le politique est un objet de stupéfaction. Ils veulent, et, du reste, tous les partis avec eux, un gouvernement qui soit très fort, très armé de lois oppressives et réprimantes, très assuré du reste de l'impunité dans l'arbitraire, contre qui ? Contre une partie des citoyens français. Le démocrate a besoin d'un gouvernement fort contre l'aristocrate et le réactionnaire ; le libre penseur a besoin d'un gouvernement fort contre les moines, les prêtres et les religieuses ; le protestant a besoin d'un gouvernement fort contre les catholiques ; le catholique a besoin d'un gouvernement fort contre les protestants et les juifs ; et tous réclament un gouvernement fort contre une catégorie de leurs compatriotes, contre une partie de la France, laquelle partie, quelquefois, est même la majorité du peuple français.

Ainsi ils réclament, ils veulent et ils font un gouvernement faible contre l'étranger et fort à l'intérieur et contre l'intérieur. Ils désarment du côté de l'étranger, mais ils arment contre une partie de la patrie, ce qui est armer contre la patrie. C'est précisément tourner le dos à l'idéal américain et à la pratique américaine, c'est-à-dire à la République.

Tout cela à cause de leurs haines de parti, de leurs rancunes de parti, de leurs ambitions de parti et de leurs avidités de parti. Rien ne prouve mieux, une fois de plus, que l'esprit de parti est absolument destructif du patriotisme, que l'esprit de parti n'est même pas autre chose qu'une forme de l'absence de patriotisme, que l'homme de parti subordonne la patrie à son parti et sacrifie la patrie à ses haines de sectaire ; que, au contraire, aux temps modernes, qui dit libéral dit patriote, et que le libéralisme n'est pas autre chose que l'instinct patriotique se réveillant, réagissant, et en ayant assez de toutes ces passions égoïstes qui ouvrent complaisamment la frontière, mais, en revanche, installent énergiquement au sein du pays des gouvernements de guerre civile et la guerre civile permanente.

CHAPITRE XVIII. — Etat de la France au point de vue libéral

En effet, il ne faut pas s'y tromper, la France de 1789 est un des pays les moins libres et un des pays les moins libéraux du monde. — Elle est un des moins libres, malgré les apparences. Sans doute,

Émile Faguet

la douceur relative de nos mœurs fait qu'aucun gouvernement, jusqu'à présent, ne nous a molestés, au moins tous, du moins la majorité d'entre nous, d'une façon abominable. Sur quoi nous prenons assez doucement notre parti et de la violation de la liberté en la personne d'un certain nombre de citoyens, contre tout droit, et des terribles instruments de despotisme qui sont dans nos lois et qui peuvent servir demain et qui servent déjà de temps en temps.

On n'est pas précisément libre dans un pays où deux citoyens qui ont commis un acte passible de la cour d'assises y sont conduits, sont acquittés par le jury, et, *pour ce même acte pour lequel ils ont été acquittés,* sont traduits devant une juridiction politique, devant *ceux qu'ils attaquaient,* et sont condamnés à l'exil. Je ne connais pas de violation plus formelle de tous les principes libéraux et de tous les principes juridiques. Les « commissions mixtes » du second Empire sont parfaitement dépassées ; car c'était moitié devant des ennemis politiques probables, moitié devant des juges supposés neutres et impartiaux que les accusés des commissions mixtes étaient conduits. Voilà pour les principes libéraux. D'autre part, c'est une forfaiture, au point de vue juridique, que de traduire un acquitté du jury, pour le même acte pour lequel il a été acquitté, devant une autre juridiction. Il n'y a pas d'appel, il ne peut pas y avoir d'appel contre le jury, si ce n'est pour vice de forme. Voilà pour les principes juridiques. Le procès devant la Haute Cour de 1900 est une violation manifeste de la liberté individuelle et des garanties constitutionnelles et légales de la liberté individuelle.

On n'est pas libre dans un pays où, parce que, chez moi, dans ma maison, je fais tenir une classe enfantine par des religieuses, on ferme *ma* maison, on met des scellés sur *ma* porte, et on m'empêche d'habiter *ma* maison ou de la louer. Il ne peut pas y avoir de violation plus formelle de la liberté individuelle et du droit de propriété, c'est-à-dire de deux droits de l'homme.

Ces faits sont relativement rares. Ce n'est pas la majorité des citoyens français qui est exilée par jugement politique après avoir été acquittée par verdict du jury. Ce n'est pas les citoyens français en majorité que l'on empêche d'habiter leurs maisons. Aussi nous faisons peu attention à ces choses et nous nous croyons suffisamment libres, oubliant cette maxime excellente, et du reste d'une évidente vérité, de la *Déclaration des droits de l'homme* : « Il

176

y a oppression contre tout le corps social quand un seul de ses membres est opprimé. »

Mais à quoi nous faisons moins attention encore, c'est aux instruments d'oppression qui sont dans nos lois, dont un gouvernement autoritaire peut se servir quand il voudra, dont un gouvernement excité, poussé et menacé par sa clientèle passionnée et avide, sera forcé de se servir, et dont en effet, à l'heure où je parle, on commence déjà à user fort honnêtement. La liberté individuelle existe en France et est généralement respectée. Cependant, vous l'avez vu, un homme arrêté sous une inculpation, traduit devant la cour d'assises et acquitté, n'est pas en sûreté ! La *Déclaration des droits de l'homme* de 1793 dit que « tout homme, est présumé innocent jusqu'à ce qu'il ait été déclaré coupable » ; la République française de 1900 a pour principe qu'un homme est présumé coupable *quand* il a été déclaré innocent. Et elle le condamne et elle l'exile.

Ne croyez donc pas que votre liberté individuelle vous soit assurée. Il n'en est rien. Pour que votre liberté individuelle vous soit ravie, pour que vous puissiez être arrêté, incarcéré et exilé sans passer devant les juges ou, le jury, ou, ce qui est plus fort, après y avoir passé et avoir été acquitté, il suffit que le gouvernement vous accuse de complot. Alors il n'y a plus de liberté individuelle pour vous. Vous êtes soustrait à la justice pour être jugé par des hommes politiques, pour être jugé par le parti qui ne vous aime pas, en d'autres termes pour être jugé par ceux qui vous accusent. Toute liberté individuelle a disparu. Entre cela et la lettre de cachet il n'y a aucune différence. Il y a une loi dans nos codes qui permet cette violation de la liberté individuelle. Il ne faut pas dire que la liberté individuelle existe en France.

La liberté de la pensée, de la parole et de la presse y existe d'une façon, très suffisante, surtout pour les publications pornographiques. Cependant il y a toute une législation contre la presse et très détaillée. On me dira que cette législation ne va qu'à traduire les écrivains devant le jury et que par conséquent la presse est libre. « La liberté de la presse, c'est le jury, » comme on dit en Angleterre. Je répondrai d'abord que le droit commun vaut encore mieux que le jury, et qu'un écrivain ne devrait être traduit devant quelque juridiction que ce fût que pour avoir commis par l'instrument de la presse un délit de droit commun : diffamation, calomnie, chantage, etc. Je ferai remarquer ensuite que le gouvernement a dans ses lois ou croit y avoir les-moyens de « correctionnaliser » les délits de presse, c'est-à-dire de soustraire les écrivains à la juridiction du jury et de les faire passer devant les juges qu'il nomme, qu'il « avance », qu'il disgracie en ne les favorisant pas, et qui par conséquent dépendent de lui. En 1902 le délit ou prétendu délit de « provocation à l'attroupement » a été correctionnalisé, c'est-à-dire qu'un écrivain inculpé de ce délit a été traduit devant le tribunal correctionnel et que ce tribunal s'est déclaré parfaitement compétent. Il n'y a rien de plus facile que de généraliser ce procédé. Il suffit de considérer quelque article que ce soit, hostile au gouvernement, comme provoquant à la sédition, et à ce titre de correctionnaliser le délit et de faire passer l'écrivain devant les juges correctionnels. Je ne vois pas un article un peu vif de journal de l'opposition sur lequel on ne puisse faire ce petit travail. La liberté de la presse n'existe pas en France autant qu'on le croit généralement. Elle n'est guère, comme sous tous les régimes qui se sont succédé depuis Louis XII, qu'une tolérance du gouvernement.

C'est même assez mauvais au point de vue diplomatique. Dans le cas où un journaliste français insulte un souverain étranger, si la presse française était vraiment libre, aux observations du souverain étranger on pourrait répondre : « En France la presse est libre » ; mais dans l'état actuel des choses, le souverain étranger, si on lui dit que la presse est libre en France, peut dire : « Comment se fait-il alors que quand vous êtes maltraité, vous, par un écrivain, vous le fassiez condamner, et non pas par le jury, mais par vos juges à vous, pour délit de provocation à la révolte, à l'attroupement ou à autre chose ? L'écrivain français peut donc provoquer impunément chez moi ce qu'il ne peut pas provoquer impunément chez vous ? » J'ai dit qu'il n'y avait rien de gênant pour le gouvernement lui-même, surtout pour le gouvernement, comme l'oppression qu'il exerce.

La liberté d'association, implicitement reconnue par les *Déclarations des Droits de l'homme*, n'existe pas en France. Elle existe, avec quelques précautions prises contre elle, pour les groupements laïques ; elle n'existe pas pour les groupements ecclésiastiques, qui ne peuvent se former qu'avec l'autorisation et l'agrément du gouvernement et des Chambres. Autrement dit, les laïques se groupent librement, les ecclésiastiques se grouperont dans la mesure où le permettra une majorité politique qui les déteste.

Je ne comprends pas cette distinction faite entre un citoyen français et un autre. La loi qui organise les choses ainsi est une loi qui n'a pas le caractère de la loi. C'est une loi personnelle, c'est une loi contre les personnes, c'est une loi contre des personnes, comme si l'on faisait une loi contre vous, Monsieur Durand, parce que vous êtes M. Durand, ou contre vous, Monsieur Dupont, parce que vous êtes M. Dupont. La loi ne doit viser que les choses, que les choses abstraites, un crime, un délit, une infraction ; elle ne doit jamais viser les personnes. C'est donc là une loi qui n'a pas le caractère de la loi ; c'est, sans forcer le sens des mots, une loi illégale. Que diriez-vous si, le parti catholique étant vainqueur aux élections, il faisait une loi ainsi conçue : « La liberté d'association est reconnue pour les ecclésiastiques ; elle n'est pas admise pour les laïques. Les religieux s'associeront comme ils voudront ; les laïques devront, pour s'associer, demander l'autorisation du gouvernement et des Chambres, qui la leur refuseront ? » Vous vous indignez d'une si monstrueuse tyrannie cléricale. *Mutato nomine*, c'est précisément ce que vous avez fait, en votre qualité de cléricaux retournés, ce que vous êtes depuis Jean-Jacques Rousseau et Robespierre.

La liberté d'association n'existe pas en France du moment qu'elle n'existe pas pour tous les Français. « Il y a oppression contre le corps social quand un seul de ses membres est opprimé. » La *Déclaration des Droits* a raison, très précisément raison. Je n'ai pas la liberté d'association, je ne l'ai pas, puisque, si je me faisais prêtre, je ne l'aurais pas.

La liberté d'enseignement est traitée tout de même. Elle existe pour les laïques ; elle n'existe pas pour les religieux. En effet, on n'enseigne pas, ou l'on n'enseigne guère, et en vérité on n'enseigne pas, isolément. Pour enseigner, il faut se grouper, au moins en un collège de vingt professeurs sous la direction de quelqu'un. Or la liberté de groupement, d'association, n'existe que pour les laïques ; elle n'existe pas pour les religieux. En d'autres termes, l'enseignement est interdit, sauf tolérance et bon plaisir, aux citoyens qui sont d'église ; en d'autres termes, la liberté

Émile Faguet

d'enseignement en France n'existe pas.

On va assez loin en ce sens, et cela deviendrait amusant si, à le prendre comme il le faut prendre, ce n'était si triste. Comme le gouvernement sait très bien que l'enseignement, qu'il soit donné par des prêtres catholiques, par des moines catholiques ou par des laïques catholiques, sera catholique, et tout autant catholique dans un cas que dans l'un des autres, il s'avise au moment où j'écris d'un instrument administratif qui consistée sévir contre les « interposés », c'est-à-dire contre ceux ou celles qui, dans les écoles anciennement religieuses, ne seront que les prête-nom ou les représentants des religieux ou religieuses dépossédés et donneront un enseignement à ses yeux tout aussi funeste. Voilà qui va fort bien ; mais à quoi reconnaîtra-t-on les a interposés » ? Ce ne peut plus être à l'habit. Sera-ce à la physionomie et à l'air de tête ? « On reconnaîtra les interposés, dit une proposition du gouvernement au Conseil d'Etat datant de ce matin, au caractère et à la nature de l'enseignement donné. » Impossible d'être plus franc. Cela veut dire que la liberté d'enseignement n'existera plus en France, sera abolie en France, même pour les laïques. Car, se conformant strictement à l'avis du Conseil d'Etat, un inspecteur visitant une école parfaitement laïque, absolument laïque, pourra déclarer que, vu le caractère et la nature de l'enseignement qui y est donné, il n'est pas douteux que les professeurs ne soient des « interposés », et l'école sera fermée. Il n'existe en France aucune liberté d'enseignement. La liberté d'enseignement, reconnue implicitement par les deux *Déclarations des Droits* proclamée formellement et solennellement par la Constitution de 1793, par la Charte de 1830 et par la Constitution de 1848, fut abolie radicalement en France par la République française au commencement du xxe siècle.

Enfin, pour ce qui est de ce que j'appelle, d'un mot assez impropre, mais pour faire court, la liberté judiciaire, c'est-à-dire pour ce qui est du droit qui appartient aux citoyens de n'être jugés que par des juges indépendants, il en va exactement de la même façon. La liberté judiciaire n'existe pas en France. Elle n'existe pas et je l'ai assez prouvé au cours de ce volume pour n'y revenir que sommairement ; elle n'existe pas, parce que les magistrats, protégés dans leur indépendance par leur seule inamovibilité, ne sont indépendants que s'ils ne sont pas ambitieux, que s'ils sont résignés à la médiocrité, à la pauvreté et à l'obscurité, ce qui est trop demander à des hommes qui sont des hommes et qui ont le droit d'être des hommes. — Elle n'existe pas, non plus, parce que, en cas de procès entre le gouvernement et un particulier, en cas de conflit entre le gouvernement et un citoyen, en d'autres termes en toute affaire où les droits de l'homme sont intéressés, le gouvernement peut opposer au tribunal un déclinatoire d'incompétence ; puis, si le tribunal s'est déclaré compétent, prendre un arrêté de conflit qui suspend tout ; puis faire juger le conflit devant le tribunal des conflits, où la majorité est composée de fonctionnaires, où c'est le ministre de la justice qui préside et où, par conséquent, c'est le gouvernement qui juge.

En d'autres termes, dans toute affaire intéressant les droits de l'homme, dans toute affaire où le citoyen se trouve en face de l'Etat qu'il estime oppresseur, si un tribunal veut protéger le droit du citoyen, il y a appel et appel suspensif. A qui ? A l'Etat lui-même. Partout le gouvernement suprême juge. Devant la Haute Cour vous êtes jugé par vos accusateurs. En cas de débat entre le gouvernement et vous, vous êtes jugé par votre partie adverse. Dans ces conditions il n'y a en France ni indépendance de la magistrature, ni ce pouvoir judiciaire », puisqu'il y a, contre un abus de pouvoir du gouvernement, impuissance judiciaire. Ni sous l'un ni sous l'autre de ses aspects la liberté judiciaire n'existe.

Or la véritable garantie de toutes les libertés, et sans laquelle les autres libertés, quand même elles existeraient, n'existeraient pas, se trouveraient en définitive n'exister point, c'est la liberté judiciaire. Toute oppression, vraie ou crue, toute violation du droit de l'homme, vraie ou dont on se croit victime, ne peut se repousser que de deux façons : par la force ou par le plaid. Le citoyen qui se croit victime d'une oppression, s'il ne veut pas ou ne peut pas recourir aux armes, ne peut donc recourir qu'à un juge. Si ce juge, dans l'espèce, n'existe pas, ou n'est pas indépendant ou est impuissant, l'oppression subsiste. La garantie de toutes les libertés est donc la liberté judiciaire, et il n'y a, en dehors de la révolte, pas d'autre garantie de toutes les libertés que la liberté judiciaire. L'absence de liberté judiciaire accule donc le citoyen lésé à l'insurrection, ou, s'il se sent trop isolé pour s'insurger, le renfonce dans la servitude. Donc un pays qui aurait toutes les libertés, s'il n'avait pas une

Émile Faguet

magistrature indépendante et qui fût un pouvoir, n'aurait aucune liberté en croyant les avoir toutes, ou plutôt s'apercevrait très vite qu'il a en apparence toutes les libertés, mais seulement qu'il ne jouit d'aucune.

Voilà le bilan ; voilà la liste des libertés dont nous jouissons. Nous n'avons — si ce n'est par bon plaisir, tolérance et douceur du gouvernement, qui n'est pas toujours doux, qui n'est pas toujours tolérant et dont les plaisirs ne sont pas toujours bons — ni la liberté individuelle, ni la liberté de la pensée, ni la liberté de la parole, ni la liberté de la presse, ni la liberté d'association, ni la liberté d'enseignement, ni le droit des minorités, ni la liberté judiciaire, garantie et sanction de toutes les autres.

La France est un pays républicain, qui n'a aucune liberté, et qui a encore moins celle sans laquelle, quand toutes les autres existeraient, elles n'existeraient pas.

Chapitre xix. — Pourquoi les Français ne sont pas libéraux

J'ai dit que la France est un des pays les moins libres du monde et les moins libéraux de l'univers. J'ai suffisamment, je crois, prouvé la première de ces propositions au chapitre précédent. Il me reste à m'expliquer sur la seconde. Il y a bien longtemps qu'à propos de Voltaire, le plus absolutiste des hommes, j'ai dit qu'il représentait admirablement l'esprit français, « le libéralisme n'étant pas français ». De fait, je ne crois pas avoir, de ma vie, rencontré un Français qui fût libéral. Le Français est homme de parti avant tout, et homme de parti très passionné, et il ne souhaite rien au monde, après le succès de ses affaires particulières, que le triomphe de son parti et l'écrasement des autres.

— Tout comme Voltaire !

— Oui, avec moins d'esprit le plus souvent.

Même quand il est patriote, ce qui se rencontre, il lui est impossible de voir le progrès, le développement et la grandeur de la France ailleurs que dans le triomphe de son parti. Il lui est impossible de voir tout cela dans l'établissement et l'affermissement et le règne pacifique de la liberté. Il s'écrie tout de suite : « Mais, dans liberté, le parti que je déteste ne serait pas opprimé, et alors que deviendrait la France ? » En conséquence de quoi, à quel parti qu'il appartienne, de la liberté il a terreur et horreur.

C'est en exploitant cet état d'esprit, c'est en mettant à profit ce penchant invincible, que les gouvernements ont toujours obtenu autant de despotisme qu'ils ont voulu. Les gouvernements monarchiques, Empire et Restauration, ont dit à leurs partisans : « La liberté, je n'en suis pas ennemi, je la voudrais peut-être ; mais songez qu'elle profiterait aux républicains, que les républicains en profiteraient ! » Il suffisait. Ils étaient aussi despotiques qu'ils le désiraient, quelquefois plus.

Le gouvernement semi-absolutiste, semi-libéral, de 1830, disait à ses partisans et disait à la France entière : « La liberté, je la désire tellement que j'en suis le représentant ici-bas ; j'en suis le fils, j'en suis l'esprit et j'en voudrais être le père. Mais songez qu'elle profiterait aux cléricaux, que les cléricaux en profiteraient. » Il suffisait. La liberté était toujours saluée, honorée, proclamée, adorée et ajournée.

Une bonne formule, du reste, avait été trouvée. Comme une partie considérable des Français, sinon la majorité, est anticléricale, sans que j'aie jamais pu arriver à savoir pourquoi ; et comme elle ne le sait pas non plus, ce n'est pas à elle qu'il faut le demander ; mais enfin, comme elle est anticléricale, les gouvernements républicains qui ont succédé aux gouvernements monarchiques ont dit à satiété à la France : « La République, c'est la liberté. Vive la liberté ! Vive la liberté sous toutes ses formes et dans toutes ses applications ! Vivent toutes les libertés ! Vivent les droits de l'homme :... Seulement, prenez garde ! La liberté commencerait par profiter aux cléricaux, et les premiers bénéficiaires de la liberté, ce seraient les cléricaux. Voulez-vous cela ? Non, n'est-ce pas ? Non certes. Alors ajournons la liberté jusqu'au moment où il n'y aura plus de cléricaux. C'est la solution. Vive la liberté ! Mais pour quelques siècles encore la République sera despotique. »

L'anticléricalisme est devenu ainsi un admirable prétexte aux gouvernements les plus passionnés, aies entendre, pour la liberté, pour être tout aussi despotiques que les autres, sinon davantage et

Émile Faguet

avec l'admiration attendrie d'une moitié de la France ; car on disait, car on dit : « Quel bon gouvernement ! Il brûle pour la liberté ; il la respire ; il est fils de 1789 et de 1793 ; il fait afficher les *Droits de l'homme* ; mais il est si justement effrayé du péril clérical, qu'il fait violence à tous ses sentiments et que, la mort de l'âme, il est aussi despotique que le Premier Empire. »

Le prétexte servira longtemps ; il est même assez probable qu'il servira toujours.

La raison en est que les Français préféreront toujours, de parti à parti, l'écrasement de leurs adversaires à la liberté, et aimeront toujours mieux être privés de la liberté que non pas que leur adversaire en jouisse, même quand ils sont libéraux au fond, ce que, du reste, et c'en est la marque, ils ne sont pas du tout.

Regardez-les, aux temps où nous sommes. On peut compter parmi eux quatre partis principaux : les socialistes, les républicains radicaux, les républicains progressistes, les nationalistes. Aucun de ces quatre partis n'est libéral.

Les socialistes sont des égalitaires. Au point de vue du principe d'égalité ils sont les vrais héritiers et les vrais fils de la Révolution française, et comme le principe de liberté a été abandonné par tout le monde, ils sont les vrais fils et les vrais héritiers de la Révolution française. Ils sont les seuls qui acceptent et qui veulent dans toutes leurs conséquences et dans toutes leurs applications les deux idées qui ont seules subsisté entre toutes les idées de la Révolution : égalité, souveraineté nationale. Ils veulent l'égalité réelle, l'égalité des biens possédés, soit individuellement, soit, et plutôt, collectivement, en quoi ils sont de bon sens, et ils veulent un gouvernement qui maintienne énergiquement et éternellement cette égalité réelle et qui partage également entre tous le bien de tous et le produit du travail égal de tous. Il n'y a pas un atome de liberté dans leur conception ni dans leur programme. Leur gouvernement serait le plus despotique de tous les despotismes connus. Le gouvernement des Jésuites au Paraguay donne seul une idée approximative de ce que serait le leur.

Les républicains radicaux seront libéraux quand les socialistes seront au pouvoir ; mais, pour le moment, étant au pouvoir, ils sont, naturellement, absolutistes. Leur conception de la société est celle-ci : Il n'y a que l'Etat. L'Etat a tous les droits. L'Etat, dans la pratique, c'est la moitié plus un des électeurs qui votent. Cette moitié plus un fait tout ce qu'elle veut. L'individu n'a aucun droit ; la minorité, même considérable, même moitié des votants moins un, n'a aucun droit. Les droits de l'homme n'existent pas. Du reste, il est de l'intérêt de l'Etat que l'Etat seul pense, parle et agisse et que « l'unité morale » de la nation se fasse ainsi. Toute compression, toute oppression de l'individu isolé qui a la prétention de penser, de parler, d'enseigner ou d'agir, est donc dans l'intérêt de l'Etat et par conséquent légitime. Toute répression, compression, oppression et suppression d'une collectivité quelconque qui ne serait pas l'Etat, et qui serait ainsi un Etat dans l'Etat, est donc dans l'intérêt de l'Etat et par conséquent légitime.

Il n'y a pas un atome de liberté dans cette conception ni dans ce programme, et même il ne respire que la terreur et l'horreur de toute liberté. Sauf l'égalité des biens possédés, ce programme est aussi despotique que celui des socialistes.

Je ferai remarquer, du reste, que les radicaux, qui, seulement par procédé électoral et pour lutter avec les socialistes en rivalisant avec eux, s'intitulent déjà radicaux-socialistes, seront forcés de devenir socialistes réellement. Car la fortune, ou simplement la propriété individuelle même la plus modeste, est une limite à l'omnipotence de l'Etat. On n'obtient pas, on ne peut pas obtenir la même docilité, la même servitude, la même obéissance passive à la « moitié plus un », d'un homme qui possède quelque chose que d'un homme qui ne possède rien. J'ai vingt fois fait remarquer qu'un homme qui possède est un Etat dans l'Etat, tout comme une congrégation, et seulement dans des proportions moins vastes. Les radicaux seront donc amenés peu à peu par les résistances qu'ils rencontreront, autant, du reste, qu'ils y seront poussés par leur clientèle, à se faire réellement socialistes. Les radicaux sont des étatistes. L'étatiste est un homme qui est en train de devenir socialiste, et s'il meurt sans l'être, c'est qu'il n'a pas assez vécu pour le devenir. Il n'y a pas plus de liberté dans la conception radicale que dans la conception socialiste ; il n'y a pas plus de liberté dans le programme radical que dans le programme socialiste ; il n'y a pas plus de libéralisme dans l'esprit d'un radical que dans l'esprit d'un socialiste.

Émile Faguet

Le parti républicain progressiste a des velléités libérales, d'abord parce qu'il n'est pas au pouvoir, ensuite parce que, réellement, il a, à l'égard de la liberté et des droits de l'homme, quelque tendresse, quelque souci, quelque inquiétude ou quelques remords. C'est un parti très honnête. Malheureusement il est la mollesse même, la faiblesse même, la timidité même et la pusillanimité même, ce qui fait qu'il est la nullité même.

Cela tient à ce qu'il est conservateur et que son vrai fond est le conservatisme. Or le conservateur français est un être singulier. Il n'est pas conservateur de certains principes généraux qu'il croit justes, de certaines traditions générales qu'il croit bonnes. Point du tout. Il est conservateur de ce qui existe, le jugeât-il détestable. « Cela existe, il ne faut le détruire. Cela est acquis. Il ne faut pas revenir sur cela. » Il en résulte que tout pas en avant que le radicalisme fait dans le sens du radicalisme, les progressistes s'y opposent d'abord et s'y résignent ensuite. Ils s'y opposent d'abord vivement et s'y résignent ensuite mélancoliquement, mais sans retour. Toutes les conquêtes radicales ont été combattues par les progressistes et respectées et conservées par les progressistes. « Cela est acquis. Il ne faut pas revenir sur cela. »

A ce compte, la France deviendrait gouvernement collectiviste, avec proscription de toute espèce de liberté, athéisme obligatoire, et communauté des biens et des femmes, les progressistes diraient : « C'est fâcheux ; mais c'est acquis. Ne revenons pas là-dessus. Pas de mouvement en arrière. Mais, par exemple, n'allons pas plus loin. »

Ajoutez à cela ce qui en est, du reste, une conséquence et ce qui est une forme du même tour de caractère : une répugnance presque invincible à renverser un ministère, quel qu'il soit. Lui aussi existe, lui aussi est acquis. Deux fois, trois fois peut-être, au cours du ministère Waldeck-Rousseau, les progressistes ont pu renverser le ministère Waldeck-Rousseau, *seulement en s'abstenant de voter*. Deux fois, trois fois peut-être, ils l'ont sauvé, en votant pour lui. En général ils ne votaient contre lui que quand ils étaient bien sûrs qu'il n'en aurait pas moins la majorité. Ils votaient contre lui pour le désapprouver, mais non point pour l'empêcher de nuire, ni surtout pour l'empêcher d'être. Ils ne votaient contre lui que quand leur vote devait être de nul effet ; mais quand leur épée pouvait faire du mal, non seulement ils ne la tiraient pas, mais ils couraient au secours de leur adversaire. Cela quelques mois avant les élections. Un gouvernement ne peut pas avoir de compétiteurs plus utiles, d'adversaires plus officieux, ni d'ennemis plus dévoués.

Ce n'est pas que les progressistes aimassent véritablement le ministère Waldeck-Rousseau ; non certes ; mais il existait, il était dès lors une institution nationale, quelque chose à quoi un conservateur ne touche pas sans un frisson religieux et ne voit pas ébranler sans, quoique le détestant, s'empresser à le soutenir.

Et enfin toutes les bonnes dispositions libérales du parti progressiste sont paralysées par la terreur où il est continuellement de passer pour clérical. — Comme il est modéré, il a toujours peur qu'on ne lui dise : « Pourquoi êtes-vous modéré si ce n'est parce que, au fond, vous êtes clérical et pour pouvoir ménager le clergé, sous prétexte de modération ? Vous êtes des cléricaux déguisés. » — Comme il est un peu libéral, il a toujours peur qu'on ne lui dise : « Pourquoi êtes-vous libéral si ce n'est parce que, au fond, vous êtes clérical ? Puisque les libertés ne peuvent profiter en France qu'aux cléricaux, quiconque est libéral est clérical. Vous êtes libéraux, donc vous êtes cléricaux. Vous êtes des cléricaux masqués. Mais on vous reconnaît sous le masque. Non ? Vous n'êtes pas cléricaux ? Prouvez-le donc en étant oppresseurs et en déchirant les Droits de l'homme. Il n'y a que cette preuve qui soit sûre. C'est la pierre de touche. »

A ce raisonnement tout le libéralisme des progressistes s'écroule tout d'une pièce. Il n'y a pas un progressiste qui reste libéral dès qu'il a le soupçon qu'on le soupçonne d'être suspect de cléricalisme. Or on l'en soupçonne toujours.

Pour ces raisons le parti progressiste peut avoir au cœur un certain libéralisme platonique ; mais il ne peut pas compter comme parti libéral. J'ajoute qu'il ne peut pas compter comme parti, étant données la mollesse de son tempérament et l'infirmité de sa complexion. Il est destiné à disparaître à bref délai. En attendant, personne ne peut compter sur lui ni avoir confiance en lui, excepté, un peu, le parti radical.

Le nationalisme est le seul parti libéral qui existe en France. Il est libéral. Il réclame la liberté individuelle, la liberté de la parole et de la presse, la liberté d'association, la liberté d'enseignement, l'indépendance de la magistrature. On ne peut guère être plus libéral que cela. Voilà un parti libéral. Seulement il est composé uniquement, à très peu près, de bonapartistes, de royalistes et de cléricaux. Il est composé du personnel du 24 mai 1873 et du 16 mai 1877. Ces très honorables citoyens ne peuvent point n'être pas très suspects de n'être libéraux que parce qu'ils sont en minorité et de n'être libéraux que comme le sont toutes les minorités, c'est-à-dire jusqu'à nouvel ordre. Il est possible qu'ils aient été convertis, qu'ils aient rencontré le chemin de Damas et qu'ils soient devenus, non seulement sincèrement libéraux, mais encore foncièrement libéraux, libéraux *ne varientar* ; mais il est un peu plus probable qu'ils sont des libéraux de circonstance et des libéraux provisoires.

Parlons brutalement : ils seraient vainqueurs, qu'ils recommenceraient le 24 mai et le 16 mai et qu'ils auraient pour ministre de l'Instruction un M. de Cumont et pour ministre de l'Intérieur un M. de Fourtou. Il y a peu de fond à faire sur le libéralisme de gens dont les uns ont les maximes du gouvernement du Second Empire et les autres les maximes du gouvernement du Syllabus. M. Gabriel Monod dit très bien aux radicaux : « Vous pratiquez le *Syllabus* retourné ; mais c'est parfaitement le *Syllabus*. » Il dit juste ; mais s'il n'y a pas de raison de se fier à ceux qui chaussent le *Syllabus* à l'envers, il n'y en a pas plus de s'abandonner à ceux qui le chaussent à l'endroit.

Pour être juste, il faut toujours entrer dans le détail et faire des distinctions. Il y a des éléments libéraux dans le parti nationaliste. Il y a dans ce parti quelques républicains libéraux qui sont bien forcés de marcher avec les gens qui, seuls en France, ont pour le moment une attitude libérale. Ces républicains libéraux nationalistes sont très dignes d'estime et c'est pour eux que je vote quand je peux, puisqu'ils représentent à peu près les deux seules choses auxquelles je tienne, l'idée de patrie et les droits de l'homme. Mais ils sont très peu nombreux et je ne voudrais pas tomber dans le ridicule de voir des suspects partout ; mais enfin je doute, non pas qu'ils ne soient libéraux, mais encore qu'ils soient libéraux radicaux et libéraux intransigeants. Si je leur disais par exemple : La liberté comme en Amérique avec les seules restrictions que nous imposent les nécessités de la défense extérieure ? je doute, vraiment je doute qu'ils me répondissent : Oui. Enfin ce serait à voir.

Chapitre xix. — Pourquoi les Français ne sont pas libéraux

Il y a encore, comme élément de libéralisme dans le parti national, quelques royalistes franchement et intelligemment libéraux. J'en connais qui le sont dans une mesure très appréciable. J'en connais qui sont pour la séparation de l'Eglise et de l'Etat. Or ce n'est pas mon seul *criterium*, mais c'est un de mes critères. Comme pour le radical la pierre de touche à connaître le bon, le vrai républicain, c'est l'anticléricalisme : « Etes-vous anticlérical ? — Oui. — Vous êtes républicain » ; de même une de mes pierres de touche à reconnaître le libéral, c'est le fait d'accepter la séparation de l'Eglise et de l'Etat ; aucun républicain n'en veut, ni aucun bonapartiste, ni aucun clérical, ni quasi aucun royaliste.

Il y a donc des éléments de libéralisme dans le parti national, mais qui sont faibles et qui sont noyés. On ne peut pas refuser ses sympathies à un parti qui se trouve, par le hasard des circonstances. représenter les Droits de l'homme menacés ; mais on ne peut pas s'empêcher de se dire que le libéralisme du parti national doit être surtout dans sa façade. Un libéral ne peut être nationaliste que sous bénéfice d'inventaire.

La question, j'entends la question de résistance au despotisme radical, est posée autrement par quelques esprits très bons et même de tout premier ordre. Dans une lettre au président du congrès des *Associations catholiques de province*, un homme de très haute pensée et du plus noble caractère, M. Ferdinand Brunetière, disait ceci (3 juin 1902) : « Je voudrais mettre en garde les *Associations catholiques* contre le « *parlementarisme* » tel qu'on le conçoit désormais à la *Ligue de la Patrie française* ; protester contre l'illusion de ceux qui semblent croire qu'ils triompheront, avec un vague libéralisme, de l'action combinée du jacobinisme et de la franc-maçonnerie ; faire observer qu'entre francs-maçons d'une part et catholiques de l'autre, à l'heure actuelle, en France comme ailleurs, un tiers parti ne pourrait représenter qu'une coalition d'intérêts matériels, ou moins encore que cela, je veux dire des divisions de personnes ; et ajouter que ceux-là sont aveugles qui ne voient pas que, le programme de nos adversaires étant de « déchristianiser » la France, nous fuyons le combat et nous livrons la patrie si nous feignons de croire que la lutte est ailleurs ; conclure enfin que l'idée religieuse est la condition ou plutôt le fondement de ce qu'on enveloppe sous le nom de *Droits de l'homme*. »

Émile Faguet

Il y a, comme dans tout ce qu'écrit M. Ferdinand Brunetière, autant d'idées et d'idées importantes que de lignes dans cette « position de la question ». Il faut détailler et procéder par ordre.

En théorie, d'abord, je reconnais qu'il est parfaitement vrai que l'idée religieuse est le fondement de ce qu'on enveloppe sous le nom de droits de l'homme. C'est certainement le christianisme qui a fondé les droits de l'homme ; je l'ai assez répété, et ce qui m'assure davantage, c'est que Taine l'avait dit avant moi, et ce qui m'assure plus encore, c'est que Montesquieu l'avait dit bien avant Taine. Au fond, si les radicaux ont horreur des Droits de l'homme, c'est d'abord parce qu'ils sont despotistes de doctrine et despotiques de tempérament ; mais c'est aussi parce qu'à travers les Droits de l'homme ils poursuivent le christianisme qui les a fondés et qui les a jetés à travers le monde. Cela me paraît parfaitement juste.

En pratique aussi, si l'on se place sur le terrain de lutte et de bataille, la question est bien posée. Il est évident qu'en fait « la lutte » est entre le jacobinisme avec ses alliés imprudents (protestants, juifs, etc.) d'une part, et d'autre partie catholicisme avec ses alliés d'un jour, libéraux, modérés, etc., qui se trouvent avec le monde catholique, simplement parce qu'ils sont contre les jacobins. D'accord. Et rien ne prouve précisément combien en France il y a peu de libéraux qui soient libéraux par libéralisme, qui soient libéraux parce qu'ils sont libéraux, comme cette nécessité où les voilà, s'ils veulent lutter, s'ils veulent faire quelque chose, de se ranger parmi des hommes ou à côté d'hommes qui ne sont pas libéraux le moins du monde, encore que fils de ceux qui ont enseigné les Droits de l'homme à l'univers.

Mais que les nécessités de la lutte soient telles, ce n'est pas du tout une raison pour renoncer au libéralisme, surtout si, au lieu d'être un « vague libéralisme », dont, certes, je ne voudrais pas, il est un libéralisme très précis. Ce n'est pas du tout une raison pour dire : « Il n'y a plus de libéraux. Il n'y a plus que des catholiques et des jacobins. Il ne doit plus être question de libéralisme. Il ne doit plus être question que de jacobinisme et de catholicisme. »

Jamais, pour mon compte, je ne dirai cela. Je dirai toujours : « La liberté, c'est la vérité. C'est la vérité sociale, du moins aux temps modernes ; et pour mille raisons que j'ai dites, les temps anciens ne peuvent pas revenir. La liberté, c'est la condition du développement normal de l'individu ; et la liberté c'est la condition du développement normal de la nation. Je suis libéral. Un point ; c'est tout. En pratique, quand c'est dans la personne des républicains, des radicaux, des jacobins, des socialistes, des protestants, des juifs que la liberté est violée, je suis à gauche ; quand c'est dans la personne des royalistes, des bonapartistes, des catholiques et des cléricaux que la liberté est violée, je suis à droite. »

Et j'ai raison même en pratique ; car je sais bien que je suis seul ; mais s'*j'étais plusieurs*, si *j'étais nombreux*, je formerais un parti qui, tantôt se plaçant dans le plateau de droite, tantôt dans celui de gauche, empêcherait la balance de pencher ni d'un côté ni de l'autre et maintiendrait le fléau droit ; qui protégerait toujours ceux, quelconques, en qui la liberté serait violée, ou plutôt qui protégerait, maintiendrait, défendrait, sauverait toujours la liberté et la liberté seule.

Ce « tiers parti » que M. Brunetière suspecte ou qu'il raille, s'il existait, ce ne serait pas un parti, ce serait une ligue pour l'intérêt de chacun et pour le droit de chacun, et pour l'intérêt public et pour le droit public ; et ce serait une ligue contre les partis, en ce sens qu'elle serait toujours pour le parti qui serait inoffensif étant vaincu et contre le parti qui serait redoutable et détestable étant vainqueur, tous les partis, quand ils sont vainqueurs, devenant immédiatement redoutables et détestables. Ce parti ne serait pas un tiers parti, ce serait un contre-parti.

C'est précisément ce parti qui devrait exister et qu'on devrait souhaiter qui existât, et qui fût nombreux, et qui fût bien organisé, et qui fût fort. Il devrait y avoir en France un parti des Droits de l'homme ; non pas cette « Ligue des Droits de l'homme » qui était si peu d'accord sur les principes et qui s'était si peu entendue même sur la signification de son titre que, quand la liberté de l'enseignement a été en question, elle s'est demandé de quel côté elle était, et qu'une partie de ses membres a été *pour* et une autre *contre*, et qu'elle a été infiniment ridicule ; mais un parti des Droits de l'homme fermement attaché aux idées maîtresses de la Révolution ; partant de l'idée de liberté, et la mettant au-dessus de tout ; acceptant l'idée d'égalité et l'idée de souveraineté nationale dans la mesure où l'application de ces deux idées n'entamera pas

Émile Faguet

et ne lésera par la liberté, c'est-à-dire, disons-le franchement, dans une mesure restreinte, mais encore considérable ; admettant la souveraineté nationale et le droit du peuple à choisir son gouvernement, mais n'admettant jamais que ce droit allât jusqu'au droit de despotisme ; admettant l'égalité des droits, l'égalité devant la loi et devant la justice, l'égalité d'admissibilité aux emplois publics, mais n'admettant jamais « l'égalité réelle », c'est-à-dire la défense faite à l'individu de se développer, de s'agrandir et d'acquérir, c'est-à-dire le despotisme encore ; tenant les *Déclarations des droits de l'homme*, malgré quelques contradictions facilement résolubles, pour sa charte et voulant qu'elles fissent partie de la Constitution et qu'une magistrature, qui serait indépendante, refusât d'appliquer et eût le droit de refuser d'appliquer toute loi qui serait manifestement contraire à leur texte.

Ce parti, qui serait tout simplement le parti républicain, si parti républicain veut dire parti des idées républicaines, serait en même temps le parti national, parce qu'il mettrait l'intérêt général au-dessus de tout intérêt de parti, de coterie, de syndicat ou de confession, et parce que, comme nation libre, il mettrait la France à la hauteur des Etats-Unis et au-dessus du Royaume-Uni, et parce que, comme nation forte, il la mettrait très haut, créant « l'unité morale » dans la liberté, au lieu d'essayer en vain de la créer par l'oppression ; sans que je puisse voir que, d'aucune façon, maintenant un gouvernement très fort relativement à l'étranger, il affaiblît la patrie en tant que nation et en tant que camp fortifié.

Ce parti n'existe pas, et je viens de montrer qu'aucun des partis qui se partagent les citoyens français n'est libéral en son ensemble. Les éléments mêmes de ce parti n'existent pas, et je crois bien qu'il n'y a pas de libéraux en France. « On croit, dit spirituellement M. Gustave Le Bon, qu'il y a plusieurs partis en France ; c'est une erreur. Il n'y en a qu'un : c'est l'Etatisme. Tous les Français sont étatistes. » A ce compte la fameuse unité morale devrait exister ; seulement, si tous les Français sont étatistes, chacun veut l'Etat pour lui et au service de ses intérêts et de ses passions ; et cela ne fait qu'un seul parti en théorie, mais en fait beaucoup en pratique.

M. Le Bon n'en a pas moins raison, et tous les Français sont étatistes, et il n'y en a point qui soient libéraux. Je crois presque que je suis le seul libéral français, et encore je ne suis pas sûr de moi.

Chapitre xix. — Pourquoi les Français ne sont pas libéraux

Proudhon disait gaiement : « Je rêve d'une république où je serais guillotiné comme conservateur. » Moi, je rêve d'une république où je serais proscrit… mais elle ne proscrirait personne… où je serais méprisé et maudit comme insuffisamment libéral.

Il est très évident que l'avènement de cette république est très éloigné.

Pourquoi les Français ne sont-ils pas du tout libéraux, c'est une chose qui vaut qu'on l'examine.

Il faut songer d'abord que le Français est un peu Latin, et, quoique je pense qu'au XXe siècle il ne faut attacher presque aucune importance aux questions de races, tant les races se sont mélangées, encore est-il que la race est quelque chose, et, de plus, ce n'est pas ici une question de race. Quand je dis que le Français est Latin, j'entends dire qu'il a été constitué comme peuple par les Latins, qu'ils ont laissé sur lui leur empreinte, et que, longtemps après la disparition de la domination romaine, les légistes, d'esprit tout romain, de tradition toute romaine, ont donné à ce peuple le tour d'esprit qu'il n'est pas bien étonnant qu'il ait gardé. L'empire romain, l'impérialisme romain, l'étatisme romain est au fond de tout le droit romain, dont la législation française est sortie. Ne remarquez-vous point que, si l'on peut faire quelque distinction au point de vue du libéralisme et de l'étatisme entre Français et Français, le Français du Midi est plus étatiste que le Français du Nord ? Le radicalisme est surtout une fleur du Midi. Le Nord est la patrie des droits de l'homme, le Midi est la patrie des droits de l'Etat. Il se peut que ce soit parce que le Midi a été plus pénétré de Latins et d'esprit latin que le Nord et parce qu'il a été pendant des siècles pays de droit romain, pendant que le reste était pays de droit coutumier. Il faut certainement tenir compte dans une certaine mesure, sinon de la race, car, après tout, nous sommes bien peu Latins de race, du moins de l'influence si longtemps prolongée chez nous, du peuple qui a fait de nous un peuple.

Il faut songer ensuite que nous sommes monarchistes. Nous le sommes profondément, parce que nous l'avons été pendant huit cents ans. Cela ne se dépouille pas en quelques années. Nous sommes monarchistes. Nous n'avons pas de plus grand plaisir, après le théâtre peut-être, que de voir un roi. Quand il en passe un par chez nous, fût-il de troisième grandeur, nous sommes ravis. Il ne nous dérange pas. C'est nous qui nous dérangeons considérablement pour aller le voir. Nous ne pouvons pas nous passer de quelque chose ou de quelqu'un qui ressemble à Louis XIV.

Quand nous avons secoué une monarchie devenue détestable par sa manière d'administrer le pays, il y eut deux phases. D'abord nous sommes restés royalistes, nous avons conservé le *loyalisme* personnel. Nous avons inventé la « démocratie royale » de 1789-1791, c'est-à-dire une égalité civile et politique et un système parlementaire, sous un roi, sous le roi héréditaire. Nous tenions au roi. Il n'y avait pas cent républicains en France en 1790.

Ensuite, quand nous nous sommes détachés du roi considéré comme traître au pays, nous sommes devenus républicains, mais si monarchistes encore que nous avons entendu par république une simple transposition de la monarchie. Tout ce qui était au roi, nous l'avons simplement donné au peuple ; tout ce qui était de roi, nous l'avons fait de peuple, et il n'en a été que cela. L'omnipotence royale est devenue l'omnipotence populaire, la souveraineté nationale ; l'omniscience royale est devenue l'omniscience populaire et cette idée que le gouvernement choisi par le peuple doit penser, croire et dogmatiser par tout le monde ; l'omnipossession royale est devenue l'omnipossession populaire et cette idée que tout le territoire français appartient à tous les Français ; et en un mot, la théorie du bon plaisir royal est devenue la théorie du bon plaisir populaire. Il est impossible d'être républicains d'une manière plus parfaitement monarchique. — Entre temps nous avons rédigé les Déclarations des Droits de l'homme ; mais je doute que les Déclarations des Droits de l'homme aient jamais été prises fort au sérieux, et en tous cas soient jamais descendues trop profondément dans les esprits.

Monarchistes restés foncièrement monarchistes, nous faisons de la république monarchique ; c'est-à-dire que nous nommons un gouvernement, et voilà qui est républicain ; mais ce gouvernement nommé, nous croyons facilement, ou nous aimons à croire, ou nous nous résignons à croire qu'il a tous les droits de Louis XIV ou de Pierre le Grand, et voilà qui n'est plus du tout républicain ; mais vous voyez bien les raisons pourquoi c'est très français.

Songez encore que nous sommes depuis trois siècles un pays très centralisé, qu'infiniment de choses qui pourraient être faites privément sont faites en France par l'Etat, par les fonctionnaires de l'Etat, qu'il y a en France plus de fonctionnaires qu'en aucun pays du monde, que par conséquent l'Etat, par sa seule organisation, a une extraordinaire importance, influence, puissance en toutes choses, qu'il dispose de places à donner, de faveurs à accorder et de places et de faveurs à promettre, en nombre infini. Par conséquent le Français, par simple souci de son intérêt matériel, est facilement amené à cette idée, à ce projet : conquérir l'Etat, l'avoir à soi : « Si j'étais le gouvernement ! » Le moyen ? Le moyen c'est d'être membre d'un parti qui aura la majorité, puisque l'Etat en France c'est le parti qui a la majorité. De là des partis, qui ne sont que des syndicats pour la conquête de l'Etat, et qui, quand ils l'ont conquis, ne songent qu'à l'exploiter à leur profit, puisqu'ils ne l'ont conquis que pour cela, et ne songent pas sans doute à l'amoindrir ou à le désarmer et sont plus étatistes et plus antilibéraux que jamais.

« La République est une dépouille », comme dit Montesquieu. Quand on ne considère l'Etat que comme une dépouille, on ne le partage qu'entre amis. C'est tout naturel. Mais la raison de tout cela, c'est que l'Etat, trop centralisé, trop muni de places à donner et de faveurs à distribuer, trop fort, trop grand, trop riche, était précisément quelque chose qui valait la peine d'être conquis et d'être transformé en dépouille. L'Etat en France est la toison d'or. Il faudrait trop de vertu aux Français pour ne pas mettre le cap sur cette toison-là, surtout quand l'expédition ne demande ni grande science nautique ni grand courage.

Ajoutez que les éducations religieuses des Français les prédisposent assez bien depuis quatre siècles à l'étatisme. J'ai dit, avec M. Brunetière, avec Taine, avec Montesquieu, que le Christianisme était le fondement même, le premier fondement des *Droits de l'homme*, et je tiens cela pour une des vérités les plus incontestables qui soient. Mais il est juste d'ajouter que le christianisme a un peu changé depuis ses origines. Les Français sont catholiques ou protestants. Les catholiques plus ou moins persécutés, molestés, tracassés ou inquiétés depuis une centaine d'années, sont devenus assez libéraux ou ont quelques tendances libérales, comme tous ceux qui ne sont pas au pouvoir ; mais ils n'en sont pas moins les fils

Émile Faguet

d'hommes à qui leur Eglise avait enseigné et prescrit l'obéissance sous toutes les formes et de tous les côtés, l'obéissance spirituelle du côté de Rome ou tout au moins du côté de leur évêque, l'obéissance matérielle du côté de Versailles. Quelques sympathies qu'on puisse avoir pour les catholiques, surtout en ce temps-ci, on ne peut pas considérer l'Eglise catholique comme une école de libéralisme, ni confondre absolument le *Syllabus* avec la *Déclaration des Droits de l'homme*.

Or les Français ont été dressés pendant plusieurs siècles par l'esprit de *la Politique tirée de l'Ecriture sainte* et par l'esprit du *Syllabus*. Il est difficile qu'il ne leur en reste pas quelque chose.

Les protestants, ayant été persécutés pendant deux siècles, ont été libéraux ou ont cru l'être pendant deux siècles. C'est dans l'ordre. Mais ils n'en sont pas moins les fils de Calvin, c'est-à-dire de l'homme qui est le type même du despotisme et de l'antilibéralisme et qui, à certains égards, et précisément au point de vue qui nous occupe, est parfaitement antichrétien. Car c'est le christianisme qui a établi la distinction entre le temporel et le spirituel et qui a soustrait le spirituel à l'Etat, et qui, en ce faisant, a fondé les droits de la conscience humaine et les droits de l'homme. Et c'est précisément Calvin qui a eu pour conception sociale la parfaite union, connexion et confusion du pouvoir civil et du pouvoir ecclésiastique, qui des délits civils a fait des péchés et des péchés a fait des délits civils, qui a fondé un despotisme civil et un despotisme ecclésiastique exercés par le même gouvernement, qui en cela est revenu, par-delà le christianisme, à l'antiquité romaine et même l'a dépassée de beaucoup en rigueur, qui, donc, a donné la théorie et l'exemple du gouvernement le plus épouvantablement despotique que le monde ait eu le bonheur de voir.

Les protestants français sont les fils de Calvin ; il est difficile qu'il ne leur en reste pas quelque chose.

— Mais Calvin, ce n'est que Calvin !

— Pardon ; mais les maîtres du protestantisme, à commencer par Jurieu et à continuer par les autres, plus obscurs, mais formant une tradition continue jusqu'à Burlamaqui et Jean-Jacques Rousseau, ont tous été libéraux en ce sens qu'ils étaient pour la souveraineté du peuple et pour l'absolu despotisme du peuple. Vous savez parfaitement que le *Contrat social* est de Jurieu. C'est Jurieu qui a dit le premier peut-être, en tous cas le premier à ma connaissance : « Le peuple est la seule autorité qui n'ait pas de raison à donner pour justifier ses actes. » Tous les docteurs protestants sont, en politique, des républicains radicaux. Ils ont inventé le jacobinisme. Ils ont inventé la transposition républicaine de la théorie monarchique. Ils ont, deux cents ans avant la Révolution française, dénié le despotisme au roi, il est vrai ; mais pour l'attribuer au peuple, il est plus vrai encore. De Jurieu à Robespierre, par Burlamaqui et Rousseau, il y a une tradition constante de jacobinisme. Il est difficile qu'il n»en reste pas aux protestants de 1900 quelque chose. Et, de fait, j'entends dire par-ci par-là qu'il leur en reste énormément.

Ce qui fait que je n'aime pas les protestants, c'est qu'en général ils sont ultra-catholiques.

Elevés et dressés depuis trois cents ans par les catholiques et les protestants, il est malaisé aux Français d'être des libéraux très fervents. Ils n'ont pas cela dans le sang.

Voilà quelques-unes des raisons pourquoi les Français ont encore à faire leur éducation de libéralisme ; voilà quelques unes des raisons pourquoi ils sont aptes surtout, parce qu'ils y sont habitués, à subir le despotisme et encore plus, comme il est naturel, à l'exercer.

Et c'est ici que se présente, décidément, l'objection que le lecteur n'est pas sans avoir vu poindre depuis le commencement de ce volume et qui doit le préoccuper : chaque peuple, non seulement a le gouvernement qu'il mérite et, cela posé, les Français n'ont pas à se plaindre ; mais encore chaque peuple est plus à son aise que sous un autre, sous le gouvernement qu'il préfère, qu'il désire et qui est en rapport avec son caractère.

Cela est vrai ; et il est bien certain que les Français, sauf exception, ne souffrent point de la servitude et se trouvent plus confortables sous un gouvernement despotique que sous un gouvernement libéral ; mais en politique, comme en beaucoup d'autres choses, ce n'est pas son goût qu'il faut consulter, c'est son intérêt.

Moi aussi je ne serais pas fâché, en consultant mes goûts et mes passions, d'appartenir à un parti : cela donne de l'appui et de l'assiette ; on ne se sent pas isolé ; on se sent encadré, associé, engrené ; cela flatte et cela rassure ; cela caresse au dedans de nous « tout ce qui pousse l'homme à se mettre en troupeau » ; — je ne serais pas fâché, d'autre part, d'appartenir au parti qui aurait la majorité : on se dit qu'on est l'Etat, qu'on est la République, qu'on est le pays ; que les autres ne sont que des émigrés à l'intérieur, eu plutôt qu'ils sont une quantité négligeable et méprisable ; qu'ils ne sont rien du tout ; c'est très savoureux ; — je ne serais pas fâché de faire des lois contre tous ceux qui me déplairaient et de déclarer, et dans la loi, qu'il n'y a pas de liberté ni de droit commun pour celui de mes compatriotes, quel qu'il soit d'ailleurs, qui n'a pas la même opinion que moi sur la Révolution française ou sur l'immortalité de l'âme ; — je ne serais pas fâché de prendre ma part des places et faveurs dont dispose le gouvernement et d'en distribuer leur part, largement mesurée, à mes amis, politiques et autres, à charge de me revaloir cela comme bons électeurs. J'aimerais assez tout cela.

Mais il s'agit de savoir si tout cela est de mon intérêt, c'est-à-dire de l'intérêt général ; car il n'y a de véritable intérêt pour chacun, il n'y a d'intérêt permanent, durable, solide et en définitive réel pour chacun, que l'intérêt général. Or j'ai cru démontrer, et l'histoire, tant ancienne que moderne, et les faits les plus éloignés et les plus récents le démontrent beaucoup mieux que moi, que le despotisme ruine très rapidement les peuples, les mène très vite à un état de langueur et de dépérissement dont ils ne peuvent plus se relever ; qu'en particulier le despotisme *modern style*, c'est-à-dire, dans un pays prétendu libre, la domination d'un parti, la domination d'un syndicat politique qni vit de l'Etat et qui, en asservissant les autres, tarit les sources de l'activité individuelle et collective dont profiterait l'Etat, est un gouvernement qui ampute et qui mutile la nation plus qu'une guerre malheureuse ne pourrait faire, est un gouvernement qui fait descendre le pays chaque année d'un cran dans l'échelle comparative des nations, tant au point de vue financier qu'au point de vue politique.

Désirer cet état de choses, c'est antipatriotique, le subir volontiers c'est un oubli du patriotisme. L'acceptation de la servitude, la facilité à la servitude, c'est la misère physiologique d'un peuple ; c'est la diathèse d'un peuple qui ne tient plus beaucoup à vivre, ou qui n'en a plus la force, ou qui en a oublié les moyens.

Eh bien, il faut un peu se forcer soi-même. Il faut faire violence à

Chapitre xix. — Pourquoi les Français ne sont pas libéraux

ses goûts en considération de son intérêt. Il faut se dire un peu tous les matins que la servitude est une chose agréable, quand on en a l'appétit, mais que la liberté est une chose utile.

C'est le cas de l'homme qui aime à rester dans son lit le matin, mais qui finit par se persuader qu'il a le plus grand intérêt à se lever de bonne heure. Il finit par prendre cette dernière habitude, peut-être en maugréant à chaque aurore ; mais il prend cependant cette habitude. Il aimera toujours se lever tard ; mais il se lèvera toujours de bonne heure.

Les peuples qui ont le goût de la servitude peuvent très bien devenir libéraux de cette façon-là. Sans doute, ceux qui aiment la liberté par goût auront toujours sur eux quelque avantage, mais moins qu'on ne pourrait croire, la « seconde nature », parce qu'elle vient de la volonté, étant souvent plus forte que la première.

Je souhaite que les Français fassent cet effort ; je souhaite qu'à se persuader que le libéralisme étant simplement la mise en valeur de toutes les forces nationales, si grandes chez eux, ils se persuadent qu'à vouloir être libres et à le devenir parce qu'ils le voudront, ils seront forts et reprendront leur ancien rôle et leur ancien rang dans le monde. S'ils se pénétraient de cette idée, je serais moins inquiet que je ne suis ; parce que, s'ils se soucient peu d'être libres, ils aiment à être forts et grands. Qu'ils soient persuadés qu'ils ne seront forts que s'ils sont libres, et les voilà sur le bon chemin.

On a assez vu que je ne l'espère pas beaucoup. Mais il faut toujours faire comme si on espérait. Il est permis de n'avoir pas d'espoir ; mais il est défendu de faire comme si l'on n'en avait pas. C'est pour cela que j'ai écrit ce petit livre. C'est pour cela que, très probablement, j'en écrirai d'autres. Pardonnez-moi de finir sur une menace.

ISBN : 978-1537331089

Émile Faguet